国家社科基金艺术学青年项目（16CH172）最终成果，受安徽财经大学学科建设项目"经济发展与政策评估"资助

资本视域下中国文化消费区域非均衡问题研究

高莉莉 ◎ 著

中国财经出版传媒集团

经济科学出版社

Economic Science Press

图书在版编目（CIP）数据

资本视域下中国文化消费区域非均衡问题研究/高莉莉著． －－北京：经济科学出版社，2022.7
ISBN 978 – 7 – 5218 – 3818 – 3

Ⅰ．①资… Ⅱ．①高… Ⅲ．①文化生活 – 消费 – 研究 – 中国 Ⅳ．①G124

中国版本图书馆 CIP 数据核字（2022）第 118561 号

责任编辑：刘怡斐
责任校对：刘　昕
责任印制：张佳裕

资本视域下中国文化消费区域非均衡问题研究
高莉莉　著
经济科学出版社出版、发行　新华书店经销
社址：北京市海淀区阜成路甲 28 号　邮编：100142
编辑部电话：010 – 88191348　发行部电话：010 – 88191522
网址：www. esp. com. cn
电子邮箱：esp@ esp. com. cn
天猫网店：经济科学出版社旗舰店
网址：http：//jjkxcbs. tmall. com
固安华明印业有限公司印装
710×1000　16 开　15.5 印张　300000 字
2022 年 10 月第 1 版　2022 年 10 月第 1 次印刷
ISBN 978 – 7 – 5218 – 3818 – 3　定价：68.00 元
(图书出现印装问题，本社负责调换。电话：010 – 88191510)
(版权所有　侵权必究　打击盗版　举报热线：010 – 88191661
QQ：2242791300　营销中心电话：010 – 88191537
电子邮箱：dbts@ esp. com. cn)

前　　言

中国特色社会主义进入了新时代，我国社会的主要矛盾已经转化为人民日益增长的美好生活需要和不平衡、不充分的发展之间的矛盾。全面提升我国居民的文化消费水平，既是满足全面进入小康社会后消费升级的需要，是推进中国经济践行新发展理念、实现高质量发展的内在要求，也是传承和弘扬中华文明、坚定文化自信和建设文化强国的重要抓手。立足于全面提升文化消费水平的目标，沿着"现状分析—问题描述—途径探寻—对策建议"的研究思路，采用理论梳理、统计分析、计量分析、跨学科系统分析等研究方法，深入、系统地开展了对我国文化消费区域非均衡问题的研究，得出以下五点主要结论。

第一，英国、美国、日本和韩国等代表性国家的文化消费数据显示，文化消费支出水平总体较高，娱乐文化支出占有很高的比重，教育支出占比相对较低。通过分析发现，收入和教育水平是导致家庭文化消费支出绝对额增加和比重上升的基础；产业繁荣和优质丰富的产品供给是文化消费发展的重要原因；政府虽不直接干预消费，但是会通过公共设施完善、税收政策和基金引导等措施来影响文化消费。我国共选择了两批、45个城市进行文化消费试点，各城市纷纷出台了政策以推动文化消费，笔者从东、中、西部地区各选择三个代表性文化消费试点城市，观察并总结其文化消费政策，发现存在以下四点共性：一是通过公共文化服务平台、线下活动平台和线上大数据平台来实现供需匹配和连接，提高文化消费发生概率；二是通过品牌评选、评价反馈等方式，激励优化文化产品或服务供给；三是通过补贴或积分的方式降低产品价格，从而吸引消费者参与文化活动，并通过积分兑换现金、消费券等形式，鼓励居民重复消费，增加消费黏性，养成文化消费习惯；四是不同地区、不同行业采用差异化的文化消费促进政策。

第二，通过调查问卷数据深入地分析了我国居民的文化消费支出、文化消费意愿、资本拥有状况、文化环境感知、自我认知等多方面的特征，研究发现文化消费的重要性得到普遍共识，"娱乐消遣""增长见识""精神享受"是最主要的文化消费目的，"兴趣爱好"是影响文化消费的最重要因素，"网络搜索""亲朋推荐"和"网络推送"是最重要的文化消费信息获取渠道。调查也显示，文化产品丰富程度、文化场所和设施完善程度、文化氛围等都得到了较高的认同，文化供给对需求的满足程度也较高。但是文化消费支出在家庭总支出中的比重相对较低，其中以"6%~10%"为最多，而且能够达到上述比重的主要是东部地区、城镇、省会城市样本，中、西部地区、农村、非省会城市样本的众数为"5%及以下"，区域差异性比较明显；家庭人均文化消费支出的均值不低，但是方差较大，文化消费支出的人际差异问题也比较突出。

利用宏观数据对我国文化消费情况进行总体描述和特征总结，构建指标体系进行因子分析后发现，对我国文化消费总体水平的评价与经济发展情况是一致的，存在比较明显的区域特征。但是通过变异系数和泰尔指数测度之后发现，我国居民文化消费水平的总体差异在缩小，虽然总量上东部沿海地区仍然处于绝对领先地位，但是中、西部地区和农村地区的文化消费增速很快，这得益于我国经济的总体发展以及国家的区域平衡发展政策。从差异贡献率来讲，东、中、西部地区的区域间差异逐渐缩小，但是区域内差异贡献在上升，东部地区区域内差异扩大是主要原因。

第三，利用微观调查问卷数据实证检验居民的经济资本、文化资本、社会资本，以及人口统计学特征、家庭因素、生活认知、文化供给环境等因素对居民文化消费支出和文化消费意愿的影响，结果显示：首先，经济资本、文化资本和社会资本对居民文化消费支出均存在显著影响，文艺培训经历、消费示范效应、社交密度、自身学历、家庭收入和家庭文化资本对文化消费支出产生由大到小的正向影响。分区域来看，经济资本对文化消费支出的影响在东部地区显著，在中、西部地区不显著；文艺培训、自身学历和家庭文化资本对东部地区文化消费支出存在由大到小的显著影响，而在中、西部地区，只有文艺培训变量对文化消费支出存在显著影响；东部地区社交密度对文化消费支出的影响最大，中、西部地区示范效应的影响最大。其次，文化消费习惯、文化消费氛围在文化资本对文化消费决策的影响中均存在部分中介效应，而且这种中介效应在对文化消费意愿的影响中更明显。幸福感和未来信心在经济资本、文化资本和社会资本对文化消费决策的影响中也发挥了中介效应，总体上讲，幸福感和未来信心在资本因素对文化消费意愿影响中的间接效应也更加显著。

省际面板数据实证研究结果与预期一致，经济资本、文化资本和社会资本等资本因素对文化消费支出均存在显著正向影响。区域异质性检验显示，东部地区和中、西部地区的经济资本和社会资本均对文化消费支出存在显著正向影响，文化资本的影响均不显著；东部地区经济资本对文化消费的提升效应小于中、西部地区，文化资本和社会资本对文化消费的提升效应大于中、西部地区。不管是城镇还是农村，经济资本、文化资本和社会资本对文化消费支出的影响均显著为正，但是城镇资本因素对文化消费支出的影响力度均小于农村地区。以经济资本作为门槛变量，分别以经济资本、文化资本和社会资本作为核心解释变量时，门槛效应显著。结果发现，随着经济资本超过更高的门槛值，经济资本对文化消费的影响越来越小，而文化资本和社会资本对文化消费的影响强度越来越大，这与前面分区域、分城乡样本回归的结论是一致的。当进入更高的文化资本门槛时，社会资本对文化消费支出的影响是削弱的，这可能是文化资本越丰富，文化消费独立性也越强的缘故。动态面板模型回归发现，我国居民文化消费支出受前期文化消费支出水平的显著正向影响，这意味着，文化消费习惯对当前文化消费支出具有显著作用，也显示出涵养文化消费习惯的重要性。

第四，无论是基于何种权重矩阵设定，学习效应和示范效应使得文化消费均存在明显的空间溢出，经济资本、文化资本和社会资本对本地区和周边地区的文化消费支出均存在显著正向影响。区域异质性分析发现，东部地区文化消费扰动项呈现负向溢出，而中、西部地区表现为正向溢出；东部地区社会资本的影响普遍大于中、西部地区，中、西部地区经济资本对文化消费支出的影响显著大于东部地区，文化资本影响不显著，这也与不考虑空间影响时的回归结果一致。此外，政府支持力度、产业投资水平、交通完善程度和知识产权保护力度等也都会显著影响文化消费支出水平。

第五，综合理论分析和实证研究结论，结合国内外文化消费发展经验，从主体视角提出促进文化消费水平全面提升的对策体系。作为需求侧的个人，要积极转变消费观念，树立理性健康的消费观，积极优化消费结构；重视家庭熏陶，加强学校教育，同时要重视艺术培训和教育，以增强文化消费能力。作为供给侧的企业，要始终坚持"内容为王"，推动文化产品生产的跨界融合，提高文化产品品质，优化文化产品供给；通过线上线下融合、拓展社交营销模式、拓展消费空间和消费时间等方式创新产业形态和文化消费模式，紧密地连接生产和消费。政府要进一步地深化文化市场体制改革，实现文化产业创新式、集聚式、融合式高质量发展，为文化消费提供更肥沃的"土壤"；完善公共文化服务体系，搭建供需链接平台，提高公共文化服务效能，涵养文化消费习惯；发挥区域之间的溢出效应，实施差异化消费促进政策，推进区域文化消费的协调发展。此外，还要提高收入水平、深化教育改革、完善基础设施建设、完善休假制度设计等，为文化消费水平的提高"保驾护航"。

目 录

第一章 绪论 ··· 1
  第一节 研究背景、目的和意义 ····································· 1
  第二节 研究内容和框架 ··· 9
  第三节 研究方法与创新 ·· 12

第二章 国内外文化消费发展经验借鉴 ······························· 16
  第一节 典型国家文化消费发展经验借鉴 ····························· 16
  第二节 典型城市文化消费发展经验借鉴 ····························· 31

第三章 我国文化消费发展的典型事实 ······························· 41
  第一节 我国文化消费发展的总体特征 ······························ 41
  第二节 我国文化消费发展水平综合测度 ···························· 48
  第三节 我国文化消费区域非均衡水平测度 ··························· 56

第四章 我国文化消费发展的微观画像 ······························· 63
  第一节 基本信息统计 ·· 63
  第二节 文化消费特征透视 ······································· 66
  第三节 文化消费的区域差异 ····································· 73
  第四节 公共文化消费情况 ······································· 76
  第五节 资本因素与文化消费 ····································· 77

第五章 资本影响文化消费的作用机理 ······························· 86
  第一节 相关概念界定 ·· 86
  第二节 相关研究基础 ·· 94

第三节　资本影响文化消费的作用机制 …………………………… 102

第六章　资本影响文化消费决策：微观证据 ……………………………… 112
　　第一节　模型设定及变量说明 ………………………………………… 112
　　第二节　实证结果分析 ………………………………………………… 117
　　第三节　进一步分析 …………………………………………………… 124

第七章　资本影响文化消费决策的中介效应检验 ………………………… 133
　　第一节　中介效应模型简介 …………………………………………… 133
　　第二节　文化资本影响文化消费决策的中介效应 …………………… 134
　　第三节　资本影响文化消费决策的中介效应：另一种解释 ………… 143

第八章　资本影响文化消费决策：宏观视角 ……………………………… 153
　　第一节　研究假说 ……………………………………………………… 154
　　第二节　模型设定与变量选择 ………………………………………… 156
　　第三节　实证结果分析 ………………………………………………… 160
　　第四节　进一步分析 …………………………………………………… 166

第九章　文化消费的空间溢出效应 ………………………………………… 174
　　第一节　问题的提出 …………………………………………………… 174
　　第二节　溢出效应的理论机制 ………………………………………… 176
　　第三节　模型设定与变量选择 ………………………………………… 181
　　第四节　实证结果分析 ………………………………………………… 187

第十章　全面提升文化消费水平的对策建议 ……………………………… 200
　　第一节　主要结论 ……………………………………………………… 200
　　第二节　对策建议 ……………………………………………………… 205

附录　居民文化消费基本情况调查问卷 …………………………………… 218
参考文献 ……………………………………………………………………… 227

第一章 绪 论

第一节 研究背景、目的和意义

一、研究背景

（一）文化消费发展的经济背景

改革开放以来，中国经济在市场化改革、动能转换等因素驱动下实现了长时间的高速增长。1979~2018年的40年，我国国内生产总值（GDP）的年均增速达15.09%，创造了举世瞩目的增长奇迹。但不可否认的是，我国早期的高速增长是通过高投入、高产出的粗放型增长方式实现的，经济高速增长的同时也产生了供求不协调、发展不均衡、资源被消耗、生态环境被破坏等一系列的问题。面对这些问题，政府主动调整发展方向，优化经济结构，转变增长方式，由片面追求经济增长速度转向追求经济增长质量的提升。立足新发展阶段，贯彻落实"创新、协调、绿色、开放、共享"的新发展理念，推动经济高质量发展成为现阶段我国经济发展的主要目标。

一方面，随着资本边际效率递减、人口红利下降以及资源的超负荷利用，我国的经济增长动力责无旁贷地落在技术进步上，创新成为我国经济增长的新动能。传统产业的升级改造和战略性新兴产业的蓬勃发展，顺应了供给侧结构性改革、创新和产品或服务需求更新迭代的趋势。文化产业因为其内容属性成为满足消费者精神需求的重要阵地，文化产业也因为其重创意、轻资产、少能耗、产业联动性强等特征成为我国经济新的增长点。2004~2018年，文化产业增加值由3440亿元增加到38387亿元，年均增速达到17.89%，显著高于同期GDP的增长率。文化产业增加值对GDP的贡献也由2004年的2.15%上升到2018年的4.3%，国民经济支柱性产业的重要性日益体现出来。

另一方面，世界经济形势变化导致外部需求显著萎缩，投资和出口对经济的贡献难以为继，发挥消费的驱动作用成为经济增长的动力所在。消费是最根本的需求，是拉动经济增长的内生驱动力。而理论研究和实践经验都显示，消费会受到收入水平的影响。我国人均GDP由2004年的11404元增加到2018年的60927元，年均增速达到13.10%。国际经验显示，在人均GDP达到1000美元以后，包括文教、娱乐、旅游在内的发展享受型消费比重会不断上升；当人均GDP达到3000美元时，文化消费会出现爆发式增长。目前，我国人均GDP已经达到10000美元，满足居民精神文化需求的文化消费需求应该进入快速的发展阶段，文化消费是消费升级发展的新方向。《关于加快发展生活性服务业促进消费结构升级的指导意见》中提出，要将旅游服务、文化服务、教育培训服务等作为加快发展的生活性服务业的重点领域，推动生活消费方式向发展型、现代型、服务型转变，这些领域"需求潜力大、带动作用强"，能成为经济增长的新动力。以消费升级引领产业升级，以制度创新、技术创新、产品创新增加新供给，满足和创造新的消费需求，形成新的经济增长动力源。

（二）文化消费发展的政策背景

2009年《文化产业振兴规划》出台，意味着文化产业上升为国家战略性产业，党的十八大进一步提出要"扎实推进社会主义文化强国建设，将文化产业发展成为国民经济支柱性产业"。伴随着经济、社会和技术环境发生的变化，为推进文化产业的升级发展，《深化文化体制改革实施方案》《国务院关于推进文化创意和设计服务与相关产业融合发展的若干意见》《关于推动数字文化产业创新发展的指导意见》等相关文化产业促进政策不断出台。与此同时，《关于加快构建现代公共文化服务体系的意见》《中华人民共和国公共文化服务保障法》《文化部"十三五"时期公共数字文化建设规划》等规范和完善公共文化服务供给的政策先后颁布，推进基本公共文化服务标准化和均等化，确保人民群众的基本文化权益，满足群众的公共文化消费需求、培养居民文化消费习惯的公共文化服务体系建设也在不断地完善。

文化消费问题受到重视是在文化产业发展到一定程度之后，"促进文化消费"的提法散落在各种文化产业促进政策之中。2015年，文化部启动"拉动城乡居民文化消费试点项目"，从东、中、西部地区选择典型区域，采用差异化文化消费促进措施进行政策试点。在试点取得成效的基础上，文化部和财政部联合印发了《关于开展引导城乡居民扩大文化消费试点工作的通知》，将文化消费试点范围扩展到我国的45个试点城市，这些城市纷纷出台了文化消费促进方案，以释放文化消费需求。在刺激内需以拉动经济增长、以文化消费作为驱动文化产业发展的根本动力的双重激励下,《关于积极发挥新消费引领作用加快培育形成新供给新动力的指导意见》《中共中央、国务院关于完善促进消费体制机制进一步激发居民消费潜力的若干意见》《完善促进消费体制机制实施方案(2018~2020年)》等消费促进政策不断出台,消费升级的背景下,各文件中不乏推进文化消费的政策条款。2019年8月,促进文化消费的专项文件《关于进一步激发文化和旅游消费潜力的意见》出台,从消费惠民、提高消费便捷程度、提升入境旅游环境、推进消费试点示范、丰富文化产品供给、推动旅游景区提质扩容、发展假日和夜间经济、促进产业融合发展、严格市场监管等方面提出措施,进一步深化供给侧结构性改革,从供、需两端发力,提升文化和旅游消费潜力,对文化消费的引领和促进力度更进一步增强。

(三) 文化消费发展中的现实问题

在产业政策和市场需求的共同推动下,我国文化消费支出快速增长。2014~2019年,年人均文化消费支出额由1536元增加到2513元,[①] 增加了1.64倍。人均文化消费支出额年均增速达到10.29%,环比增速2018年达到最低,但是2019年回升到12.89%(见图1-1),整体呈现稳定快速的增长。

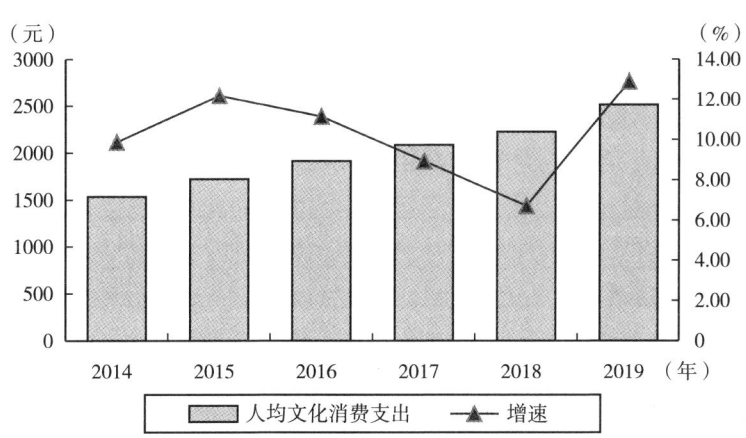

图1-1 2014~2019年我国年人均文化消费支出及增速

资料来源:历年《中国统计年鉴》。

[①] 2013年起,国家统计局开展了城乡一体化住户收支与生活状况调查,指标口径较之前发生变化,因而本书选择的数据年限从2014年开始。

我国文化消费支出虽然整体增长较快，但是文化消费支出结构有待进一步优化。2018年，我国文化消费支出占消费总支出的比重为11.21%，[①] 同期英国、美国、韩国该指标分别为14.11%、11.10%、14.68%，从文化消费支出占消费总支出比重这一指标的横向比较来看，我国与世界文化消费大国的差距并不大。从文化消费支出的内部结构看，我国文化消费支出的大部分都被用于教育支出，只有较少部分被用于娱乐文化支出，这与国际社会存在很大的不同。从国际趋势看，娱乐文化支出在文化消费支出中的比重是稳步上升的，例如英国、美国、韩国等；而且娱乐文化支出占据文化消费总支出的绝大部分，2014~2018年，英国、美国、日本、韩国在该指标上的均值分别为90.57%、80.34%、79.24%、61.48%。相对而言，我国的娱乐文化支出在文化消费总支出的比例是偏低的，2014~2018年，均值仅为41.50%；2014年该值为43.72%，2018年下降至37.17%，呈逐步下降的态势（见图1-2），可见我国文化消费支出的增加很大程度上是因为教育消费支出增加导致的。[②]

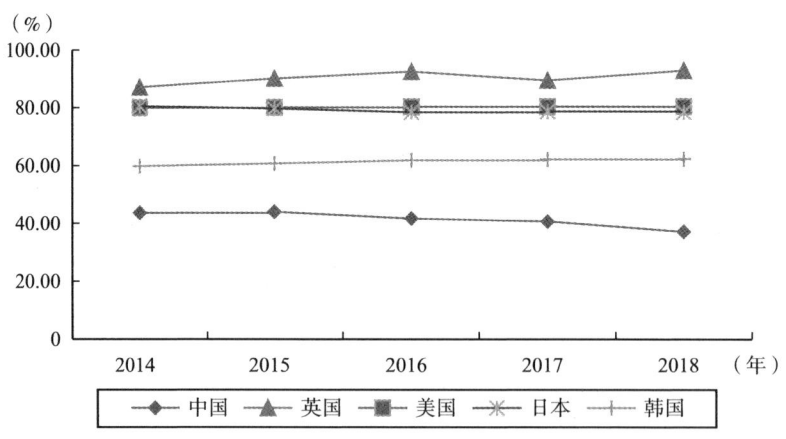

图1-2 2014~2018年世界各国文化消费结构比较

注：图中的数值为娱乐文化支出在文化消费支出中所占的比重。
资料来源：中国数据根据《中国统计年鉴》和《中国文化及相关产业统计年鉴》数据整理得来；英国、美国、日本和韩国数据通过OECD官网数据计算而来。

我国文化消费发展存在区域上的不均衡。一般来说，经济越发达的区域，收

[①] 2018年，城镇和农村文化消费支出在消费支出中的比重分别为11.39%和10.74%，城乡存在差别。
[②] 从目前来看，教育支出挤压了我国的娱乐文化支出。但从长远来看，教育深化带来的文化资本积累有可能会在未来某一个时期带动文化消费支出的爆发式增长。

入水平和社会发展程度越高,文化消费水平越高。我国东、中、西部地区的区域经济发展不平衡带来的文化消费水平高低差异问题同样存在。例如,2018 年,我国文化消费支出最高的地区是上海,为 5049.4 元,同期西藏的文化消费支出仅为 609.3 元,上海文化消费水平是西藏的 8.29 倍。东、中、西部地区省(区、市)的文化消费水平均值分别为 2872.42 元、2086.14 元、1709.56 元,可见,我国文化消费支出的区域差异性和梯度性非常显著。

我国文化消费发展水平存在显著的城乡差异。2014~2018 年,城镇居民文化消费支出均值为 2596.8 元,农村为 1074.4 元,城镇文化消费支出是农村的 2.43 倍;城镇文化娱乐消费支出是农村的 4.54 倍,相对于文化消费支出差异,城乡居民文化娱乐消费支出的差距更大。此外,同期城镇居民人均消费支出是农村的 2.27 倍,可见城乡居民消费升级的步伐明显不一致,农村地区明显滞后于城镇。但是也应该看到,我国农村地区的文化消费支出在快速增长,与城镇居民文化消费支出的倍数差距在逐年缩小(见表 1-1)。

表 1-1　　　　　2014~2018 年我国城乡居民文化消费支出对比　　　　单位:元

年份	消费支出			文化消费支出			文化娱乐消费支出		
	城镇	农村	比值	城镇	农村	比值	城镇	农村	比值
2014	19968.08	8382.57	2.38	2142	860	2.49	1087.9	207	5.26
2015	21392.36	9222.59	2.32	2383	969	2.46	1216.1	239	5.09
2016	23078.9	10129.78	2.28	2638	1070	2.47	1268.7	251.8	5.04
2017	24444.95	10954.53	2.23	2847	1171	2.43	1338.7	261	5.13
2018	26112.31	12124.27	2.15	2974	1302	2.28	1270.7	280	4.54

资料来源:根据《中国统计年鉴》(2015~2019 年)和《中国文化及相关产业统计年鉴》(2015~2019 年)数据整理得来。

总体而言,虽然我国文化消费发展取得了一系列的成就,例如,总体增速较快,文化消费形式日益多样化,线上文化消费活动增长迅猛等,但是比较分析后发现,我国文化消费发展也还存在诸如文化消费结构有待优化、区域发展不均衡以及城乡非均衡等问题,这些问题都不利于我国文化消费的健康、良性和可持续发展。因而,通过深入分析、甄别影响文化消费的关键因素,把握导致区域异质性影响的关键因素,提出针对性的文化消费促进政策以有效地解决这些问题,仍然是一个巨大的课题。

二、研究目的

文化消费是满足居民精神文化需求的重要手段，也是驱动经济结构转型升级实现高质量发展的重要力量。课题利用微观调查问卷数据，分析了我国居民文化消费的个体特征、对生活的认知、文化消费支出以及公共文化消费情况等，并利用问卷调查数据实证检验文化消费决策的影响因素以及可能存在的中介效应，同时，采用统计数据从宏观层面分析资本因素对文化消费支出的线性和非线性、静态和动态影响，并采用空间模型分析了文化消费以及资本因素在区域之间的溢出效应，以上述理论和实证结论为基础提出针对性的文化消费促进政策，为全面提升我国文化消费水平提供理论借鉴和参考。研究主要围绕以下四个方面展开。

1. 准确地把脉我国文化消费发展的现实特征

课题基于两个层面的数据、从两个维度对我国文化消费发展的现实特征进行描述，以准确地把脉我国文化消费发展的现实特征。一是利用宏观统计数据对我国的文化消费情况进行总体描述和特征总结，构建指标体系采用因子分析方法对我国文化消费发展水平进行总体评价和系统聚类，以对我国文化消费发展状况有整体认知。通过变异系数分析我国省域总体差异程度，采用泰尔指数分析我国文化消费发展水平的组内和组间非均衡程度，对我国的文化消费区域非均衡状况进行整体把握。二是利用微观问卷调查数据对居民的人口社会学特征、文化消费特征、区域差异、公共文化消费等进行描述性分析，对资本因素与文化消费支出进行关联性分析，从微观层面把握我国居民文化消费的总体生态。

2. 深入地探究影响文化消费决策的关键因素

课题利用微观调研数据，选取经济资本、文化资本和社会资本的代理变量，采用多元有序 Logit 模型，实证检验各资本因素以及个体特征、生活认知、文化供给等控制因素对文化消费决策的影响效应，甄别出文化消费决策的主要影响因素并区分资本因素影响文化消费决策的区域差异。构建逐步回归的中介效应模型，辅以偏差校正的非参数百分位 Bootstrap 中介效应检验法，分析了消费习惯、文化氛围在文化资本影响文化消费决策中的中介效应，以及幸福感、未来生活信心在各资本因素影响文化消费决策中的中介效应。同时，课题利用宏观统计数据构建固定效应模型检验各资本因素对文化消费支出的影响方向及大小，分样本检验区分了资本因素在东部地区和中、西部地区、城镇和农村的异质性影响。利用门槛效应模型区分了处于不同阶段的收入水平时，经济资本、文化资本和社会资本的非线性影响，同时，采用差分 GMM 模型考察了文化消费习惯对文化消费支出的动态影响。基于不同视角和维度的实证探索有助于甄别影响文化消费决策的关键因素，为实现针对性的文化消费促进政策制定奠定了理论基础。

3. 初步探索文化消费的空间关联性

区域一体化进程加速，区域经济社会往来更加密切，区域空间溢出效应愈加明显，文化消费领域也不例外。本课题在探索文化消费以及各资本因素空间相关理论机制的基础上进行了实证分析。结合文化消费空间溢出的特性，从地理特征距离和社会文化经济距离角度分别构建了空间权重矩阵。以空间误差模型为基础，度量了不同空间权重矩阵下，各资本因素的影响大小以及空间溢出效应的强弱，并区分区域的异质性影响。采用空间杜宾模型进一步地分析实证文化消费以及各资本因素的空间溢出效应，对资本因素影响的总体效应进行分解，观测直接效应和间接效应的影响力度。

4. 着力探寻推进文化消费水平全面提升的对策体系

总结我国文化消费描述性统计分析和实证分析的主要结论，结合代表性发达国家和代表性文化消费试点城市的主要文化消费促进经验，针对性地提出了文化消费促进对策。主要从居民、企业和政府的主体视角，提出包括需求侧、供给侧以及第三方制度保障在内的全面提升文化消费水平的促进政策体系。

三、研究意义

中国特色的社会主义进入了新时代，我国社会的主要矛盾已经转化为人民日益增长的美好生活需要和不平衡、不充分的发展之间的矛盾。相较于我国文化产业的快速发展，我国文化消费存在总量相对较低、结构有待优化、城乡差异明显、区域水平失衡的重要特征。课题基于资本视角深入剖析、甄别文化消费的主要影响因素，提出全面提升我国居民文化消费水平的针对性文化消费促进政策，既是满足全面进入小康社会后居民日益增长的精神文化需求的需要，也是满足居民消费迭代升级的需要，更是推进中国经济践行新发展理念、实现高质量发展的内在要求，同时是传承和弘扬中华文明、坚定文化自信、建设文化强国的重要抓手。

（一）理论意义

学术界已经尝试从不同角度、不同层面深入地研究了文化消费问题，但是从资本因素角度来系统地研究文化消费及其区域非均衡问题的相对较少，尤其是从社会资本角度来开展文化消费问题研究则相对更少。本课题基于微观调研数据和宏观统计数据对我国文化消费发展特征进行全面把脉；对经济资本、文化资本和社会资本影响文化消费的作用机制进行梳理；分别从微观和宏观层面实证检验各资本因素对文化消费决策的总体影响以及区域异质性影响，对资本因素影响的中介效应进行检验，利用宏观数据检验资本因素对文化消费支出的线性和非线性、静态和动态效应；从理论分析和实证检验两个维度考察了资本因素和文化消费支出的空间溢出效应以及相应的区域异质性；立足于我国文化消费现实和理论实证分析结论，结合国内外代表性文化消费发展经验借鉴，针对性地提出了全面提升我国文化消费水平的促进对策体系。本研究基于不同视角、采用不同方法展开对文化消费区域非均衡问题的研究，有助于丰富和发展消费行为理论、文化消费理论、文化资本理论、社会资本理论以及社会福利理论等相关理论，也将进一步地完善文化产业在微观和宏观层面的需求理论体系，拓宽文化消费问题的研究视角，补充和深化我国文化消费水平提升问题的研究，在一定程度上也将有助于丰富学术界关于公共文化服务体系建设、区域文化产业一体化高质量发展、"双循环"发展格局等领域的理论和政策研究。

（二）现实意义

文化消费能够满足人们的精神文化需求，丰富人们的精神生活，提升社会的文明程度，对于文化的传承和发展以及推进文化强国建设都具有重要的意义。但是，当前我国文化消费还存在水平总体偏低、区域发展不均衡等问题，有待进一步地全面提升文化消费水平。基于此，本研究从资本视域探讨我国文化消费问题，并提出全面促进文化消费水平提高的对策，具有较强的现实意义。

一是为政府制定全面提升文化消费水平的对策提供参考。本研究结合国内外代表性文化消费地区的发展经验，以对我国文化消费情况的现实观察和理论分析、实证检验结论为基础，提出促进我国文化消费水平全面提升的对策，有助于政府优化公共文化服务体系，提升公共文化服务效能，有助于政府进一步优化制度设计和制度供给，完善文化消费促进政策体系，针对区域特点差异化制定文化消费促进政策，推进文化消费水平全面提升。

二是有助于文化企业科学合理的决策。本研究基于微观调研数据和宏观统计数据对文化消费特征进行总结，对影响文化消费决策的关键因素进行甄别。一方面，有助于文化企业有效地识别文化产品和服务需求的主要影响因素，准确把脉不同区域、不同特征消费者的多样化需求，从供给端改革优化文化产品和服务供给，提高文化市场的活力和效率；另一方面，也有助于文化企业把握文化消费需求的发展规律，对未来的文化消费需求进行科学预判，引导文化消费潮流，培育新的文化消费增长点，提高文化企业的竞争力。

三是有助于驱动文化产业高质量发展。消费需求是最根本的需求,是驱动文化产业发展的内生动力,也是在消费升级背景下"双循环"新发展格局构建的重要助推力量。本研究基于微观调查数据和宏观统计数据对影响文化消费决策,以及造成区域差异的因素进行甄别,并考察文化消费及影响因素的空间效应,这有助于明确文化消费的影响因素,全面扩大文化消费数量,提升文化消费质量,以文化消费的提质增效来驱动文化产业的高质量发展,并带动经济结构的整体优化升级。

四是有利于助力文化强国建设。本研究旨在通过现实观察、理论分析和实证检验提出扩大文化消费的对策,促进文化消费水平的全面提升。通过提升居民文化消费水平,能够丰富居民的精神文化生活,提高居民的文化素质,提升社会文明程度,增强国家软实力。文化消费过程和文化产业发展过程,也使中华传统文化得以传承,现代文明得以发展,文化自信更加坚定,文化强国建设进程加速推进。

第二节 研究内容和框架

一、研究内容

立足于中国文化消费实际,遵循"现状分析—问题描述—途径探寻—对策建议"的研究思路来构建本研究的框架,尝试从资本角度对我国文化消费非均衡问题做深入的探讨,并提出行之有效的解决对策。

第一章,绪论。本章对文化消费发展的经济背景和政策背景进行分析,提出文化消费发展和提升的必要性;对我国文化消费的总体发展情况进行数据描述,大致提出了我国文化消费发展中存在的问题。在把握文化消费的发展现状的情况下,对本研究的框架进行设计,对研究目的、研究意义、研究方法以及创新点和不足之处进行总结。

第二章,国内外文化消费发展经验借鉴。本章选择对典型国家、国内典型城市的文化消费发展经验进行总结。利用来自各国统计局、OECD 官网的数据对英国、美国、日本和韩国的文化消费发展现状进行描述,结合各国的文化消费政策对发展经验进行总结。在我国文化部[①]公布的两批共 45 个文化消费试点城市中,

---

① 注:2015 年,进行文化消费试点时为文化部;2018 年 3 月,原文化部重组为文化和旅游部。

分别在东、中、西部地区各选择了三个代表性城市，对文化消费的试点经验进行总结。通过对典型国家、典型城市的文化消费发展经验总结，作为可借鉴的经验基础。

第三章，我国文化消费发展的典型事实。本章采用宏观数据对我国文化消费发展的各方面特征进行了数据描述，发现我国文化消费存在的问题。设置指标体系采用因子分析方法和聚类分析方法对我国文化消费总体水平进行评价。采用变异系数和泰尔指数方法对我国文化消费差异进行测度，观测我国文化消费的区域非均衡状况，区分差异的主要来源。

第四章，我国文化消费发展的微观画像。本章利用1000余份调研数据，对调研结果进行描述性统计，从微观视角对我国文化消费发展情况进行总结。描述性统计从基本情况、文化消费特征、区域差异、公共文化消费等方面展开，并对变量之间的关联性以及文化消费的区域性差异进行分析。

第五章，资本影响文化消费的作用机理。本章在对概念进行界定、对相关研究基础进行总结的基础上，对经济资本、文化资本和社会资本影响文化消费的作用机理进行梳理。

第六章，资本影响文化消费决策：微观证据。本章利用微观调研数据，采用多元有序Logit模型进行实证检验。以经济资本、文化资本和社会资本作为主要解释变量，以人口统计学特征、家庭因素、生活认知、文化供给环境等因素作为控制变量，考察相关因素对文化消费决策的影响。

第七章，资本影响文化消费决策的中介效应检验。本章在第六章研究的基础上展开，利用中介效应模型度量了消费习惯、文化氛围在文化资本影响文化消费决策中的中介效应，并进一步度量了幸福感和未来信心在经济资本、文化资本和社会资本对文化消费决策影响中的中介效应。

第八章，资本影响文化消费决策：宏观视角。本章利用宏观层面的省级面板数据，采用固定效应模型实证检验各资本因素对文化消费支出的影响，并就东部地区和中、西部地区、城镇和农村地区的分样本进行区域差异性分析；以经济资本作为门槛变量，度量了资本因素对文化消费的非线性影响；采用差分GMM模型度量了文化消费习惯的动态影响。

第九章，文化消费的空间溢出效应。本章在对文化消费的溢出效应以及各资本因素的溢出效应进行理论分析的基础上，进行实证分析验证。在进行空间相关性检验之后，分别采用SEM模型、SAR模型和SDM模型对资本因素进行空间溢出效应检验，并对区域异质性进行分析，对总效应进行分解。

第十章,全面提升文化消费水平的对策建议。本章从个人、企业和政府三个方面提出针对性的文化消费促进对策。

二、研究框架

以上述的研究内容为基础,搭建研究框架结构图(见图1-3)。

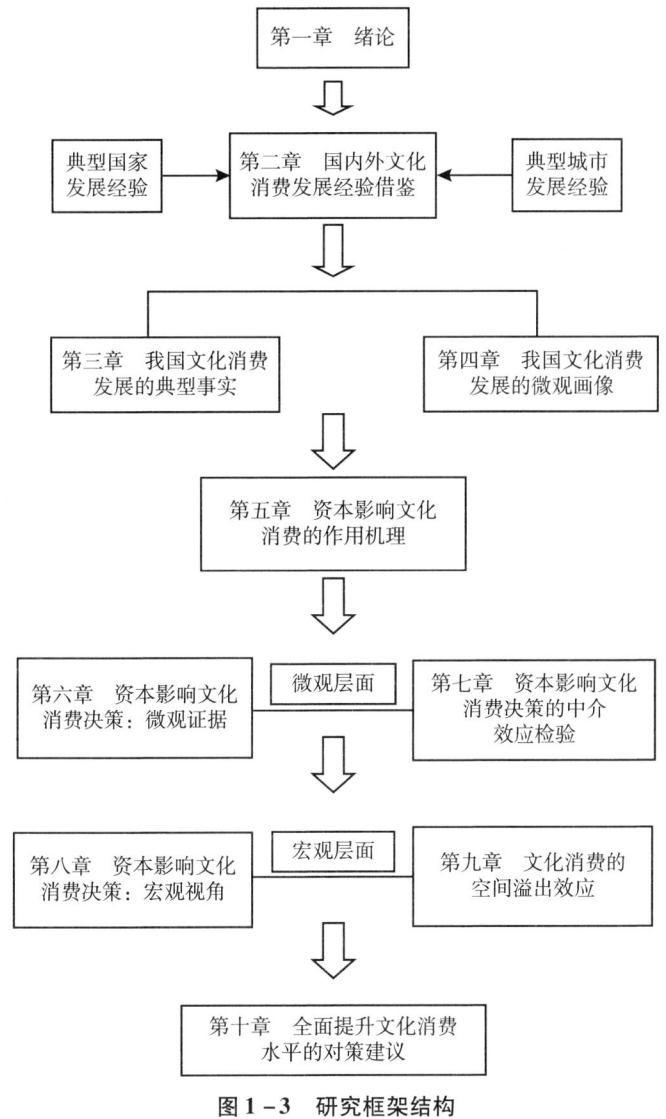

图1-3 研究框架结构

资料来源:笔者整理。

第三节 研究方法与创新

一、研究方法

在研究过程中,普遍采用了归纳和演绎相结合、理论分析和实证检验相结合的研究方法,探索我国文化消费的影响因素及其区域差异。具体而言,主要包括以下三种。

(一)案例分析法

选择英国、美国、日本、韩国共四个代表性国家,分析各国文化消费发展现状并对其发展经验进行大致总结。在我国文化部审批的45个文化消费试点城市中,东、中、西部地区各选择了三个试点措施比较有力、试点效果比较显著的代表性城市,总结各城市推进文化消费水平显著提升的代表性举措和相应的文化消费政策,作为后续对策研究可供借鉴的参考。

(二)问卷调查法

为深入了解和全面把握我国文化消费发展特征,课题组设计了调查问卷到代表性城市开展了微观调研。调查问卷的设计主要有以下五个方面,一是涵盖包括性别、年龄、学历、婚姻状况、家庭关系、收入等在内的人口统计学、社会学、经济等特征的被调查者的基本信息;二是涉及文化消费支出、文化消费时间安排以及文化消费影响因素和获得渠道等在内的文化消费相关信息;三是包括以被调查者本人或其家人有无从事文化艺术相关的工作经历或者培训经历度量的文化资本状况;四是文化消费观念和文化认知;五是公共文化消费。通过对上述五个方面展开的问卷调查,尝试从各方面了解文化消费概况以及相关可能的影响因素,为后续的实证分析奠定基础。

(三)计量分析法

采用的实证研究基于微观调研数据和宏观统计数据展开,利用的计量分析方法主要有以下三种:一是构建指标体系采用因子分析方法对我国文化消费发展水平进行总体评价,采用系统聚类方法对省(区、市)文化消费进行分类观测;通过变异系数测度我国省域总体差异程度,通过泰尔指数计算分析我国文化消费发展水平的组内和组间非均衡程度,以整体了解我国文化消费区域非均衡状况的时间趋势和结构特征。二是利用问卷调查数据,采用多元有序 Logit 模型实证检验经济资本、文化资本、社会资本以及人口统计学特征、家庭因素、生活认知、文化供给环境等因素,对居民文化消费支出和文化消费意愿的影响。采用中介效应模型度量了消费习惯、文化氛围在文化资本对文化消费决策中的间接影响,以及幸福感和未来信心等生活状况认知在资本因素对文化消费决策中的中介效应。三是利用宏观统计数据,采用固定效应模型、门槛模型、差分 GMM 模型分析了资本因素对文化消费支出的线性与非线性、静态和动态影响。此外,采用空间杜宾模型分析了资本因素以及文化消费支出的空间溢出效应,系统地分析了文化消费的空间相关性,不同角度的实证研究结论为对策的提出奠定了基础。

二、突破和创新之处

本研究基于我国文化消费的现实特征,利用微观调研数据和宏观统计数据,从理论分析和实证检验两个维度,由资本视角系统分析了经济资本、文化资本和社会资本等资本因素对文化消费决策的微观和宏观、直接和间接、静态和动态、线性和非线性影响,并在此基础上,重点考察了文化消费的区域异质性和空间关联性问题。相比于已有研究,本研究可能的创新之处体现在以下三个方面。

(一)研究视角的创新

文化消费能够满足人们的精神文化需求,丰富人们的精神生活,提升社会的文明程度,对于传承和弘扬中华文明、坚定文化自信以及推进文化强国建设都具有重要的意义。从经济层面讲,消费需求是最根本的需求,在消费升级的背景下,文化消费也是我国经济践行新发展理念、实现高质量发展和推进"双循环"新发展格局的重要"抓手"。因而,系统、深入地研究资本因素对文化消费决策的影响,并结合我国文化消费的现实特征以及国内外先进经验,提出针对性的全面提升文化消费水平的对策,具有重要的现实意义。本研究基于资本视角,从理论探讨和实证检验等多维度开展的探究,也进一步地丰富了我国文化消费的理论研究,完善了文化产业发展的理论体系。

(二)实证检验的创新

目前学术界关于文化消费的微观调研和实证分析逐渐丰富了起来,研究视角也逐渐多样化,但是从资本视角切入的系统、深入的研究还相对较少。本研究利用微观调研数据,对我国文化消费发展的微观特征进行画像,从资本视角对影响文化消费决策的关键因素进行甄别,对文化消费的区域异质性影响进行比较,对资本影响文化消费决策的中介效应进行分析和检验。还从宏观层面利用固定效应模型、差分 GMM 模型、门槛效应模型等方法，分析了资本因素对文化消费决策的静态和动态、线性和非线性影响，并采用空间杜宾模型等检验了资本因素和文化消费支出的空间溢出效应，将各资本因素对文化消费支出的总效应进行分解，同时，也对文化消费决策影响的区域异质性进行了分析、检验，得出了一些比较有意义的结论。

（三）政策研究的创新

笔者旨在通过研究，能够把脉我国文化消费发展的现实特征，甄别影响文化消费决策的关键因素和重要路径，区分文化消费决策的区域异质性影响以及空间关联特征，并最终提出全面提升文化消费水平的对策。坚持上述研究目的和方向，以我国文化消费发展的现实特征、理论分析和实证检验结果为基础，结合国内外代表性文化消费经验，针对性地从主体层面提出促进我国文化消费水平全面提升的对策体系，一定程度上能为个人优化消费结构、提高文化消费水平指明路径，为企业优化文化产品供给品类、创新商业模式提供思路，为政府完善文化消费全面提升政策和制度体系提供理论参考。

三、存在的不足和研究的拓展

尽管本研究有一定的突破，但是因为受到研究能力、时间和经费限制等各方面的制约，导致研究还存在一定的不足。首先，调查问卷样本量相对较少。课题组选择部分代表性城市进行实地调研，同时委托专业问卷调查机构发放部分调查问卷，但是因为经费和时间的限制，课题组获得的调查问卷总量仍然相对较少。此外，虽然在开展调查问卷之前做了很多前期工作，包括请专家组对调查问卷设计提供修改意见、开展试调查等各项工作，但是因为涉及收入、支出等敏感问题，被调查者填写问卷的结果并不是特别真实，以至于在实证分析中只能选择放弃部分样本和数据。样本量的相对不足，可能会导致基于样本数据分析的层次性和多样性不足，这有待于后续研究进一步扩充样本容量，丰富研究层次。其次，调查问卷的利用相对不足。调查问卷设计包含的内容比较广泛，但是课题研究主题相对比较集中，有一些数据并没有充分利用，这有待于在后续研究中进一步挖掘数据内涵，拓宽研究边界。再次，理论研究深度仍需挖掘。课题基于经济学、社会学的相关理论以及学者的研究基础，对经济资本、文化资本和社会资本影响文化消费的机制进行了系统的分析，并从多维度、多角度构建实证模型来予以检验，为全面提升文化消费水平的对策体系构建提供了理论参考，但是对于交互作用的研究还比较有限，在研究的整体性上还有待进一步加强。另外，课题目前关于区域异质性的分析是基于传统的东、中、西部地区宽口径，而研究显示目前的区域差异主要源于区域内差异，因而，有必要缩小区域研究口径，从而使对策更加具有针对性。针对目前存在的问题，笔者将在后续研究中进一步地完善。

第二章　国内外文化消费发展经验借鉴

第一节　典型国家文化消费发展经验借鉴

随着经济的繁荣、科技的进步和社会的发展，文化产业逐渐成为世界各经济体的支柱性产业。但世界各国在文化产业和文化消费发展水平上并不同步，原因可能是多方面的。本节按照联合国制定的《按目的划分的个人消费分类》（COICOP）的统计口径来观察英国、美国、日本、韩国等具有代表性的发达国家的文化消费水平和特征，总结相应的经验或原因，以作为我国文化消费水平提高的参考。

一、英国

（一）英国文化消费发展特征

第一，文化消费对经济增长的贡献突出。文化消费需求构成了21世纪英国经济增长的重要驱动力。图2-1给出了不同类别的消费支出对英国经济增长的贡献，数据显示，2006~2012年，食物和不含酒精的饮料、餐厅酒店、家具及家用设备、交通运输以及其他支出对经济增长的贡献均为负向；2012~2019年，上述五个方面的支出对经济增长的贡献转为正向。只有住房水电气、休闲娱乐及文化两项支出在两个时间区段内对经济增长的贡献始终为正。而且，2012~2019年，休闲娱乐及文化支出在列举的所有分类支出中对经济增长的贡献是最大的。

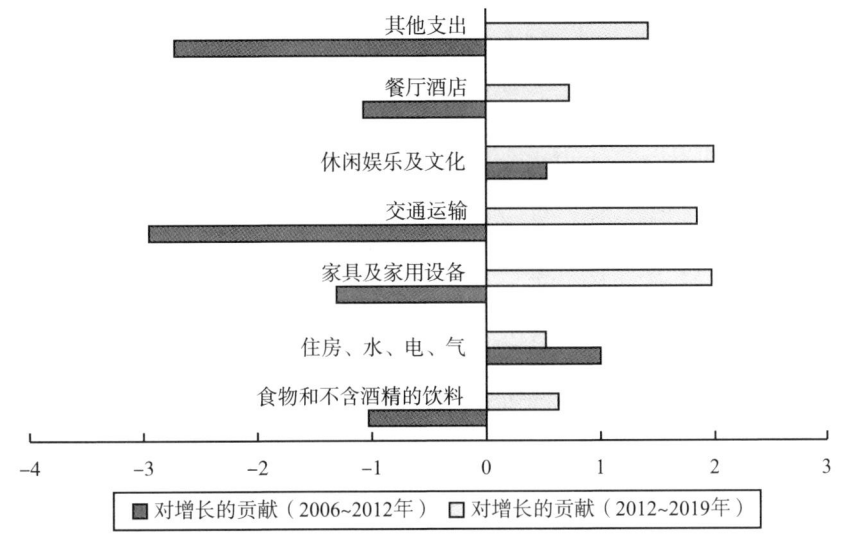

图2-1 不同类别支出对英国经济增长的分段贡献（2006～2012年，2012～2019年）

注：①按照COICOP类别平减指数，数据调整为2019年价格。②其他支出包括：酒精饮料、烟草和麻醉品、服装和鞋类、健康保健、通信、教育、杂项商品和服务以及其他支出项目。③百分比数值在两个时间段内没有直接可比性。2006～2012年，总体变化为-7.5%，2012～2019年，总体变化为9.1%。

资料来源：笔者根据英国统计局网站数据整理得到，https：//www.ons.gov.uk/。

第二，文化消费支出整体呈波动式增长。数据显示，2008～2018年，英国家庭的文化消费支出整体保持增长，但是增长幅度波动较大（见图2-2）。受经济周期的影响，2009年，英国家庭总消费支出和娱乐文化消费支出都有所下滑，但是娱乐文化消费支出的收入弹性显然更大，降幅明显比家庭总消费支出更大。虽然，这十年文化消费支出的增幅波动较大，但是对应着经济的回升，文化消费支出的年均增速高过家庭总消费支出的年均增速。同样地，家庭教育支出也呈现波动式增长，但是整体增幅较高，远远高过同期家庭总消费支出和娱乐文化支出的增幅。

第三，文化消费支出比重呈U型增长态势。娱乐文化支出在家庭消费总支出中的比重也在上升，但并非直线式上升，而是呈现小幅度的U型增长。娱乐文化支出占比由2008年的10.81%，降为2012年的10.14%，继而上升为2018年的11.18%。相似地，文教娱乐占比也由2008年的12.26%，下降为2012年的11.89%，2017年又上升为峰值13.52%，同样也呈现为U型（见图2-3）。

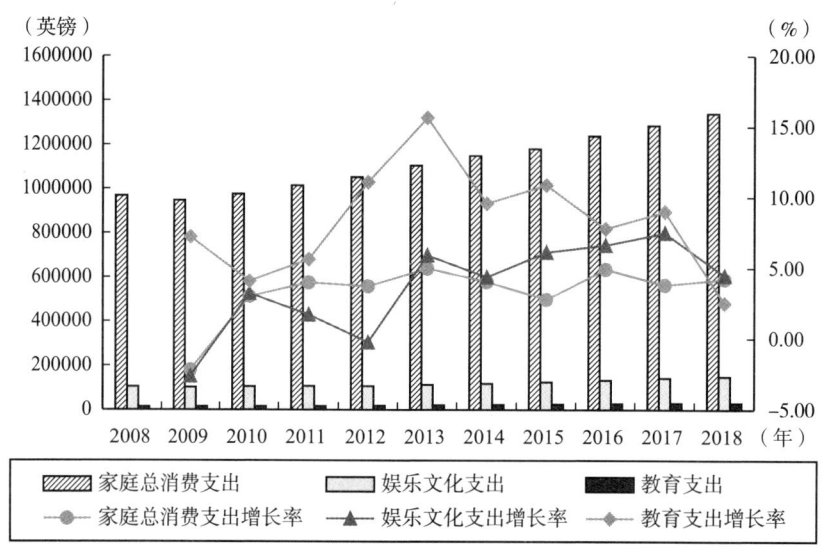

图 2-2　2008~2018 年英国家庭文化消费支出及增长情况

资料来源：经济合作与发展组织（OECD）官方网站。

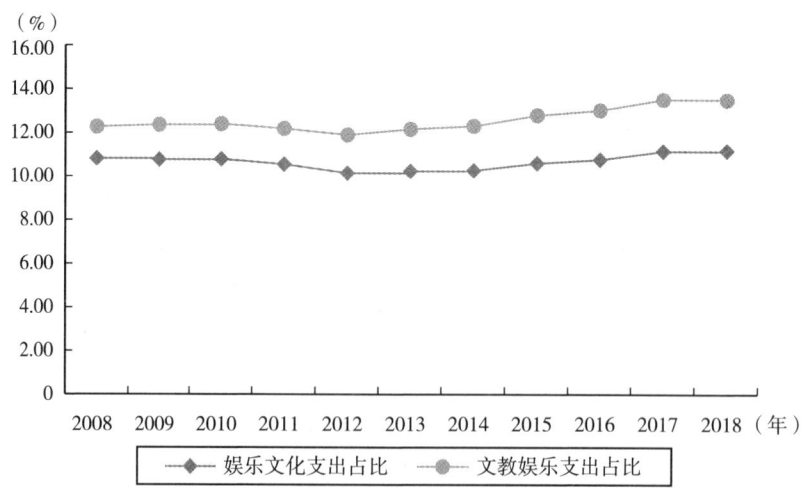

图 2-3　2008~2018 年英国家庭文化消费支出比重变化

资料来源：经济合作与发展组织（OECD）官方网站。

第四，文化消费结构趋于优化。一方面，尽管教育支出增速较高，但是娱乐文化支出占比较高，教育支出占比相对较低。长期以来，英国的娱乐文化支出在文化消费总支出中的比重均高于 80%；另一方面，娱乐文化支出内部结构也在发生变化，服务性支出占比较高。其中，旅游支出占比最大，2015~2018 年，旅游每年在娱乐文化支出中的比重都在30%以上，年均达到34.72%；娱乐文化服务年均占比达到29.11%，位居第二；包括视听摄影设备、报纸书籍等在内的娱乐文化用品购买支出占比相对较低（见表2-1）。

表2-1 2015~2018年英国娱乐文化支出各分项占文化消费比重 单位：%

娱乐文化支出项目	2015年	2016年	2017年	2018年
视听、摄影和信息处理设备	8.08	8.97	6.53	6.93
其他主要休闲文化耐用品	3.03	3.38	2.45	4.00
其他娱乐项目和设备、花园和宠物	16.88	17.50	18.64	18.00
娱乐文化服务	30.01	29.71	28.71	28.00
报纸、书籍和文具	7.79	7.79	7.35	7.20
一揽子旅游	34.05	32.50	36.46	35.87

资料来源：笔者根据英国统计局网站数据整理得到，https://www.ons.gov.uk/。

第五，文化消费存在城乡差异。调查显示，城市家庭每周娱乐文化支出低于乡村家庭每周娱乐文化支出，但城市家庭教育支出高于乡村家庭教育支出。城市家庭文化消费支出低于乡村家庭文化消费支出，城市家庭总消费支出也低于乡村家庭总消费支出。城市家庭文化消费支出占比也低于乡村家庭。总体而言，城市家庭文化消费水平低于乡村家庭（见表2-2）。

表2-2 2019年英国家庭城乡文化消费支出概况

文化消费支出项目	城市	乡村
娱乐文化支出（英镑）	72.2	88.6
教育支出（英镑）	6.9	6.1
文化消费支出（英镑）	79.1	94.7
总消费支出（英镑）	558.6	628.7
文化消费支出比重（%）	14.16	15.06

资料来源：笔者根据英国统计局网站数据整理得到，https://www.ons.gov.uk/。

（二）英国文化消费发展原因

第一，从需求侧看，消费主体的收入水平是文化消费支出稳步增长的重要保障。根据马斯洛需求层次理论，人会次第产生更高的需求。文化消费支出是为满足人的精神需求，也是在生理需求之上更高的需求层次，一般而言，收入水平越高,家庭文化消费支出水平越高,文化消费支出的比重也越大。根据表2-3可知,随收入等级的提高,可支配收入水平增加,最终消费支出增加,休闲娱乐支出水平越高,教育支出水平越高。这种消费水平的提高不仅体现在消费支出绝对额的增长,也表现为文化消费比重的持续上升。

表2-3　　　　2014年按收入五分位分段的英国家庭文化消费情况

收入等级	可支配收入（英镑）	最终消费（英镑）	休闲娱乐（英镑）	教育（英镑）	文化消费比重（%）
最低的20%	9330.6	10304.8	1184.3	50.6	11.98
第二个五分位	18565.1	16085.5	2104.2	54.4	13.42
第三个五分位	27876.1	21946.9	3040.8	218.5	14.85
第四个五分位	40048.5	28642.4	4420.3	415.5	16.88
最高的20%	74023.2	42962.8	7145.9	1801.6	20.83
总体	33961.7	23984.7	3578.4	508	17.04

资料来源:笔者根据英国统计局网站数据整理得到,https://www.ons.gov.uk/。

从微观层面,户主的职业特性也会影响家庭的娱乐文化支出和教育支出。大型雇主和高级管理人员、高层专业人员的休闲娱乐支出、教育支出都很高,在总体消费支出中的比重也属于最高的等级,保持在15%以上,而且这两类职业的户主对教育的重视程度很高,在教育上的花费远远超过其他群体(除了学生群体)。低层管理人员和专业人员、小雇主的文化消费支出相对较少,而中间层、基层管理者的文化消费支出较低,长期不工作的户主整体家庭消费支出和文化消费支出是最低的(见表2-4)。至于为什么会出现这种现象,可能是因为户主的特性不同影响到家庭收入水平的高低不同,也可能是因为受教育水平不同,也许是工作时间的长短不同等。

表2-4　　　　2019年按户主社会经济特征分类的英国家庭支出

户主职业	休闲娱乐（英镑）	教育（英镑）	文化消费（英镑）	总消费（英镑）	文化消费比重（%）	休闲娱乐比重（%）
大型雇主和高级管理人员	137.6	13.2	150.8	959.6	15.71	14.34
高层专业人员	118.8	18	136.8	861.5	15.88	13.79

续表

户主职业	休闲娱乐（英镑）	教育（英镑）	文化消费（英镑）	总消费（英镑）	文化消费比重（%）	休闲娱乐比重（%）
低层管理人员和专业人员	89.5	8.6	98.1	702.1	13.97	12.75
中间层	66.5	1.3	67.8	562.5	12.05	11.82
小雇主	78.3	7.4	85.7	644.3	13.30	12.15
基层管理者	67.6	3.3	70.9	585.3	12.11	11.55
长期不工作者	21.5	—	—	255	—	8.43
学生	61.4	28.8	90.2	602.8	14.96	10.19
职业未列出者	66.1	0.6	66.7	423.6	15.75	15.60
总体	76.9	5.7	82.6	585.6	14.11	13.13

资料来源：笔者根据英国统计局网站数据整理得到，https://www.ons.gov.uk/。

第二，从供给侧看，文化产业的发展、文化市场的繁荣和文化产品的丰富是大众文化消费发展的重要基础。英国是世界上第一个定义创意产业的国家，英国政府成立了创意产业行动组，以推进英国文化创意产业的发展，鼓励创意在经济发展中的作用。英国政府拓宽了文化经费筹措渠道，以法规形式将国家彩票的部分收入投资于文化设施建设、支持优秀艺术门类的发展和人才的培养。[①] 英国文化消费的发展与文化创意产业的快速发展密不可分，例如，随着王室对印刷出版限制的放松，印刷产业空前繁荣，报纸、图书、杂志呈现爆发式增长。1713年，英国报纸发行总额为250万份；1780年，达到1400万份。[②] 图书阅读成为中产阶层文化生活的重要组成部分。伦敦及英国其他城市兴起修建剧院的热潮，剧院数量不断攀升，新剧目不断被开发，推动了戏剧消费的繁荣。《帕梅拉》《鲁滨逊漂流记》等优秀文化作品通过绘画、艺术品、戏剧等丰富的呈现形式得以让更多的人接触并欣赏，皇家科学院、皇家艺术学院以及流动图书馆等机构也促进了文化产品尤其是书籍绘画知识的普及。[③]

第三，政府政策助推文化消费走向繁荣。政府通过补贴政策推动节庆活动的开展，[④] 充分发挥节庆活动在文化产业发展和文化消费促进中的作用，例如，伦

---

① 谭丹. 发展我国文化产业的国际经验借鉴及路径选择 [J]. 现代经济信息，2008（2）：98-100.
② 李新宽. 18世纪英国文化消费的繁荣及其原因 [N]. 光明日报，2016-2-6.
③ 李新宽. 18世纪英国文化消费的繁荣及其原因 [J]. 决策探索（下半月），2016（2）：83-84.
④ 缪学为. 英国创意产业发展的经验与启示 [J]. 人文天下，2015（21）：28-34.

敦电影节、时装周和设计节等文化艺术类节日吸引了国内外众多消费者参与其中，营造了良好的文化氛围。政府并不直接干预文化市场的具体运营，但会通过政策引导资金、人才等资源的流向，并对文化市场进行一定程度的监管。政府还尝试将财政补贴的对象由生产者转向消费者，即著名的皮考克"消费券方案"，既有利于解决文化领域资助的不公平问题，也有助于促使文化产品和服务生产者正视消费者意愿，通过市场化的方式、依靠自身的产品质量去争取消费者手中的消费券，[①] 从而获得财政资助。苏格兰艺术委员会向苏格兰境内所有 16~25 岁的公民发放"青年苏格兰卡"，每位领卡者每年交纳 5 英镑，就可以从与苏格兰艺术委员会合作的艺术机构那里获得消费折扣，这种政策优惠不仅在当下为艺术机构争取了更多的消费者，也通过文化资本的积累培养了很多未来的观众。[②]

二、美国

（一）美国文化消费发展特征

第一，文化消费支出整体增长平稳。世界性的金融危机对美国家庭的消费支出产生了巨大的影响，尤其体现在娱乐文化支出的大幅缩减。数据显示，2009 年，家庭消费支出和娱乐文化支出均出现了负增长，但是娱乐文化支出的增长率为 -4.02%，显著低于家庭消费支出的负增长率。接下来的两年受经济状况的影响，娱乐文化支出的增幅仍然较低，2012 年以后，进入稳定回升阶段。近年来，美国的家庭消费总支出、娱乐文化支出和教育支出均保持着相对稳定的增长。有一个很有趣的现象在于，娱乐文化支出增速下降的时候，恰恰对应的是教育支出的大幅上涨阶段，例如，2009~2011 年，这三年教育支出上涨幅度较大，但 2012 年后，教育支出进入稳定增长阶段。虽然从十年的平均增速来看，教育支出的增幅大于娱乐文化支出的增幅，但是分区段来看，2012 年后，每年娱乐文化支出的增幅都高于教育支出（见图 2-4）。

第二，文化消费支出在家庭总消费支出中占比较高。2008~2018 年，娱乐文化支出在家庭消费支出中的比重大致维持在 9% 左右，如果加上教育支出，文化消费在美国家庭总消费支出中占比在 11% 以上（见表 2-5）。与发展中国家相比，美国文化消费比重总体较高。

---

① Ruth Towse, Alan Peacock and Cultural Economics [J]. The Economic Journal, 2005 (504).
② 傅才武，曹余阳．中英政府有关促进文化消费政策的比较研究——以青年"青年苏格兰卡"与中国"武昌文化消费试点"为中心 [J]．江汉论坛，2017 (10)：34-43.

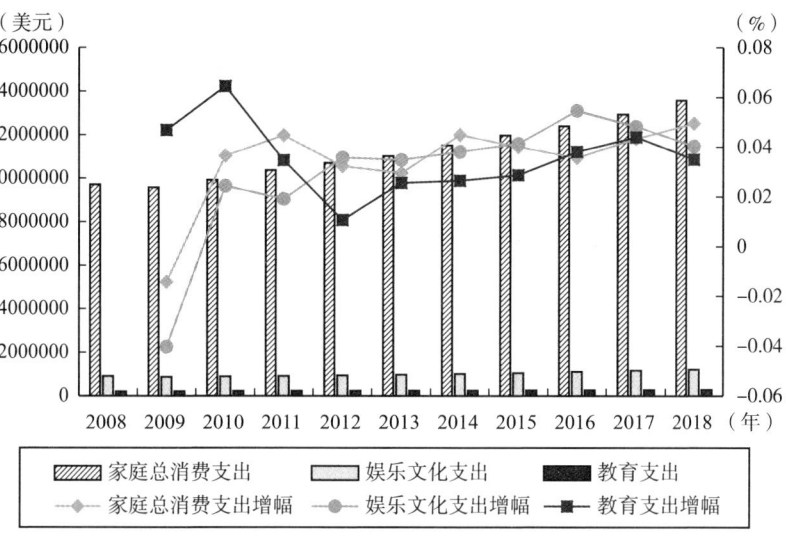

图 2-4　2008~2018 年美国家庭文化消费支出及增长情况

资料来源：经济合作与发展组织（OECD）官方网站。

表 2-5　　　　　2008~2018 年美国家庭文化消费支出及比重　　　　单位：%

年份	娱乐文化支出/ 家庭消费支出	（娱乐文化支出+教育支出）/ 家庭消费支出	娱乐文化支出/ （娱乐文化支出+教育支出）
2008	9.37	11.50	81.48
2009	9.12	11.38	80.14
2010	9.01	11.34	79.45
2011	8.79	11.09	79.26
2012	8.82	11.08	79.60
2013	8.87	11.11	79.84
2014	8.81	11.02	79.95
2015	8.82	11.00	80.18
2016	8.98	11.17	80.39
2017	9.03	11.21	80.55
2018	8.95	11.10	80.63

资料来源：经济合作与发展组织（OECD）官方网站，笔者根据数据自行整理得到。

第三，文化消费结构日益优化。此处度量的文化消费结构包括两个层面：一是娱乐文化支出在文化消费总支出中的比重。2008~2011 年，娱乐文化支出在文化消费总支出中的比重由81.48%显著下降到2011年的79.26%,之后从2011年的最低值反弹,稳步回升至2018年的80.63%(见表2-6),整体呈U型。二是体现在娱乐文化支出内部分项支出结构的变化。从结构比例上看,视听摄影和信息处理设备、娱乐及文化服务、其他娱乐项目和设备花园和宠物三项在整体娱乐文化支出中占据较高的比重,近十年来的平均占比分别为30.99%、29.46%和24.51%,其他支出部分占比相对较低。从不同支出项目的增长速度上看,视听摄影和信息处理设备、报纸书籍和文具的支出比例有所下降,其他主要的娱乐和文化耐用物品、其他娱乐项目和设备花园和宠物的支出占比稳步上升,娱乐及文化服务支出、一揽子旅游支出的比重则相对比较稳定(见表2-6)。

表2-6　　　　2008~2018年美国娱乐文化支出各分项结构　　　　单位:%

年份	视听摄影和信息处理设备	其他主要的娱乐和文化耐用物品	其他娱乐项目和设备花园和宠物	娱乐及文化服务	报纸书籍和文具	一揽子旅游
2008	31.13	5.61	23.44	28.85	9.93	1.04
2009	31.30	4.65	23.80	29.51	9.74	1.00
2010	31.48	4.50	23.87	29.59	9.46	1.10
2011	31.70	4.62	24.32	29.29	9.07	1.00
2012	31.76	4.84	24.55	29.39	8.42	1.03
2013	31.44	5.14	24.65	29.42	8.33	1.02
2014	31.00	5.30	24.90	29.48	8.30	1.02
2015	30.30	5.45	25.30	29.64	8.28	1.03
2016	30.41	5.55	25.21	29.44	8.37	1.01
2017	30.15	5.68	25.06	29.51	8.53	1.07
2018	30.16	5.57	24.50	29.89	8.75	1.13
平均	30.99	5.17	24.51	29.46	8.84	1.04

资料来源:经济合作与发展组织(OECD)官方网站,https://stats.oecd.org/index.aspx?DataSetCode=SnA_TABLE5。

(二)美国文化消费发展原因

第一,居民收入水平、教育水平的提高成为文化消费发展的内生动力。美国作为世界上经济最发达的国家之一,人均国民收入普遍较高,消费层级因此也相应较高,对精神层面的需求增加,文化消费的支出因此也较高。2008~2018年,美国人均GDP由48382美元增长到65280美元。与此同时,中国经济也在高速发展,中、美之间的人均GDP差异由2008年的13.95倍缩小为2018年的6.31倍,较高的人均GDP也相应带来较高的文化消费支出。教育水平的提高是文化消费支出增加的重要原因。一般而言,学历水平越高,收入水平越高,娱乐、阅读、教育等分项文化消费支出以及文化消费总支出都在随学历水平的上升而增加(见表2-7)。除去"高中毕业大学以下"这一选项,其他学历层次也存在学历水平越高,文化消费占收入比重越高的规律,说明文化消费支出额的增长幅度超过了收入的增长幅度。

表2-7　　　　　　　　2014年美国分等级最高学历者的文化消费

项目	高中以下	高中毕业	高中毕业大学以下	大专毕业	学士	硕士及以上	全部
税前年收入(美元)	28031	40260	47891	60671	84628	123654	66877
文化消费(美元)	1480	2162	3196	3339	5183	7785	4067
娱乐(美元)	1301	1873	2179	2516	3287	4565	2728
阅读(美元)	32	56	72	83	134	209	103
教育(美元)	147	233	945	740	1762	3011	1236
文化消费占收入比重(%)	5.28	5.37	6.67	5.50	6.12	6.30	6.08

资料来源:毛中根,杨丽姣.文化消费增长的国际经验及中国的政策取向[J].经济与管理研究,2017(1):84-91.

第二,文化产业的发展和文化市场的繁荣也推动了文化消费的发展。美国的文化产业在国民经济中占据着重要地位,文化产业增加值占GDP比重超过11%。伴随着国民收入增长和文化产业的发展,美国居民在食物、住所、交通等方面的消费占总消费的比例稳步降低,文化消费支出占总消费的比例不断攀升。美国并没有专门的文化产业管理部门,也鲜有正式的文化政策文件,文化产业是在高度自由宽松的市场环境下发展起来的,文化市场充满活力。美国文化产业体系相对比较健全,市场经济发达程度比较高,知识产权保护力度强,强有力的版权保护促进了文化产品的创作,推动了商业模式的创新,使得文化创意产品更加丰富和多元,丰富的文化产品和服务也促进了文化消费的发展。例如,美国的互联网产业发达,人们通过互联网进行文化产品的制作、批发、进口、出租等,互联网文化消费活动高度活跃;美国的影视产业链高度发达,好莱坞电影对美国经济增长和文化输出都产生着巨大的影响;出版业也是美国文化产业的代表性产业,出版业的繁荣也助推了美国文化消费的繁荣。

第三，公共文化消费的繁荣孕育了浓厚的文化消费氛围。美国政府每年对美国博物馆及图书馆服务协会（IMLS）、国家人文基金会（NEH）、美国国家艺术基金会（NEA）和肯尼迪中心（Kennedy Center）等各类文化相关基金予以捐赠和资助，完善公共文化场馆建设，扶持和奖励艺术家创作、文化内容研究以及文化交流合作。[①] 美国政府也会直接进行文化基础设施和文化机构的建设，为居民的公共文化消费奠定基础。各州还会对非营利性文化产业实行税收减免政策以鼓励公共文化消费活动的开展。[②]

三、日本

（一）日本文化消费发展特征

第一，文化消费支出负增长。近十年来，日本的家庭文化消费支出总体保持着负增长的发展态势。2009~2018年，只有2013年、2014年和2017年这三年的娱乐文化支出增长率为正，其他年度均为负增长，2009年和2011年娱乐文化支出增长率分别达到-7.48%和-8.27%，十年娱乐文化支出平均增长率为-2.13%。在教育支出上，2009~2011年，连续三年教育支出增长率为负值；从2012年后，教育支出增长率为正；十年总体增长率为0.59%（见图2-5）。

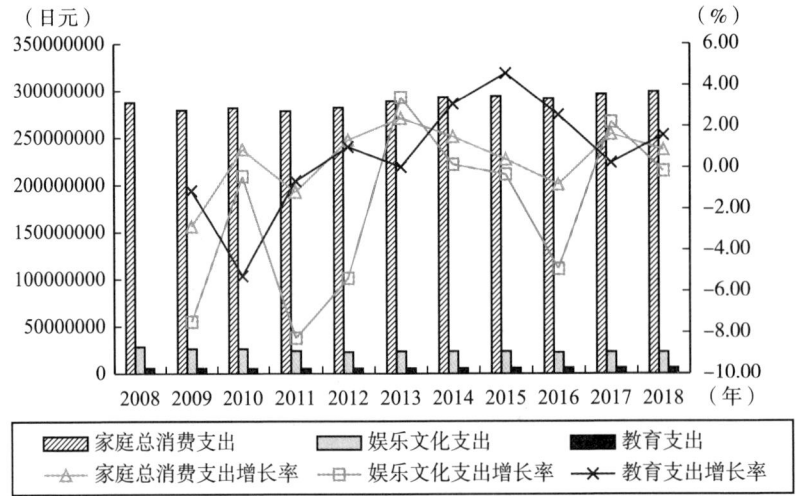

图2-5　2008~2018年日本家庭文化消费支出及增长情况

资料来源：经济合作与发展组织（OECD）官方网站。

[①] 彭翊，李丽. 海外经验：推动文化消费的三个路径［N］. 中国文化报，2015-3-9.
[②] 韩玉军，王娟. 美国文化消费习惯与文化市场进入方式研究［J］. 中国物价，2015（8）：80-82.

第二,娱乐文化支出比重下降。尽管近十年来文化消费支出总体上为负增长,但是文化消费在日本家庭总消费支出中的比重仍然较高。2008~2018年,娱乐文化支出在家庭消费总支出中的比重均值为8.32%,娱乐文化和教育支出在家庭总消费支出中的比重均值为10.34%,仍然高于很多国家。但是,不管是娱乐文化支出比重还是文化教育娱乐支出比重都存在下降的趋势,这种趋势主要是由娱乐文化支出的负增长导致的。与娱乐文化支出的负增长不同,教育支出近年来呈现正向增长态势,进而导致娱乐文化占文化消费的比重越来越低,由2008年的82.87%下降为2018年的78.56%(见表2-8)。

表2-8 2008~2018年日本家庭文化消费支出及比重 单位:%

年份	娱乐文化支出比重	娱乐文化和教育支出比重	娱乐文化支出占文化消费比重
2008	9.97	12.03	82.87
2009	9.49	11.59	81.91
2010	9.37	11.34	82.64
2011	8.70	10.68	81.47
2012	8.13	10.10	80.46
2013	8.21	10.14	80.98
2014	8.10	10.06	80.53
2015	8.04	10.08	79.77
2016	7.71	9.82	78.52
2017	7.75	9.83	78.84
2018	7.67	9.77	78.56
均值	8.32	10.34	80.37

资料来源:经济合作与发展组织(OECD)官方网站。

(二)日本文化消费负向发展原因

第一,日本文化消费的负增长可能源于经济下滑、社会高度老龄化以及节欲的社会文化等。首先,日本国内的经济发展情况并不乐观,导致经济的整体萧条和消费低迷。2009~2018年,这十年日本平均增长率仅为0.19%。2009~2011年,经济增速相对较高;2012年开始转折,增长率仅为0.65%;2013年经济急转直下,经济增长率为-16.77%,紧接着三年的经济低迷;2016年有所好转;2017年和2018年又分别出现低速的下滑和上涨。对应于GDP的变化,日本国内人均 GDP 出现了相似的变化幅度。经济不景气带来的收入紧张影响到消费者的消费支出，而文化消费支出是相对富有弹性的，因而对文化消费的影响更大。其次，日本已经进入高度老龄化社会，因为生命周期的缘故，老年人的消费支出会减少，文化消费水平降低。再次，伴随经济不景气和收入下滑，日本开始出现减少需求的社会文化，包括年轻人的宅文化、断舍离、禁欲等，这种社会文化风潮都减少了文化消费支出。

第二，日本文化消费支出在总体消费支出中比重仍然较高源于长期的文化消费发展基础。首先，日本政府对"内容产业"非常重视，先后出台《文化艺术振兴基本方针》《文化产品创造、保护及活用促进基本法》《日本文化产业战略》等一系列促进文化产业发展的政策，政策推动下日本成为世界上文化产业发展强国。日本的动漫、音乐产业全球知名，并且具有强大的产品创新能力和衍生产品开发能力，产业链不断延长，不断向全世界进行文化产品出口和文化输出，文化创意产品的不断涌现刺激了文化消费市场的形成和发展。其次，日本政府高度重视教育，重视人才培养，坚持文化、科技和人才相结合，培养了一批国际顶尖的漫画大师和动漫导演。经常举办各种动漫和游戏大赛，政府和民间还设立了多种奖项，为文化创作创造积极的社会氛围，促使民众参与文化消费，培养文化消费习惯。[①] 再次，发展假日经济，刺激消费。2001 年，日本国会众议院通过了"节日法修改案"，将众多假日，如"成人节""海洋节""敬老节"等安排在星期一，使假日与周末连在一起，形成"三连休"，有效地促进了文化旅游消费。

四、韩国

（一）韩国文化消费发展特征

第一，文化消费支出增长稳定。近年来，韩国家庭总消费支出、娱乐文化支出和教育支出总体上都是增长的，年均增速分别为 4.02%、5.01%、0.77%。其中，娱乐文化支出的总体增速是最高的，这与文化商品或服务消费的需求收入弹性大于 1 的理论是一致的，从数据上来看，体现为经济上升时期文化消费支出增长速度超过收入增长速度。相对应的，教育支出的增长速度比较缓慢，2012 ~ 2016 年，甚至出现了负增长（见图 2 - 6）。

---

① 王希. 日本文化产业的发展战略及对我国的启示 [J]. 北方经贸，2014（12）：37 - 38.

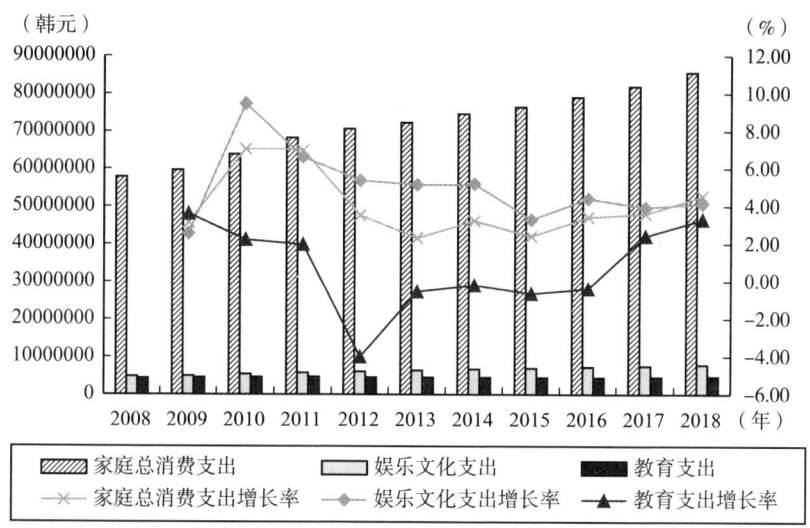

图 2-6　2008~2018 年韩国家庭文化消费支出及增长情况

资料来源：经济合作与发展组织（OECD）官方网站。

第二，文化消费结构的优化。娱乐文化支出在消费支出中的比重不断上升，但是因为教育支出的增长缓慢甚至是负增长，文教娱乐支出在家庭总消费支出中的比重是下降的。即便如此，2018年文化消费支出在总消费支出中的比重依然达到14.68%，位于世界前列，远远高于很多发展中国家。也正是因为娱乐文化支出和教育支出"一升""一降"的反向变化，导致娱乐文化支出占文化消费总支出比重不断上升，由2008年的52.42%增加到2018年的62.48%（见表2-9）。

表 2-9　　　2008~2018 年韩国家庭文化消费支出结构　　　单位：%

年份	娱乐文化支出比重	娱乐文化和教育支出比重	娱乐文化支出占文化消费比重
2008	8.34	15.92	52.42
2009	8.30	15.91	52.17
2010	8.49	15.75	53.87
2011	8.46	15.38	54.97
2012	8.61	15.03	57.27
2013	8.85	15.09	58.62
2014	9.01	15.05	59.89
2015	9.09	14.95	60.82

续表

年份	娱乐文化支出比重	娱乐文化和教育支出比重	娱乐文化支出占文化消费比重
2016	9.18	14.82	61.94
2017	9.21	14.78	62.29
2018	9.17	14.68	62.48

资料来源：经济合作与发展组织（OECD）官方网站。

（二）韩国文化消费发展原因

第一，文化产业的繁荣为文化消费发展奠定了良好的基础。韩国政府通过组织、政策和资金等一系列保障措施为文化产业的发展"护航"。组织方面，早在20世纪60年代，韩国政府就意识到文化产业在国民经济体系中的重要性，颁布了一系列的政策，并增设了大众文化中心；1994年，韩国政府在文化体育观光部下设专门机构"文化产业局"负责管理文化产业；2001年，文化产业振兴委员会、文化产业支援中心、工艺文化振兴院三个机构合并成为"韩国文化产业振兴院"，扶持文化产业的振兴和发展工作，以帮助韩国进入世界5大文化产业强国为目标。政策方面，亚洲金融危机后，金大中政府提出了"文化立国"的方针，颁布了《文化产业发展五年计划》《文化产业振兴基本法》《著作权保护法》《建立文化地区特别法》等一系列政策及法律、法规，为韩国文化产业的有序发展提供了完善的法律保障。资金方面，政府设立了文化产业振兴基金、电影发展基金、国民体育振兴基金、媒体振兴基金等多个专项基金，作为发展文化产业的资金支撑。在一系列政策的引导下，韩国影视剧、电视节目、音乐、游戏等行业发展如火如荼，带动语言、服装、美妆、美食、旅游等相关产业的发展，影响力日益增强，大量出口到周边的国家和地区，形成文化输出，掀起一股"韩流"。

第二，政府出台一系列文化消费促进政策。一是通过补贴提高低收入群体的文化福利。2011年起，政府大幅增加预算，实施"文化凭证"制度，为低收入群体每年每人提供5万韩元的文艺节目观赏费，作为文化补贴，以保证低收入群体的文化消费。二是搭建平台促进文化消费。韩国政府为拉动文化消费，制作文化消费优惠手册，举办"购物季"活动，囊括演艺、购物、娱乐等20多个业态，搭建联合众多文化娱乐业商家以及众多消费者的网络平台，丰富文化消费渠道，促进文化消费。

第二节 典型城市文化消费发展经验借鉴

2015年，在"拉动城乡居民文化消费试点项目"取得成效的基础上，文化部和财政部联合印发《关于开展引导城乡居民扩大文化消费试点工作的通知》，将文化消费试点范围扩展到全国。根据上述文件，文化部办公厅分别于2016年6月和2017年2月公布了第一批第一次和第二次的国家文化消费试点城市名单。按照区域列出试点城市名单如下（见表2-10）。

表2-10　　　　　　　　　　国家文化消费试点城市名单

批次	东部地区	中部地区	西部地区
第一批第一次（26个）	北京市、天津市、河北省石家庄市、辽宁省沈阳市、上海市、江苏省南京市、浙江省宁波市、山东省青岛市、广东省广州市、广东省深圳市	吉林省长春市、黑龙江省哈尔滨市、安徽省合肥市、江西省南昌市、河南省洛阳市、湖北省武汉市、湖南省长沙市	内蒙古自治区鄂尔多斯市、重庆市、四川省成都市、四川省泸州市、贵州省遵义市、云南省丽江市、甘肃省兰州市、青海省黄南藏族自治州、宁夏回族自治区银川市
第一批第二次（19个）	河北省廊坊市、辽宁省盘锦市、江苏省苏州市、浙江省杭州市、山东省济南市、山东省淄博市、广东省惠州市	山西省太原市、吉林省吉林市、黑龙江省牡丹江市、安徽省芜湖市、江西省新余市、河南省郑州市、湖北省宜昌市、湖南省株洲市	云南省昆明市、甘肃省张掖市、新疆维吾尔自治区乌鲁木齐市、新疆生产建设兵团第八师石河子市

资料来源：根据文化和旅游部官网相关文件整理而来。

2018年，文化和旅游部文化产业司对工作落实到位、成效显著的20个国家文化消费试点城市进行奖励。① 结合文化消费试点实践，从东、中、西部地区各选择三个代表性城市②来总结文化消费试点经验，尝试发现能够借鉴推广、可复制的经验。

---

① 20个城市分成两档奖励，第一档的10个城市是北京、廊坊、长春、南京、宁波、济南、武汉、长沙、重庆和泸州，第二档的10个城市是天津、苏州、新余、淄博、郑州、惠州、成都、遵义、黄南州和银川。具体见网页链接 https://www.sohu.com/a/239073945_160257。

② 其中，东部地区选择北京、南京、长春三市，中部地区选择的是武汉、长沙、郑州，西部地区选择的是成都、重庆和银川。

一、东部地区文化消费试点城市典型经验

(一) 北京市

北京市早在2014年就出台了《北京市人民政府关于促进文化消费的意见》，重点加强文化消费供给、培育文化消费习惯、引导文化消费行为、丰富文化消费业态和拓展文化消费空间等。《2019年北京市文化和旅游促消费措施十二条》《北京市文化产业高质量发展三年行动计划（2020～2022年）》《北京市促进新消费引领品质新生活行动方案》等文件相继出台，以进一步优化文化消费产品供给，扩大文化消费，提升文化消费水平。早在北京市海淀区进行文化消费试点时，就尝试融合科技和金融力量探索通过大数据平台拉动文化消费的模式。政府搭建一个数据分析、决策的公共服务平台，免费为文化企业提供宣传推广的渠道，增强居民文化消费的便利性，实现文化产品供需对接。[①]

除了政策推动和平台搭建，北京市政府从供需双侧发力，共同推进文化消费。一方面，优化文化产品供给。为满足多样化文化需求，北京博物馆等文化机构不断创新文化创意产品，大幅提升数量和质量，优秀原创作品的感染力和市场转化能力逐渐显现，复合型文化空间成为新地标，文化产品供给侧改革促进了文化消费。[②] 连续3年举办"北京文化消费品牌榜"活动，通过公开征集、公众投票、媒体推荐、专家评审等环节，评选出反映文化消费品质、深受市民群众欢迎和喜爱的文化消费品牌，激发文化企业热情，促进多样化文化产品供给和高端文化服务供给，同时正确引导社会公众的文化消费方向，[③] 优化文化消费结构；另一方面，通过惠民文化活动拉动需求。一是推行"惠民文化消费季"活动，通过参与商户的票价满减、折扣买赠、免费体验等活动吸引市民进行文化消费，带动自主性文化消费支出。[④] 二是发放"文惠卡"和"文惠券"。2013年起，北京市免费发放"文惠卡"，持卡消费即可获得积分，凭积分可兑换礼品或参与抽奖活动。2017年起，北京市国有文化资产管理中心每年发放5000万元用于购买文

---

① 中国新闻网. 内地启动文化消费试点北京今年将发2万张消费卡 [EB/OL]. http://www.chinanews.com/cul/2015/10-16/7573433.shtml, 2015-10-16.
② 叶斯琦. 博物馆催热文化消费亲民举措备受好评 [EB/OL]. http://epaper.dfsc.com.cn/html/2016-10/26/content_1_2.htm, 2016-10-26.
③ 巨力文化. 深度 | 3年来，我国45个文化消费试点城市都"试"了些什么？（上）[EB/OL]. http://www.cdrfd.com/home/article/246, 2019-2-19.
④ 商务部驻天津特派员办事处. 北京市惠民文化消费促进活动成效显著 [EB/OL]. http://www.mofcom.gov.cn/article/resume/n/201901/20190102831609.shtml, 2019-1-30/2020-7-23.

产品或服务。消费者凭个人有效身份信息，每年可在"北京文惠卡官方服务号"申领不超过 500 元额度的电子消费券，在指定商户购买文化产品或服务时凭券享有抵扣。文惠券的合作商户涵盖了图书音像、文艺演出、文化旅游、广播影视、教育娱乐、文创产品、文化体育七大领域的几百家北京地区企业。文惠券适时推出网络阅读、网络视听、在线课程、文化电商等线上业务，消费者在指定平台购买相关产品和服务时均可使用文惠券，以优惠价格享受高品质服务。①

（二）南京市

为推进文化消费试点工作，南京市于 2017 年出台《南京市引导城乡居民扩大文化消费实施意见》，在此基础上，以演艺行业作为"突破口"，文广新局会同财政局又推行了《南京市促进演出市场消费实施办法（暂行）》《关于政府文化消费补贴剧目涉及商业赞助的规定（暂行）》《南京市文化消费政府补贴剧目实施管理细则》等一系列政策，以及《南京市促进演出市场消费试点工作绩效奖励考核办法（试行）》，通过一系列的政策落实，引领市场主体共同参与文化消费。

南京市通过直接补贴、积分奖励补贴、绩效奖励等多种形式相结合的方式，将文化消费财政专项资金补贴给文化市场的供给端和消费端，使生产者和消费者都从中获益，参与度大大提高。一是直接补贴，消费者购买一张演出门票，财政专项资金将按一定比例直接补贴消费者，补贴比例最高可达 50%，降低消费成本，鼓励消费热情。二是积分奖励，观众购票自付金额可转化为消费积分，再次购票时可用积分冲抵现金，鼓励和吸引消费者持续消费，养成文化消费习惯。三是绩效奖励，文化产品供给是文化消费的重要基础，对文化生产性企业给予绩效奖励，以鼓励文化机构创作生产和引进更多的文化精品力作。2017 年，南京市财政补贴 1500 万元专项资金到演出市场，不仅使市民得到实惠，演出市场的全产业链都得以获益，蓬勃发展。② 为保障上述政策的落实运行，南京市建成满足政府、商户、消费者多方需求的"一站式"服务平台——"国家文化消费试点城市（南京）智能综合服务平台"和"国家文化消费试点城市（南京）官方微信平台"，打造文化消费积分系统，实现积分在各个票务电商平台互通互兑，市民在消费时即可享受政府补贴或者积分优惠。

---

① 中国日报网. 2020 年北京市惠民文化消费电子券启动发放 [EB/OL]. https：//baijiahao. baidu. com/s？id = 1665821875583299162&wfr = spider&for = pc，2020 - 5 - 5.

② 光明网. 南京推进文化消费试点工作 [EB/OL]. https：//culture. gmw. cn/xinxi/2019 - 8 - 30/content_33122357，2019 - 8 - 30.

南京市还十分重视宣传推广工作。2017年起，每年从文化消费专项资金中拿出100万元用于文化消费宣传，在酒店、商圈、旅游集散地、地铁、户外、互联网平台等实现全媒体全地域的宣传推广，[①] 让更多市民和机构了解并参与到文化消费试点工作中来。基于上述工作的开展，南京市的文化消费试点工作取得了亮眼的成绩。一是激发了消费观念的变化，消费者会主动参与到文化消费活动中来。二是通过一系列优惠政策，更多的文化机构参与进来，提供了更丰富的原创性文化作品。三是演出市场的活力和潜力被充分激发出来，消费者、演出团队、中介机构、票务平台、剧场等全产业链都获得了更多收益。此外，南京市演出市场的火热还吸引周边地区的消费者参与，也带动了住宿、餐饮、旅游等相关产业的蓬勃发展。

（三）长春市

为保障文化消费试点工作，长春市政府印发了《长春市引导城乡居民扩大文化消费试点工作方案》，加上《长春市关于加快发展文化产业促进文化消费的实施意见》《长春市促进文化消费专项资金管理办法》《长春市文化消费市场活动后补助管理办法》等多个文件，形成了全方位的文化消费促进政策体系。

长春市推出了五大创新举措引导文化消费。一是开展"文化艺术进店堂"活动，通过政府购买服务、消费补贴等多种措施，将优质文化资源向商贸综合体、旅游定点单位等倾斜，让更多百姓能够享受城市文化建设带来的丰硕成果，也成为"文化+商贸+旅游"发展的重要阵地。二是发行"惠民文化消费电子券"，由补贴文化经营单位向补贴居民转变。消费者领取电子券，在指定合作单位消费，可得到一定幅度优惠。三是发行"惠民文化消费会员卡"，消费者存入150元会员费即可获得政府补贴350元，在指定门店消费，享受会员待遇。通过直补形式吸引更多观众走进剧场，也调动了演出单位的创作和演出激情，促进了市场繁荣。四是举办文化艺术培训活动。以公共文化场馆为阵地，为不同人群提供丰富多彩的公益文化服务，开展舞蹈、绘画、声乐、摄影等文化艺术类培训班，吸引更多群众参与。五是开展文化消费活动项目的事后补贴。对在文化消费项目名录内、由各类文化企事业单位自筹自办的免费或低价票市场活动，经评估确认能够直接促进文化消费的，以事后补助的方式给予一定的资金补助。[②]

---

① 中国旅游报. 创新供给模式激发消费潜力——南京创建国家文化和旅游消费示范城市的经验 [EB/OL]. http://www.ctnews.com.cn/gdsy/content/2020-1-19/content_70542.html, 2020-1-19/2020-7-23.

② 中国文化报. 长春推进国家文化消费试点城市建设的经验与启示 [EB/OL]. https://www.sohu.com/a/238627159_155679, 2018-6-30.

长春市从供给侧和需求侧两端发力,通过五大创新举措,开创了对不同领域分类引导、实现区域广泛覆盖和全民深度参与的文化消费创新格局,文化消费潜力得到有效释放,并且较好地带动了旅游、住宿、餐饮等相关领域消费,取得了很好的效果。

二、中部地区文化消费试点城市典型经验

(一) 武汉市

武汉市历来重视文化产业发展和文化消费水平的提高。2012 年,制定《武汉市关于加快文化产业发展的若干政策》,从文化贸易与消费、知识产权、招商引资、人才培养等多个方面,全面支持文化产业发展。2017 年,出台《武汉市开展引导城乡居民扩大文化消费试点工作实施方案》,以确保文化消费试点工作的顺利开展。

2015 年,武汉市创建微信公众号"文化汇",以公共文化服务评价、文化活动信息分享、关注文化汇、每日签到等渠道给予参与者积分,激励居民参与公共文化服务。[①] 2016 年,武汉市剧院正式上线集消费、演出、交易、技术、生产、运营、管理等为一体的互联网消费服务平台"武汉智慧文化消费平台",在该平台购买文化艺术演出票可以享受打折优惠。[②] 2017 年,综合信息服务平台"武汉文惠通"正式上线运行,将演艺场所、书店、旅游主题公园、电影院和文创产品等纳入政策激励范围。构建公共文化评价、文化消费支付、政府考核评估三大系统,建立起系统的文化消费技术支撑平台。通过打造文化消费平台,搜集海量信息,明确公众文化消费偏好,引导文化企业提供优质文化产品。

武汉市采取多举措确保文化消费引导长效化。首先,从 2019 年起,每年安排专项资金 4600 万元对居民文化消费进行补贴,以保证文化消费引导工作的常态化和长效化。其次,文化消费补贴对象上主要考虑中低收入群体,居民参与文化事业活动并进行公共文化服务评价,才能真正获得政府文化消费补贴;入围试点文化企业只有提供居民喜爱的、价低质优的文化产品才能获得政府补贴。再次,运营模式上,武汉引入优质企业,保持文化消费试点平台高质、高效、低成本运营,将文化商业资源引入文化消费平台,既提升了平台的商业价值,也带来

[①] 中国经济网—《经济日报》. 拉动城乡居民文化消费"文化汇"项目在武汉启动 [EB/OL]. http://district.ce.cn/zg/201510/13/t20151013_6687465.shtml, 2015 - 10 - 13/2020 - 7 - 24.

[②] 人民网 - 湖北频道. "武汉智慧文化消费平台"正式上线 [EB/OL]. http://hb.people.com.cn/n2/2016/0303/c337099 - 27851717.html, 2016 - 03 - 03/2020 - 7 - 24.

更多的选择资源，提升了社会效益。①"文惠通"平台试点期间累计发放财政补贴3106.29万元，直接拉动消费金额16491.27万元，直接拉动比1∶5.31。惠民政策极大地激发了居民参与文化消费的热情，参与消费达83.89万人次，②"武汉模式"具有创新性、互动性、普适性与可持续性。

（二）郑州市

根据《关于开展引导城乡居民扩大文化消费试点工作的通知》，郑州市结合实际制定下发《郑州市开展引导城乡居民扩大文化消费试点工作实施方案》，并制定了具体的工作方案和实施办法，例如《郑州市引进精品剧目演出补贴暂行办法》等。郑州市以移动互联网和大数据技术为基础搭建文化消费综合信息平台，试点区域试点企业入驻，政府补贴或者相关信息均通过统一平台发布，成为推进市民文化消费习惯养成的重要窗口，通过发放文化消费专属红包的方式鼓励居民消费，显著地提高了文化消费参与主体的覆盖面。③

郑州市对公共文化服务和文化消费支出分类制定不同的激励政策。一是采用评价积分的方式激励消费者参与文化活动，居民参与公共文化服务活动，通过手机软件签到、分享、评价获得相应积分，凭积分兑换电子券，到指定试点的文化企业抵用现金消费，享受文化消费补贴。二是对居民文化消费支出金额按照一定的比例给予财政补贴，通过绿城通卡、手机绿城通等消费时发放补贴，降低文化产品价格，拉动文化消费。④

郑州市选择部分行业试点并不断优化补贴方式。郑州市选择6个市辖区的书店、电影院、演出场所等三类行业的社会文化企业和公益文化场所作为文化消费试点企业和单位，按一定比例进行消费补贴。并根据情况提高文化消费补贴比例，例如，购买书籍的补贴比例由10%提高到30%，看电影补贴比例为国产影片协议价的10%提高到50%等，但是每个文化消费用户年度补贴总额不超过500元。⑤评价积分和消费补贴的方式提高了居民参与公共文化服务的积极性，养成了居民的文化消费习惯，释放了文化消费需求。

（三）长沙市

长沙市政府出台了《关于实体书店的扶持办法》《关于加快电影产业发展促

---

① 中国传媒文化网. 武汉打造引导城乡居民扩大文化消费的新模式［EB/OL］. http：//kuaibao. qq. com/s/20180110014045000？ refer = cp_1026，2018 – 1 – 10/2020 – 7 – 24.
② 傅才武. 扩大文化消费试点激发文旅消费潜力［N］. 光明日报，2019 – 9 – 23.
③⑤ 长江网. 郑州积极优化文化消费试点模式［EB/OL］. https：//mini. eastday. com/a/180330092919550. html？ qid = 02263&vqid = qid02650，2018 – 3 – 30.
④ 中国文化报. 郑州市文化消费试点工作全面开启［EB/OL］. http：//theory. gmw. cn/2017 – 09/29/content_26381820. htm，2017 – 9 – 29.

进电影事业繁荣的实施意见》《促进长沙市印刷业发展若干政策规定》和"长沙人才新政22条"等一系列政策，覆盖了文化市场的生产、流通和消费等各个环节，形成了文化产业发展政策组合拳，为文化消费提供新动能。出台《关于做好政府向社会力量购买公共文化服务工作的实施意见》，制定了政府购买公共文化服务的目录清单，每年投入2000万元用于政府购买公共文化服务。政府鼓励文化企业积极参与文化消费试点，通过政府补贴和企业让利相结合的方式降低票价，在扶持文化企业发展的同时真正做到文化惠民。

长沙市通过建立新型文化集群，拓展文化消费空间。推动开发炭河古城、梅溪湖国际文化艺术中心、新华联铜官窑国际文化旅游度假区、马栏山文化创意集聚区等大型文化项目，发挥集群联动效应，实现文化与旅游、商业、体育、科技的跨界融合，使消费要素达到高度整合，消费方式丰富多样，有效拉动文化消费扩容升级。[①] 长沙市利用图书馆、文化馆、博物馆等开展"千团百家""好戏天天演"等系列品牌活动，通过全民艺术普及，带动服装、乐器、艺术培训等文化消费支出的增长，通过"杜鹃花艺术节"等节庆活动，激发市场活力。[②] 长沙市结合自身实际，从供给侧发力，形成了"供给引导消费，创新驱动发展"的长沙模式，取得了显著成效。

三、西部地区文化消费试点城市典型经验

（一）成都市

成都市出台了《成都市开展引导城乡居民扩大文化消费试点工作方案（2017～2020年）》，并配套制定《成都市文化消费积分实施管理细则》，以保证政策落实到位。按照文件精神，成都市民进行文化消费，即可按一定比例获得补贴积分返还，每人每年最高补贴200元，以用于再次的文化消费。市民下载"文创成都"APP，完成注册即可获得积分，在线上平台消费优先抵扣积分，最高可抵扣当次消费金额的30%，成功消费后还可获得一定比例的积分。借助"文创成都"APP，在文化惠民消费季活动中，政府投入400万元积分补贴，加上试点商家的让利打折，有效地促进了成都市文化消费。[③]

---

① 熊远帆，蒋鑫，李莎. 长沙推进文化消费试点 [EB/OL]. https：//www.sohu.com/a/151817568_115910，2017-6-25.
② 中国经济网. 傅才武：文化消费试点城市的长沙实践 [EB/OL]. http：//www.ce.cn/culture/gd/201810/26/t20181026_30631927.shtml，2018-10-26.
③ 成都晚报. 成都在我国率先上线文化消费APP消费积分可抵扣景区门票、电影票 [EB/OL]. http：//sc.people.com.cn/n2/2018/0131/c379471-31203060.html，2018-1-31.

成都市以活动为抓手撬动了文化消费的快速增长。一是注重系列文化节庆活动的举办。2017年,第六届国际非物质文化遗产节、金砖国家电影节、创意设计周等节庆活动相继在成都举办,世界各地的代表来成都进行文化交流,各种展览展出和文化体验活动也吸引了众多游客和群众的线下参与和线上观看,节庆活动的举办不仅达成了即时交易或意向订单,也直接或间接带动了文化、旅游、餐饮、住宿等相关行业的消费增长。二是以音乐节会为抓手,拉动音乐演艺消费。2016年,《成都市人民政府关于支持音乐产业发展的意见》出台,在政府支持下,成都国际音乐诗歌季、草莓音乐节、西部音乐节等10多个大型音乐品牌节会活动、"蓉城之秋"成都国际音乐季、成都国际音乐(演艺)设施设备博览会等活动和会展活动的开展,不仅营造了良好的文化氛围,也带动了音乐产业的发展。三是广泛组织大型群众特色文化品牌活动,庙会、诗圣文化节、金沙太阳节、熊猫灯会等大型群众文化品牌活动、"成都文化四季风"主题系列群众文化活动、"书香成都"全民阅读活动等广泛吸引群众参与其中,进一步培养文化消费习惯,激活了文化消费需求。

(二)银川市

银川市为推进文化消费试点工作,成立"银川市引导城乡居民扩大文化消费试点工作领导小组",设立试点工作专家组,专题调研督导试点工作。出台了《银川市引导城乡居民扩大文化消费试点工作的实施意见》,并配套制定了试点工作实施方案以及相应的宣传方案、专项资金管理办法、绩效评估制度等具体措施。同时起草《关于加快文化产业发展的实施意见》,以推进文化产业成为银川市国民经济支柱性产业。

高度重视优质文化供给,丰富文化产品和服务。一是鼓励优秀文化内容生产,政府每年安排专项资金对优秀文艺作品的创作进行扶持和分类奖励,实施"十个一"文化精品工程来调动广大文艺工作者的积极性和创造性,支持互联网电影、文化创意以及数字设计服务等行业的发展。二是大力发展文化事业,完善农村综合性文化服务中心、农民文化大院、街道中心图书馆、城市阅读岛等文化场馆建设,扎实开展"四送六进"文化惠民工程,加大流动文化服务力度。三是发展文化产业,重点支持文化电子商务企业、平台和园区发展,积极开发旅游文创产品。[①]

积极搭建线上、线下各类文化消费平台。一是举办内容丰富、形式多样的文

---

① 银川市人民政府. 银川获国家文化消费试点城市奖励 [EB/OL]. http://www.yinchuan.gov.cn/xwzx/zwyw/201807/t20180703_855558.html, 2018 - 7 - 3.

化消费活动，推行"菜单式""预约式"服务制度，加大流动文化服务力度，营造良好的文化消费环境和氛围。二是建设文化消费服务云平台和"文化银川"APP，定期发布文化惠民便民信息，为城乡居民提供线上文化消费服务；搭建"银川文化消费服务与数据监测平台"，做好文化消费数据的收集监测。三是搭建线下实体文化消费平台，成立"艺盟"非遗产品研发展示中心、宁夏文化电商谷、大阅城文创展示中心等重点文创产品展销区。四是举办文化旅游消费季、黄河艺术节、贺兰山音乐节、银川"一带一路"特色文化产品博览会、西北非遗博览会等特色节会，拉动市民文化消费热情。[①] 银川市采用"政府主导、龙头带动、搭建平台、文化惠民"的模式，将文化消费试点工作打造成为拉动全市经济增长的新动能和新引擎。

（三）重庆市

2016年12月起，重庆市启动首届文化惠民消费季，举办42项主题活动，整合演出场所、电影院线、文博展馆、特色园区、知名书店、巴渝老街等资源，推出低票价演出、电影展映、图书阅读、动漫游戏、艺术品拍卖、庙会旅游等诸多门类活动，为消费者奉上百余项文化产品和文化服务，引导企业通过百万现金红包、亿元消费礼包等方式为市民提供优惠，以此推动文化消费。

重庆市重视提升文化产品和服务供给质量。整合文化消费场所优势资源，从全市筛选出1000家文化企业组建"重庆文化消费企业联盟"，组织评选"双百佳文化消费新领地"，从供给侧提升文化产品和服务质量。设立400万元以奖代补资金，对自建运营网络、营销渠道或利用其他网络营销平台开展营销，取得较好市场反响和消费者满意度高的文化企业予以资金支持，以鼓励文化企业创新营销模式，准确对接市场需求，提供便捷优质服务。[②] 重庆市通过文化消费试点工作，培养了文化消费理念和习惯，扩大和提升了文化产品供给，培育了新的消费增长点，取得了良好的经济社会效益。

综合来看，代表性文化消费试点城市的消费促进政策侧重点虽然各异，但是存在共通之处，主要体现在以下四个方面。第一，搭建平台，实现供需对接。通过公共文化服务平台、线下活动平台和线上大数据平台来实现供需匹配，促进交易。一是通过博物馆、文化场馆等公共文化服务平台提供各种文化产品和服务，

---

① 中国经济网. 银川：打造"文化 + 消费"的创新融合模式［EB/OL］. http：//www.ce.cn/culture/gd/201708/18/t20170818_25093419.shtml，2017 - 8 - 18/2020 - 7 - 25.
② 中华人民共和国文化和旅游部产业发展司. 重庆市稳步推进扩大文化消费试点工作［EB/OL］. https：//www.mct.gov.cn/whzx/bnsj/whcys/201702/t20170220_760307.htm，2017 - 7 - 20.

保证消费者基本文化需求。二是以"文化消费季"、大型节庆活动、特色文化活动为载体,积极搭建线下文化消费平台,促使文化供给主体和文化消费主体在同一时空面对面。大型文化活动往往具有传播范围广、参与主体多、影响力大的特征,因而既可以促进文化消费的直接发生,也可以营造文化消费氛围,触发文化消费潜在需求,并提升城市形象和影响力。三是搭建线上文化消费信息平台,促进供给侧和需求侧匹配,[①] 试点城市通过大数据平台消费数据的动态监测和分析,准确把握消费者的文化生态,精准把握文化需求,能更好地提供文化产品和服务。同时利用移动互联网平台打造"一口多端"的传播体系,提升了文化消费信息传播的有效性和针对性。第二,优化文化产品供给。通过品牌评选、评价反馈等方式,激励优化文化产品和服务供给。督促文化企业养成品牌意识,督促文化机构改善产品和服务供给,为消费者提供优质文化产品或服务。第三,通过补贴或积分的方式,降低产品价格,吸引消费者参与文化活动。通过积分兑换现金、消费券等形式,触发首次文化消费,鼓励居民重复消费,增加文化消费黏性,养成文化消费习惯。政府补贴由对企业补贴或场所补贴,转变为对消费者补贴,直接扩充消费者的文化消费预算,增加文化消费支出。第四,打出政策"组合拳"。根据不同地区的经济发展情况、消费群体以及行业特征,在不同地区推行不同的文化消费促进政策。

---

① 中国经济网. 文化消费试点工作成果显著 20 余个城市模式受关注 [EB/OL]. http://finance. sina. com. cn/roll/2019-5-19/doc-ihvhiqax9742485. shtml, 2019-5-19.

第三章 我国文化消费发展的典型事实

第一节 我国文化消费发展的总体特征

随着经济发展和社会进步，人们的需求层次不断提高，增长见识、修养身心、娱乐休闲等精神层面的诉求日益凸显，文化消费逐渐成为我国居民的刚性需求。文化产业与网络技术、现代科技紧密结合，文化市场上各种文化产品和服务层出不穷，文化内容的承载形式日益多样化和便捷化，文化消费需求不断被激发，文化消费规模不断扩大，文化消费在消费总支出中的比重稳步上升，文化消费结构不断优化升级，成为扩大内需、促进经济平稳增长的"新亮点"。

一、文化消费规模持续扩大，但消费潜力有待全面释放

近年来，我国经济平稳转型，居民消费结构升级步伐加快，文化消费水平稳步提升。2014年，我国居民人均文化消费支出①为1536元；2018年，达到2226元；五年增长1.45倍。同期，城镇居民人均文化消费支出由2142元增加到2974元，农村居民人均文化消费支出由860元增加到1302元，分别增长1.39倍和1.51倍，数据显示农村地区居民文化消费增长倍数略高于城镇（见图3-1）。

文化消费既可以通过付费获得，也可以免费获得，后者主要体现为公共文化消费活动。近年来，我国的文化建设取得了长足的进步，公共文化服务体系建设日趋完善，公共文化服务使用频率显著地提升。以图书馆为例，2009~2018年，居民公共文化消费需求增加显著，十年来总流通人次、书刊文献外借册次、发放借书证数的年均增长率分别为11.36%、9.82%、18.16%，这说明越来越多的消费者参与到公共文化的消费中来，文化消费需求很旺盛。

---

① 以居民人均教育文化娱乐支出度量文化消费支出水平。

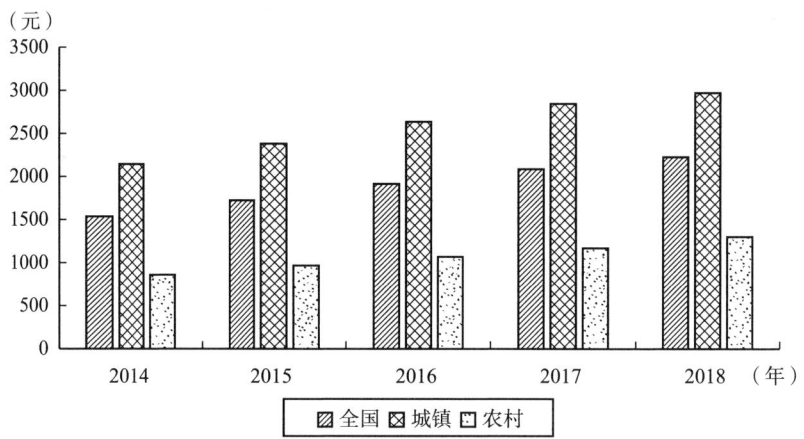

图3-1 2014~2018年我国文化消费支出情况

资料来源:《中国统计年鉴》和《中国文化及相关产业统计年鉴》。

国际经验显示,在人均GDP达到1000美元以后,包括文教、娱乐、旅游在内的发展享受型消费比重会不断上升;当人均GDP达到3000美元时,文化消费会出现爆发式增长。我国人均GDP由2004年的11404元增加到2018年的60927元(见图3-2),年均增速达到13.10%。目前我国人均GDP已经超过10000美元,满足居民精神文化需求的文化消费需求应该进入快速发展阶段。数据显示,

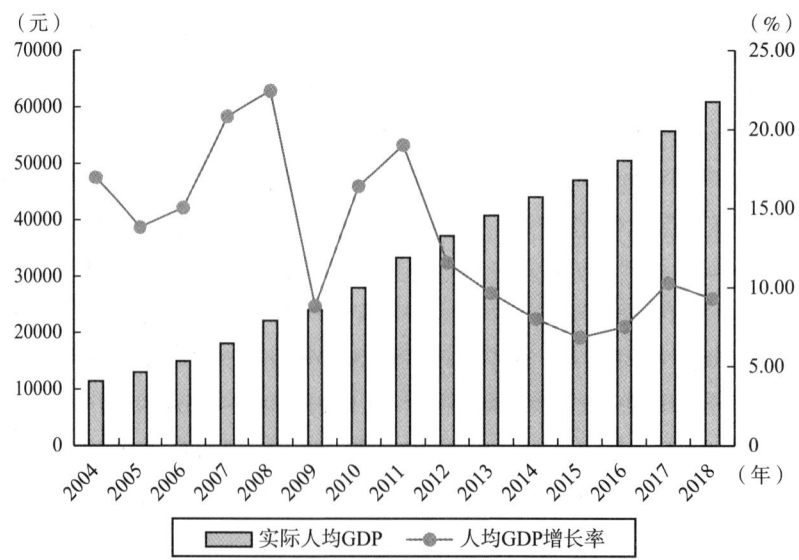

图3-2 2004~2018年我国人均GDP及增长率

资料来源:《中国统计年鉴2019》。

城镇居民人均文化消费支出由 2009 年的 1472.8 元增加到 2018 年的 2974 元,这十年时间实现倍增。从整体上看,文化消费支出增长速度较快,但是相对于我国经济发展水平、居民收入水平以及文化产业发展水平来看,文化消费支出水平仍然偏低,这主要表现为文化消费支出在居民消费支出中所占的比重一直偏低。2018 年,我国居民文化消费支出在总消费支出中的比重为 11.21%,[①] 同期英国、美国、韩国文化消费支出在总消费支出中的比重分别为 14.11%、11.10%、14.68%,相较而言,我国的文化消费还有很大的发展空间,消费需求潜力还有待进一步释放。

二、文化消费结构不断改善,文化娱乐消费支出有待增加

从统计口径看,文化消费支出的代理变量教育文化娱乐支出包含三个方面的内容:文化娱乐用品支出、文化娱乐服务支出和教育支出。数据显示,教育支出在整体的文化消费支出中占据主导地位。教育支出在整体的文化消费支出中占据主导地位,也就意味着,文化娱乐消费支出占据的比重较小。只有城镇家庭在 2014 年和 2015 年,这两年文化娱乐消费支出超过教育支出占据更大比重,在其他年份和不同层面,文化娱乐消费支出总额都低于教育支出。我国居民文化消费支出的大部分被用于教育支出,只有较少部分被用于娱乐文化支出,这与国际社会存在很大的不同。表 3-1 给出了中国和英国、美国、日本、韩国的文化消费结构数据,表 3-1 中的数据都是用娱乐文化支出在文化消费总支出中的比重计算得来的。

表 3-1　　　　　　2014~2018 年世界各国文化消费结构比较　　　　　单位:%

年份	中国	英国	美国	日本	韩国
2014	43.72	87.14	79.99	80.53	59.89
2015	44.11	90.25	80.18	79.77	60.82
2016	41.78	92.69	80.43	78.52	61.94
2017	40.73	89.66	80.50	78.84	62.29
2018	37.17	93.10	80.58	78.56	62.48
均值	41.50	90.57	80.34	79.24	61.48

资料来源:中国数据根据《中国统计年鉴》和《中国文化及相关产业统计年鉴》数据整理得来;英国、美国、日本和韩国数据通过 OECD 官网数据计算而来。

---

① 2018 年,城镇和农村文化消费支出在消费支出中的比重分别为 11.39% 和 10.74%,城乡存在差别。

可以发现，从国际趋势看，娱乐文化支出在文化消费支出中的比重是稳步上升的，例如，英国、美国、韩国等。娱乐文化支出占文化消费总支出的绝大部分比重，2014~2018年，英国、美国、日本、韩国在该指标上的均值分别为90.57%、80.34%、79.24%、61.48%。相对而言，我国的娱乐文化支出在整体文化消费支出的比例是偏低的，2014~2018年，均值仅为41.50%，而且呈逐步下降的态势；2014年，该值为43.72%；2018年，该值下降为37.17%。可见，我国文化消费支出的增加很大程度上是因为教育消费支出增加导致的，换句话说，教育支出挤压了娱乐文化支出。

三、文化消费支出全面增长，城乡差异仍然比较突出

"二元经济"在我国文化消费领域也有体现，具体表现为城乡居民文化消费支出在发展水平、发展速度和内部结构等方面都呈现出一定的差异性，分析将从全国、城镇家庭和农村家庭三个不同层面展开以全面观察我国文化消费的总体性、发展性和结构性特征。

文化消费支出的城乡差异明显。一方面，城镇居民文化消费支出仍然远远高于农村居民的文化消费支出，2014~2018年，城镇居民文化消费支出平均是农村居民文化消费支出的2.44倍；另一方面，城镇居民文化消费支出与农村居民文化消费支出的倍数差距在缩小，2014年，城镇居民文化消费支出是农村居民文化消费支出的2.49倍；2018年，该差距缩小为2.28倍（见表3-2），可见，农村地区居民的文化消费支出增长得更快一些。

表3-2　　　　　　2014~2018年我国居民人均文化消费水平比较

年份	农村居民文化消费支出（元）	城镇/农村文化消费差距（倍）	全国/农村文化消费差距（倍）
2014	860	2.49	1.79
2015	969	2.46	1.78
2016	1070	2.47	1.79
2017	1171	2.43	1.78
2018	1302	2.28	1.71
均值	1021	2.44	1.78

资料来源：根据国家统计局数据计算整理。

文化消费支出增速存在差异，农村居民文化消费支出的增速显著高于城镇居民文化消费支出的增速。2014~2018年，农村居民文化消费支出的平均增速为11.53%，城镇居民文化消费支出的平均增速为8.42%，我国文化消费支出的平均增速为9.77%。城乡文化消费支出增长率也存在时段上的差异，城镇居民人均文化消费支出的增速在2015年达到最高峰，之后连年下滑，2018年为4.46%；农村居民人均文化消费支出增速在2014年为最高，2017年达到谷底，2018年又回升到11.19%（见图3-3）。

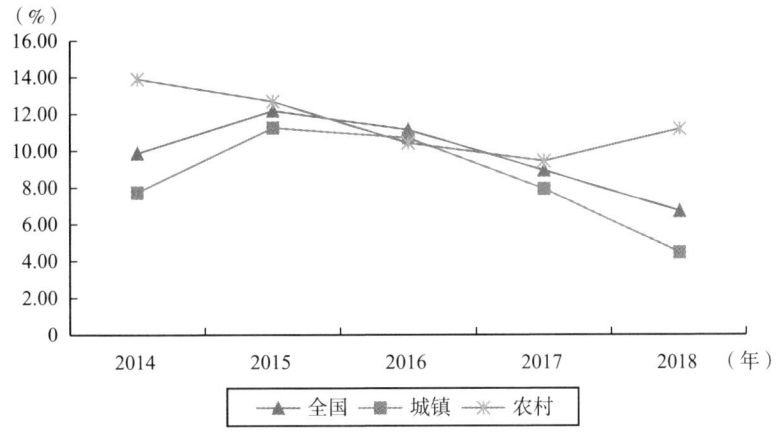

图3-3 2014~2018年我国文化消费支出的增长情况

资料来源：根据国家统计局数据计算整理得到。

文化消费支出在家庭消费总支出中占比稳步上升。从时序上看，城镇和农村文化消费支出占总消费支出的比重均存在稳步上升的态势。[①] 分区域看，尽管农村文化消费支出的增长速度高于城镇，但是农村地区的文化消费水平还是显著低于城镇，除了文化消费支出绝对额的差异，还体现在农村地区文化消费支出在消费总支出中的比重要显著低于城镇地区。2014~2018年，城镇居民文化消费支出占消费支出的比重均值为11.27%，农村居民文化消费支出占消费支出的比重均值为10.55%（见图3-4）。

---

① 城镇居民文化消费支出占总体消费支出的比重2018年虽有所下降，为11.39%。但是2019年又上升为11.86%，为保证数据年度的一致性，只列出了2014~2018年的数据进行对比分析。

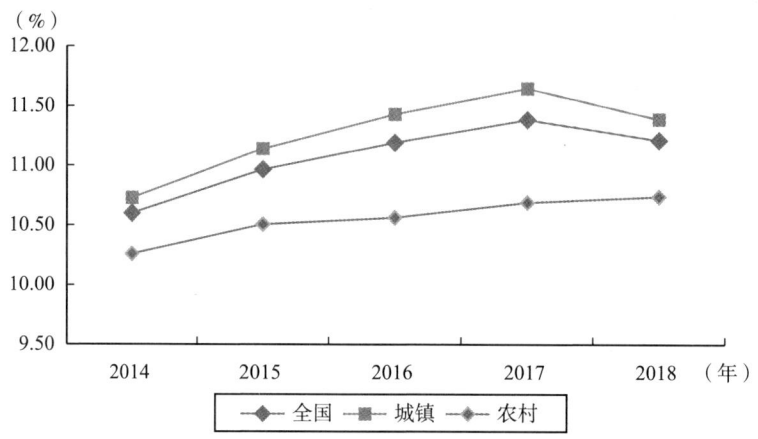

图 3-4 2014~2018 年我国文化消费支出的占比情况

资料来源：根据国家统计局数据计算整理得到。

文化消费支出内部结构上，城镇优于农村。如果以文化娱乐消费支出在整体文化消费支出中占据更大比重作为文化消费结构优化的标准，那么城镇家庭的文化消费结构要显著优于农村家庭。农村家庭文化消费支出中只有约20%用于文化娱乐消费支出，70%以上都用于教育支出且呈逐年上升趋势（见表3-3）。

表 3-3 2014~2018 年我国城乡文化消费结构比较 单位：%

年份	全国	城镇	农村
2014	43.72	50.79	24.07
2015	44.11	51.03	24.66
2016	41.78	48.09	23.53
2017	40.73	47.02	22.29
2018	37.17	42.73	21.51
均值	41.50	47.93	23.21

资料来源：根据2015~2019年《中国统计年鉴》和《中国文化及相关产业统计年鉴》数据整理得来。

明显的城乡差异是我国文化消费发展的显著特征。与我国城乡经济发展不均衡的现状相适应，城镇居民在文化消费水平、增长速度、文化消费占总消费的比重、文化消费结构等方面相对于农村都有着绝对的优势。农村文化消费不仅受制于收入、教育水平等需求侧因素，同样也受制于文化产品和服务的供给、文化消费环境等供给侧因素。随着城镇化和乡村振兴战略的推进,农村居民文化消费支出的增长速度略高于城镇,但是城乡文化消费的绝对差额仍然有扩大的趋势。

四、文化产业快速发展,文化供给仍然相对不足

顺应经济发展规律,在产业政策和内在需求的共同作用下,我国文化产业近年来得到迅猛发展,文化产业增加值由2004年的3440亿元增加到2018年的38387亿元(见图3-5),年均增速达17.89%,显著高于同期GDP增长率。文化产业增加值对GDP的贡献也由2004年的2.15%上升到2018年的4.3%,国民经济支柱性产业的重要性日益体现出来。

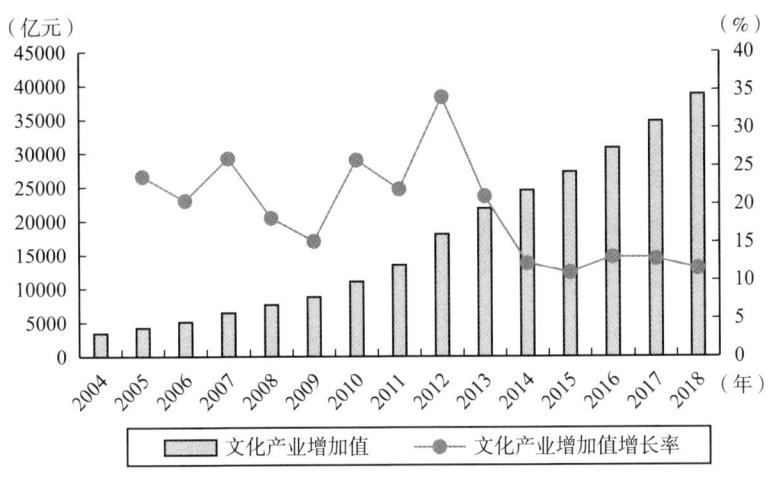

图3-5 2004~2018年我国文化产业增加值及增长率

资料来源:由《中国文化及相关产业统计年鉴》(2019)整理。

正如党的十九大指出的那样,我国社会的主要矛盾已经转化为"人民日益增长的美好生活需要和不平衡不充分的发展之间的矛盾"。这个判断落实到文化消费领域同样适用,文化产业迅猛发展,文化基础设施日趋完善,文化产品和服务供给也越来越多样化,但是与文化消费需求相比,文化供给的发展相对比较缓慢,不能完全适应文化消费需求的结构性和层次性需求。尤其是在经济发展相对落后地区,文化生活需求与文化供给形成了不平衡不充分的局面。[①]

[①] 王玉玲,范永立,洪建设. 小镇青年消费文化特点研究——以文化产业领域为切入点[J]. 中国青年研究,2019 (6): 73-78.

第二节 我国文化消费发展水平综合测度

一、因子分析

(一) 指标体系设计

本着综合性、针对性、科学性和可操作性的基本原则,选择指标构建文化消费水平测度指标体系。考虑到因子分析时如果变量太多可能会减少因子的相关性,降低分析的准确度,因而舍弃一些关联性不大的指标,重点选择3个二级指标、10个三级指标进行度量(见表3-4)。

表3-4 文化消费水平测度指标体系

一级指标	二级指标	三级指标	指标含义
文化消费水平	消费能力	城镇居民人均文化娱乐消费支出(X1)	城镇居民文化消费支出
		农村居民人均文化娱乐消费支出(X2)	农村居民文化消费支出
		图书馆总流通人次(X3)	居民文化参与
		组织文艺活动观众人次(X4)	居民文化参与
	消费环境	公共图书馆总藏量(X5)	公共文化服务供给
		规模以上文化服务企业单位数(X6)	文化市场发育程度
		文化财政支出(X7)	政府支持力度
	消费潜力	平均受教育年限(X8)	文化资本水平
		人均可支配收入(X9)	经济资本水平
		移动互联网用户(X10)	社会资本水平

(二) 研究方法和数据来源

1. 研究方法

我们采用因子分析方法[①]对文化消费水平进行综合分析和评价。指标体系中指标比较多,指标间可能存在相关性,各指标代表的数据可能包含重复信息。因

---

① 本节因子分析方法的原理以及基本思想来源:顾江,高莉莉. 我国省际文化产业竞争力评价与提升——基于31个省(区、市)数据的实证分析 [J]. 福建论坛(人文社会科学版),2012(8):5-11.

子分析法是在尽可能不损失原有信息的情况下，将众多指标转化成少数几个可以高度概括原始数据所包含信息的潜在因子的统计方法。

本部分考虑 31 个样本省（区、市），每个样本有 10 个观测变量，若这 10 个指标之间具有较强的相关性，可以提取公共因子 F_1，F_2，……，F_m，则变量可以表示为：$X = AF + \varepsilon$，即：

$$X_1 = a_{11}F_1 + a_{12}F_2 + \cdots + a_{1m}F_m + \varepsilon_1$$

$$X_2 = a_{21}F_1 + a_{22}F_2 + \cdots + a_{2m}F_m + \varepsilon_2$$

$$\cdots\cdots$$

$$X_{10} = a_{101}F_1 + a_{102}F_2 + \cdots + a_{10m}F_m + \varepsilon_{10}$$

通过上述模型，以 m 公因子 F 代替指标 X 进行分析，实现降维目的。

2. 数据来源

实证分析所采用的数据主要来源于 2019 年《中国统计年鉴》和《中国文化及相关产业统计年鉴》，部分数据通过年鉴中的原始数据计算而来。

（三）水平测定结果分析

首先要检验数据是否适合采用因子分析方法，通过 KMO 和 Bartlett 检验发现，KMO 值达到 0.775，可见选取的指标之间有很多共同因素；Bartlett 球形度检验的显著性为 0.000，小于 1% 的显著性水平，近似卡方值达到 430.184（见表 3-5），通过显著性检验，可见该数据适合采用因子分析法。

表 3-5　　　　　　　　　　KMO 值和 Bartlett 检验

取样足够度的 Kaiser – Meyer – Olkin 度量		0.775
Bartlett 的球形度检验	近似卡方	430.184
	df	45
	Sig.	0.000

利用主成分分析方法，依照特征值大于 1 的标准抽取主因子。建立因子载荷矩阵，选择最大方差法进行旋转，得到各主因子的特征值、贡献率和累计贡献率。

根据旋转后的方差矩阵，前 2 个因子的累计方差贡献率达到 87.67%（见表 3-6），说明所选择因子的数值已经可以代表指标体系中 10 个指标原始变量的绝大部分，基本上可以解释和描绘 31 个省（区、市）文化消费水平状况。

表 3-6　　　　　　　　　　特征值和方差贡献率

项目	初始			旋转后		
	特征值	贡献率（%）	累计（%）	特征值	贡献率（%）	累计（%）
主因子1	6.203	62.034	62.034	4.950	49.499	49.499
主因子2	2.564	25.636	87.670	3.817	38.170	87.670

其中，第一个主因子中，包括移动互联网用户、文化财政支出、组织文艺活动观众人次、图书馆总流通人次、公共图书馆总藏量、规模以上文化服务企业单位数在内的 6 个指标具有较大载荷，分别为 0.951、0.950、0.927、0.909、0.852 和 0.701，这几个指标分别代表文化消费环境、文化政策支持、文化活动参与、文化市场环境等，将其归为文化消费潜力因子。第二个主因子中，人均可支配收入、城镇居民人均文化娱乐消费支出、平均受教育年限、农村居民人均文化娱乐消费支出这四个指标分别具有 0.941、0.930、0.871、0.869 的载荷水平，这几个指标代表了实际的文化消费支出以及文化消费的经济基础和能力基础，将其归为文化消费能力因子。第一主因子方差贡献率为 49.499%，综合的原始指标信息较多，对原始指标的反映能力最强，说明文化消费主体和市场的参与度对提高文化消费水平是最重要的。第二主因子的方差贡献率为 38.17%，与第一主因子的方差贡献率差别很小，说明居民文化消费的现实能力对文化消费水平提升也相当重要。

以各因子的方差贡献率占总方差贡献率的比重作为权重进行加权平均，得出区域文化消费水平的综合评价模型：

$$F = 0.495F_1 + 0.382F_2$$

其中，F_1 和 F_2 分别代表消费潜力和消费实力这两个因子的得分，F 表示地区文化消费水平的综合得分，F 值得分值越高，则说明文化消费水平越高（见表 3-7）。

表 3-7　　　　　　　　2018 年我国各省份文化消费水平排名

省份	因子1得分	排名	因子2得分	排名	因子总得分	排名
北京	-0.601	24	3.180	1	0.916	5
天津	-1.151	31	1.351	3	-0.054	15
河北	0.292	8	-0.460	20	-0.031	13

续表

省份	因子1得分	排名	因子2得分	排名	因子总得分	排名
山西	-0.528	20	-0.271	17	-0.364	23
内蒙古	-0.658	26	0.032	10	-0.314	21
辽宁	-0.358	18	0.422	7	-0.016	12
吉林	-0.646	25	-0.114	13	-0.363	22
黑龙江	-0.590	23	-0.283	18	-0.400	24
上海	-0.287	16	3.023	2	1.012	4
江苏	1.860	3	0.732	4	1.200	3
浙江	2.061	2	0.639	5	1.264	2
安徽	0.302	7	-0.495	22	-0.040	14
福建	-0.025	13	0.138	8	0.040	11
江西	-0.193	14	-0.359	19	-0.233	18
山东	1.533	4	-0.484	21	0.574	6
河南	0.888	5	-0.726	28	0.162	9
湖北	0.184	9	-0.088	11	0.057	10
湖南	0.137	10	0.542	6	0.275	7
广东	3.093	1	0.114	9	1.574	1
广西	0.105	11	-0.708	27	-0.218	16
海南	-1.118	30	-0.094	12	-0.589	28
重庆	-0.438	19	-0.145	14	-0.272	19
四川	0.805	6	-0.611	25	0.165	8
贵州	-0.212	15	-0.848	30	-0.429	25
云南	0.009	12	-0.777	29	-0.292	20
西藏	-0.830	27	-1.628	31	-1.032	31
陕西	-0.298	17	-0.192	16	-0.221	17
甘肃	-0.586	22	-0.673	26	-0.547	27
青海	-1.072	28	-0.546	24	-0.739	30
宁夏	-1.096	29	-0.164	15	-0.605	29
新疆	-0.579	21	-0.508	23	-0.481	26

注：表中分数是标准分，零分代表着平均值，正分表示高于我国平均值，负分表示低于我国平均值。
资料来源：笔者整理。

从分析结果看，北京（5）、上海（4）、江苏（3）、浙江（2）、福建（11）、山东（6）、河南（9）、湖北（10）、湖南（7）、广东（1）、四川（8）等11个省（区、市）的文化消费水平测度综合得分较高，高于我国平均水平，而其他20个省（区、市）的文化消费水平测度综合得分小于0，低于我国平均水平（见表3-7）。

从总体文化消费水平来看，区域差异明显。东部地区的文化消费水平总体较高。2018年，文化消费水平排名前6位的省（区、市）都位于东部地区，辽宁、河北、天津的总体文化消费水平均低于平均值，但仍然在所有省（区、市）中处于上半段，只有海南的文化消费水平略低。中部地区的文化消费水平也大致处于中部区段，而西部地区中除了四川处于前列，绝大多数省（区、市）则处于中后段。这与区域的经济发展水平相当，但并不完全一致（见表3-8）。

表3-8　　　　　　　　2018年文化消费水平区域差异

区域	各省（区、市）排名
东部地区	广东（1）、浙江（2）、江苏（3）、上海（4）、北京（5）、山东（6）、福建（11）、辽宁（12）、河北（13）、天津（15）、海南（28）
中部地区	湖南（7）、河南（9）、湖北（10）、安徽（14）、江西（18）、山西（23）、吉林（22）、黑龙江（24）
西部地区	四川（8）、广西（16）、陕西（17）、重庆（19）、云南（20）、内蒙古（21）、贵州（25）、新疆（26）、甘肃（27）、宁夏（29）、青海（30）、西藏（31）

资料来源：笔者整理。

从文化消费潜力因子看，东、中、西部的区域差异并不明显，广东、浙江、江苏、山东、河北等东部省份依然占据优势，河南、安徽、湖北、湖南等中部省份表现也很优秀，整体上看，东、中部地区的优势相对于西部更加明显（见表3-9）。但是东部地区也出现了一些异常值，比如东部地区的上海、北京、天津等直辖市在该因子上表现并不出色。

表3-9　　　　　　　　文化消费潜力因子区域划分

区域	各省（区、市）排名
东部地区	广东（1）、浙江（2）、江苏（3）、山东（4）、河北（8）、福建（13）、上海（16）、辽宁（18）、北京（24）、海南（30）、天津（31）

续表

区域	各省（区、市）排名
中部地区	河南（5）、安徽（7）、湖北（9）、湖南（10）、江西（14）、山西（20）、黑龙江（23）、吉林（25）
西部地区	四川（9）、广西（11）、云南（12）、贵州（15）、陕西（17）、重庆（19）、新疆（21）、甘肃（22）、内蒙古（26）、西藏（27）、青海（28）、宁夏（29）

资料来源：笔者整理。

从文化消费能力因子看，东部地区相较于中、西部地区而言具有显而易见的优势。在文化消费能力排名前十的省（区、市）中，有8个省份位于东部地区（见表3-10）。上面提到的上海、北京、天津等直辖市在文化消费潜力方面表现并不出色，那可能是因为本身文化消费支出水平已经很高，所以在文化消费环境、政策支持、公众参与等文化消费潜力指标方面表现不突出。

表3-10　　　　　　　　　　文化消费能力因子区域划分

区域	各省（区、市）排名
东部地区	北京（1）、上海（2）、天津（3）、江苏（4）、浙江（5）、辽宁（7）、福建（8）、广东（9）、海南（12）、河北（20）、山东（21）
中部地区	湖南（6）、湖北（11）、吉林（13）、山西（17）、黑龙江（18）、江西（19）、安徽（22）、河南（28）
西部地区	内蒙古（10）、重庆（14）、宁夏（15）、陕西（19）、新疆（23）、青海（24）、四川（25）、甘肃（29）、广西（27）、云南（29）、贵州（30）、西藏（31）

资料来源：笔者整理。

二、聚类分析

以上述文化消费水平度量指标体系为基础进行系统聚类分析。系统聚类法是国内外使用最多的一种聚类方法，是一种通过测度个体之间、小类之间的距离，根据"亲疏程度"来对个体进行聚类的一种分析方法。大致的过程是，首先每个个体自成一类，然后根据某种方法测度所有个体间的亲疏程度，将其中最"亲密"的个体聚成一小类，形成 $n-1$ 类。度量剩余观测个体与小类之间的距离，并将其中最亲密的个体或小类再聚成一类，重复上述过程，不断将个体与小类不断聚成更大的类,直到所有个体聚在一起,形成一个大类为止。在聚类过程中,聚类内的亲密程度也在逐渐降低。常用的系统聚类法是以距离为相似统计量时,确定新类与其他各类之间距离的方法。为避免数据量级不一致对聚类带来的影响,通过计算 Z 分数对数据进行标准化,[①] 通过平方欧式距离方法计算个体间距离。

聚类分析结果显示,我国 31 个省(区、市)的文化消费水平整体被分成三类,北京、上海两市自成一类,广东、江苏、浙江、山东等四个省份成为第二类,而其他的 25 个省(区、市)则根据数据聚类成为第三类(见表 3-11)。东部经济发达地区的文化消费水平远远高于中、西部地区,其中,北京和上海的文化消费水平一直遥遥领先于我国其他各省(区、市),始终处在我国领先地位;其次是广东、浙江、江苏等东部经济发达地区,文化消费水平也较高,相比之下,中、西部地区的绝大多数省份文化消费还处于比较低的水平。此聚类结果与文化消费水平分析排名及空间分布特征基本一致(见图 3-6)。

将聚类分析与之前的因子分析结合起来,可以发现,城镇居民人均文化消费支出、农村居民人均文化娱乐消费支出、平均受教育年限、人均可支配收入这四个变量的均值,明显存在由第一类地区、第二类地区到第三类地区依次递减的特征,而且第一类地区与第二类地区的变量均值绝对差异大于第二类地区与第三类地区的变量均值绝对差异。从上述四个重要变量中提取的共同因子,归纳其为文化消费实力因子,这也就意味着,在文化消费现实实力方面,第一类地区高于第二类地区高于第三类地区。

表 3-11　　　　　　　　2018 年文化消费水平的聚类分析结果

类别	各省(区、市)
第一类	北京、上海
第二类	广东、江苏、浙江、山东
第三类	天津、河北、山西、内蒙古、辽宁、吉林、黑龙江、安徽、福建、江西、河南、湖北、湖南、广西、海南、重庆、四川、贵州、云南、西藏、陕西、甘肃、青海、宁夏、新疆

资料来源:笔者整理。

---

① 计算 Z 分数,通过将变量值减去均值后除以标准差得到,标准化之后的变量均值为 0,标准差为 1。

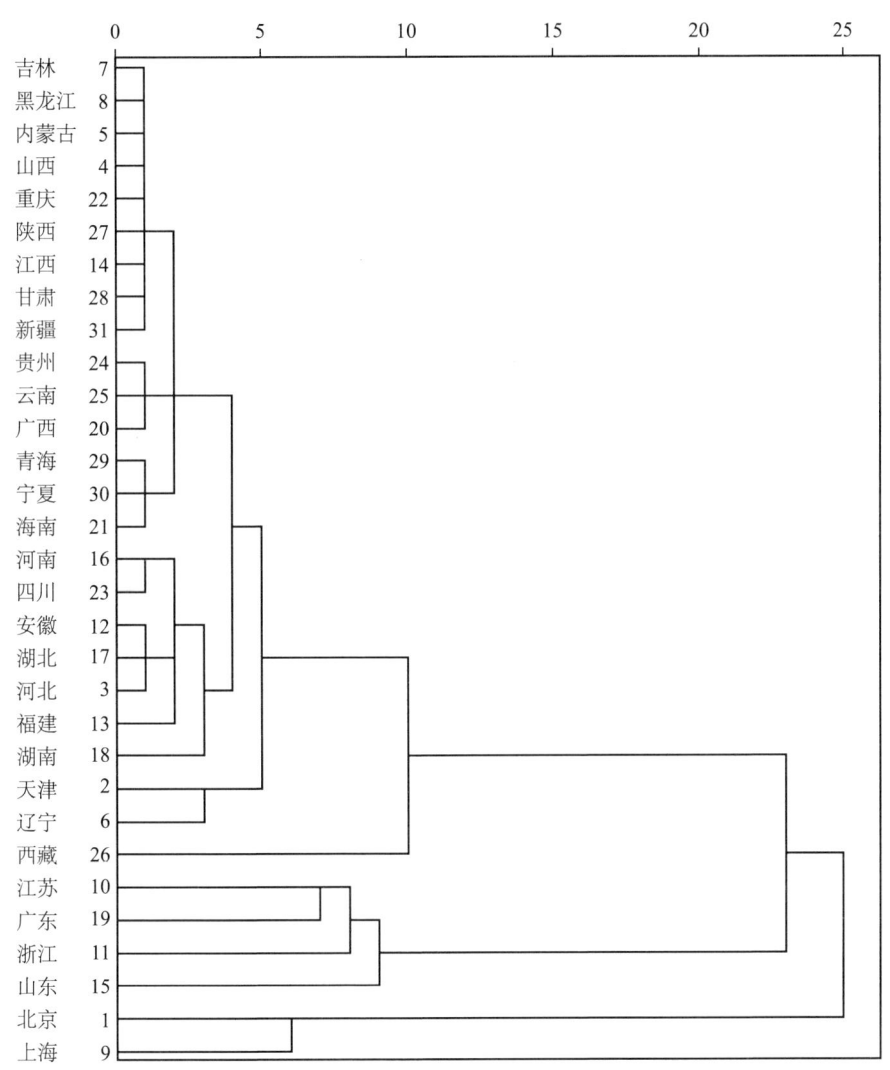

图 3-6　2018 年我国 31 个省（区、市）文化消费水平层次的聚类分析结果

资料来源：笔者整理。

类似地，图书馆总流通人次、组织文艺活动观众人次、公共图书馆总藏量、文化财政支出、规模以上文化服务企业单位数、移动互联网用户等六个代表文化参与、文化环境、文化政策支持等因素的变量均值，明显存在第二类地区远高于第一类地区，第一类地区的均值又高于第三类地区均值的特征。上述六个变量提取的公因子我们将其命名为文化消费潜力因子，这意味着，第二类地区的文化消费潜力大于第一类地区，第一类地区的文化消费潜力大于第三类地区（见表 3-12）。

表 3-12　　　　　　　2018 年分类别相关指标均值比较分析

序号	指标	第一类	第二类	第三类
1	城镇居民人均文化娱乐消费支出	2740	1398	1075.24
2	农村居民人均文化娱乐消费支出	585	423.75	234.52
3	平均受教育年限	11.99	9.25	9.00
4	人均可支配收入	63271.90	37237.53	23906.18
5	图书馆总流通人次	2469.65	8771.15	1658.48
6	组织文艺活动观众人次	1339.9	4448.55	1339.05
7	公共图书馆总藏量	5385.3	8422.7	2214.14
8	文化财政支出	1187.73	2318.65	881.80
9	规模以上文化服务企业单位数	2583	2720.5	586.32
10	移动互联网用户	3161.55	9334.65	3352.79

资料来源：由《中国统计年鉴》《中国文化及相关产业统计年鉴》相关数据计算整理得来。

第三节　我国文化消费区域非均衡水平测度

一、非均衡水平测度方法概述

区域差异可以选择绝对差异和相对差异两类指标加以衡量，本书采用相对差异指标来研究文化消费水平的区域非均衡状况。在相对差异指标中，选择变异系数和泰尔指数予以度量。

（一）变异系数

变异系数是样本标准差与样本均值之比，用以衡量不同样本之间的变异程度。一般而言，两个或多个样本的均值相同时，比较变异程度仅仅只需要比较不同样本的方差或标准差即可。但是，当不同样本的均值与方差或标准差均不同时，比较变异程度比较困难，这时就需要用到变异系数。变异系数的计算公式如下：

$$C_t = \frac{S_t}{\bar{x}_t} \times 100\% \quad (3-1)$$

其中，$\bar{x}$ 是样本均值，S 代表样本标准差，具体计算公式为：

$$S_t = \sqrt{\sum_{i=1}^{n}(x_{it} - \bar{x}_t)^2/(n-1)} \quad (3-2)$$

其中，x_{it} 代表第 t 期 i 地区居民文化消费支出，而 x_t 代表第 t 期我国居民文化消费支出，S_t 代表第 t 期我国 31 个省（区、市）居民文化消费支出的标准差，C_t 则代表计算出来的第 t 期我国 31 个省（区、市）文化消费支出的差异系数。一般而言，变异系数越大，样本的标准差越大，数据越离散，变异程度就越大；反之，变异系数越小，数据离散程度越小，变异程度也越小。

（二）泰尔指数

泰尔指数最初是泰尔（Theil，1967）利用信息理论中的熵概念来计算收入不平等程度的，现也被广泛运用于计算区域差异。泰尔指数的具体表达式为：

$$T = \frac{1}{n}\sum_{i=1}^{n}\frac{y_i}{\bar{y}}\log\left(\frac{y_i}{\bar{y}}\right) \tag{3-3}$$

式（3-3）中，T 为测度文化消费支出差距程度的泰尔指数，y_i 与 $\bar{y}$ 分别代表 i 地区的文化消费支出和所有地区的文化消费水平均值。泰尔指数反映了某一时点各地区发展水平的总体不均衡程度。一般而言，泰尔指数越大，意味着各地区发展水平差异越大；反之，泰尔指数越小，则意味着各地区发展水平的差异程度越小。

利用泰尔指数的计算方法还能将总体差异分解为区间差异和区内差异，从而系统考察组内差异和组间差异的变动幅度和方向，以及各自对总体差异的影响程度和贡献率。分解公式如下：

$$T = T_{区间} + T_{区内} \tag{3-4}$$

依据相关文献，将我国 31 个省（区、市）分为东部、中部、西部地区 3 个群组，① 用泰尔指数来计算东、中、西部三大区域之间以及各区域内部差异。将式（3-4）具体化为式（3-5）：

$$T = T_b + T_w = \sum_{k=1}^{K}y_k\log\frac{y_k}{n_k/n} + \sum_{k=1}^{K}y_k\left(\sum_{i \in g_k}\frac{y_i}{y_k}\log\frac{y_i/y_k}{1/n_k}\right) \tag{3-5}$$

$$\sum_{k=1}^{K}n_k = n \tag{3-6}$$

式（3-5）中，T_b 与 T_w 分别为组间差距和组内差距。K 为区域总数，n_k 为第 k 个区域内的省（区、市）数，y_i 与 y_k 分别表示 i 地区的文化消费份额与某区域 k 的省（区、市）总数。泰尔指数能够对来源进行分解，因而，利用省级空间单元

---

① 其中，东部地区包含上海、北京、天津、浙江、江苏、广东、山东、福建、辽宁、河北、海南等省（区、市），中部地区包含内蒙古、吉林、黑龙江、山西、湖北、河南、湖南、江西、安徽等省（区、市），西部地区包括新疆、重庆、陕西、青海、宁夏、四川、西藏、云南、甘肃、贵州、广西等省（区、市）。

文化消费水平指标，使用泰尔指数测度我国文化消费水平的非均衡程度。

为了研究组间差距和组内差距对总体差异的贡献大小，分别定义组间贡献率（RT_b）和组内贡献率（RT_w）如式（3-7）、式（3-8）：

$$RT_b = T_b/T \qquad (3-7)$$

$$RT_w = T_w/T \qquad (3-8)$$

二、文化消费水平总体差异

利用2009~2019年《中国统计年鉴》中各地区居民文化消费支出数据计算我国31个省（区、市）居民文化消费水平的整体差异，计算结果见表3-13。

表3-13　我国31个省（区、市）2008~2018年居民文化消费水平的差异变异系数

年份	变异系数	年份	变异系数
2008	0.656	2014	0.380
2009	0.653	2015	0.367
2010	0.628	2016	0.352
2011	0.610	2017	0.349
2012	0.574	2018	0.353
2013	0.516	—	—

资料来源：根据《中国统计年鉴》（2009~2019年）统计数据计算得到。

表3-13的计算结果显示，2008~2018年，我国31个省（区、市）的地区文化消费水平差异逐渐减小。2008年地区文化消费水平的变异系数是0.656，2018年文化消费水平地区变异系数变为0.353，差别程度显著降低。

图3-7直观地展现了文化消费水平变异系数的变化情况。总体而言，文化消费水平变异系数总体上是下降的，但是这种变异系数的变化也存在一定的阶段性，2008~2014年，我国居民文化消费水平差异快速降低，变异系数从0.656迅速降低到0.380；2014年后，文化消费水平差异开始逐年小幅下降，由2014年的0.380降低到2018年的0.353。[①] 可见，我国地区文化消费水平差异总体趋势是降低的，但是经历了一个由快速降低到缓慢降低的过程。

---

① 2014年，变异系数的断崖式下降有可能是因为统计口径的改变导致的，但是即便如此，2014~2018年文化消费水平的变异系数值也是下降的，所以文化消费水平差异性降低的结论并没有改变。用泰尔指数计算的总体差异在2014年前后的巨大差异也可以从这个角度解释。

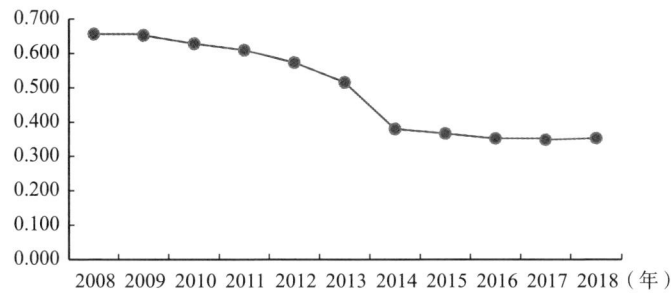

图 3-7　2008~2018 年我国 31 个省（区、市）居民文化消费水平变异系数

资料来源：根据《中国统计年鉴》（2009~2019 年）统计数据计算得到。

三、文化消费水平差异分解

利用泰尔指数计算我国东、中、西部地区文化消费水平的区域间差异和区域内差异值的大小，并分析了区域间差异和区域内差异对总体差异的贡献率。计算结果如表 3-14 所示。

表 3-14 给出了 2008~2018 年泰尔指数的计算结果，反映了我国各省（区、市）居民文化消费支出的整体差异性。数据显示，2008 年泰尔指数为 0.0738，2018 年减少为 0.0247，其间泰尔指数的总体趋势是下降的，这也就意味着，我国各省（区、市）居民文化消费水平的整体差异性从 2008~2018 年是不断变小的，这与表 3-16 中变异系数的计算得出的结论是一致的。

表 3-14　　　　　2008~2018 年我国文化消费区域差异泰尔指数

年份	泰尔指数	区域间差异	贡献率（%）	区域内差异	贡献率（%）
2008	0.0738	0.0398	53.86	0.0341	46.14
2009	0.0743	0.0392	52.74	0.0351	47.26
2010	0.0717	0.0376	52.38	0.0341	47.62
2011	0.0696	0.0351	50.40	0.0345	49.60
2012	0.0646	0.0326	50.41	0.0321	49.59
2013	0.0521	0.0268	51.45	0.0253	48.55
2014	0.0297	0.0118	39.81	0.0179	60.19
2015	0.0279	0.0101	36.14	0.0178	63.86
2016	0.0263	0.0100	37.94	0.0163	62.06
2017	0.0255	0.0093	36.47	0.0162	63.53
2018	0.0247	0.0107	43.33	0.0140	56.67

资料来源：根据《中国统计年鉴》（2009~2019 年）统计数据计算得到。

除去整体变化趋势上的一致性,泰尔指数在 2014 年出现的急速下降的变化也与变异系数的计算是一致的。2008~2013 年,泰尔指数由 0.0738 稳步下降为 0.0521;2014 年,泰尔指数急剧下降为 0.0297,之后又稳步下降为 2018 年的 0.0247。

图 3-8 显示了 2008~2018 年,我国居民文化消费水平分解度量的区域间差异和区域内差异的变化趋势。对比区域内差异和区域间差异贡献率曲线可以发现:2008~2013 年,区域间差异贡献率略高于区域内差异贡献率,差值较小并且逐年缩小;2013 年以后,区域内差异增长速度上升,区域间差异加速下降,2014 年区域内差异贡献率达到 60.19%,而区域间差异贡献率变成 39.81%。可见 2014 年以后东、中、西部区域内居民文化消费水平的差异是造成我国总体文化消费差异的主要因素,而三大区域之间的差异对我国总体差异的影响较小,从表 3-14 中,区域内差异和区域间差异对总体差异的贡献率数值也可以发现这一点。

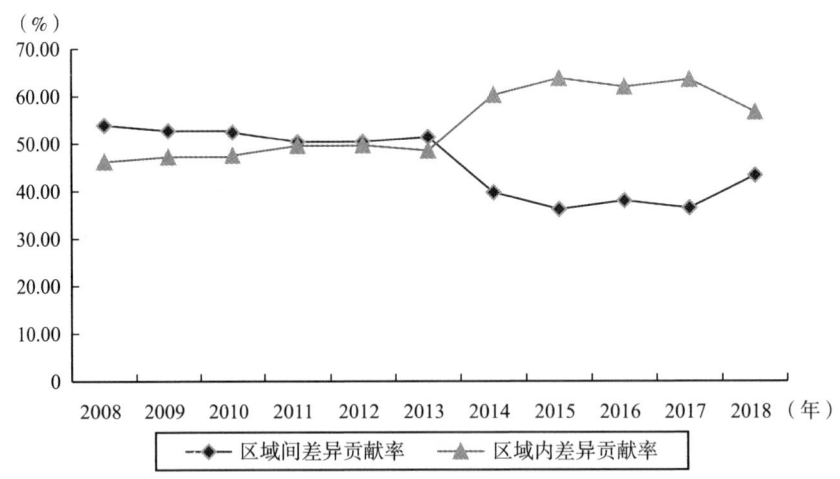

图 3-8 2008~2018 年我国居民文化消费区域差异贡献率曲线

资料来源:根据《中国统计年鉴》(2009~2019 年)统计数据计算得到。

从整体趋势上看,2008~2018 年区域间差异在变小,不过区域间差异下降的幅度更大。区域内差异对总体差异的贡献率不断上升,从 2008 年的 46.15% 上升到了 2018 年的 56.67%,区域间差异对总体差异的贡献率从 53.86% 下降到 43.33%。2008~2013 年,区域间差异决定和影响着我国总体差异,2014~2018 年,区域内差异成为总体差异的主要来源。

通过上面的分析可以看出,中国居民文化消费水平的整体差异在不断缩小,

第三章 我国文化消费发展的典型事实

这主要是因为区域间差异不断缩小导致的;而当前的整体差异主要是由于东、中、西部地区的区域内部差异造成的。因而,我们利用泰尔指数的可分解性对东、中、西部的区域内差异进一步分解,分解结果见表3-15和图3-9。

表3-15　　　　2008~2018年我国居民文化消费区域内差异分解

年份	区域内差异	东部区域差异值	贡献率(%)	中部区域差异值	贡献率(%)	西部区域差异值	贡献率(%)
2008	0.0341	0.0268	78.59	0.0015	4.40	0.0058	17.01
2009	0.0351	0.0279	79.49	0.0013	3.70	0.0059	16.81
2010	0.0341	0.027	79.18	0.0012	3.52	0.0059	17.30
2011	0.0345	0.0271	78.55	0.0011	3.19	0.0063	18.26
2012	0.0321	0.0246	76.64	0.001	3.12	0.0064	19.94
2013	0.0253	0.0188	74.31	0.0008	3.16	0.0056	22.13
2014	0.0179	0.0107	59.78	0.0015	8.38	0.0057	31.84
2015	0.0178	0.0108	60.67	0.0015	8.43	0.0056	31.46
2016	0.0163	0.0093	57.06	0.0017	10.43	0.0053	32.52
2017	0.0162	0.0092	56.79	0.0019	11.73	0.005	30.86
2018	0.014	0.0091	65.00	0.0012	8.57	0.0037	26.43

资料来源:根据《中国统计年鉴》(2009~2019年)统计数据计算得到。

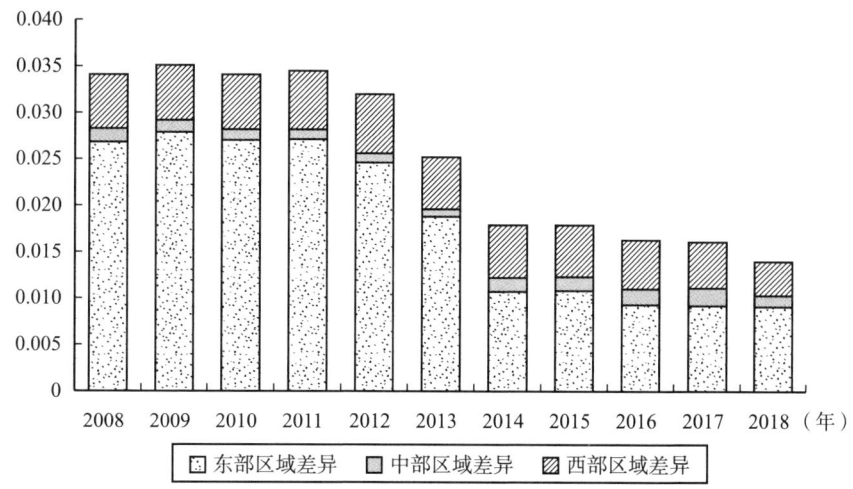

图3-9　2008~2018年我国居民文化消费区域内差异分解比例

资料来源:根据《中国统计年鉴》(2009~2019年)统计数据计算得到。

东部区域内差异是影响区域内差异的决定因素。2008年，东部区域差异贡献率最高达到78.59%，中部和西部的区域内差异对总体区域内差异的贡献率只有4.4%和17.01%。2018年，东部区域差异贡献率最高，为65%，中部和西部的区域差异对区域内差异的贡献率分别为8.57%和26.43%。综合前面的分析，东部经济区域内的差异也是影响我国居民文化消费水平差异的关键。

从图3-9可以看出，中部区域泰尔指数值和西部区域泰尔指数值的柱形图基本没有什么变化，东部区域的泰尔指数值变小是造成整体区域泰尔指数值变小的直接原因。从整体趋势上看，2008~2018年，东部区域内居民文化消费水平差异在不断缩小，从而也导致了我国居民文化消费水平整体差异的缩小。

根据图3-10可进一步地分析发现，2008~2018年，中部的区域内差异在0.0008~0.0019波动，对区域内差异的贡献率保持在3%~12%波动，对区域内整体差异变化没有太大影响力，说明中部区域内居民文化消费水平差异一直比较小。联系前文分析发现，中部地区经济发展水平相对较低，文化消费在消费总支出的比重偏低，各地区社会发展、产业结构、居民的文化消费和物质消费都十分相似，地区间的差异不明显。而西部地区的差异对区域内差异的贡献率一直在上升，从2008年的17.01%上升为2016年的32.52%，虽然2017~2018年略有回落，但西部地区的内部差异贡献率越来越大，对区域内整体差异变化的影响力逐渐增强。

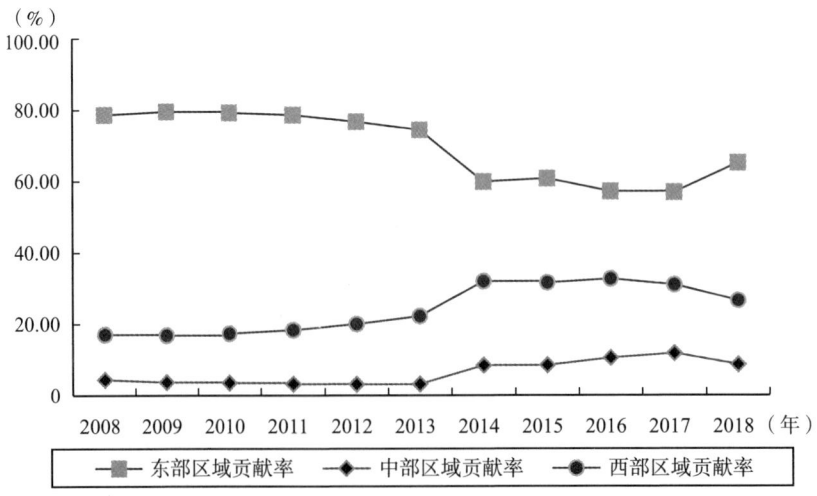

图3-10 2008~2018年我国居民文化消费区域内差异贡献趋势变化

资料来源：根据《中国统计年鉴》（2009~2019年）统计数据计算得到。

第四章 我国文化消费发展的微观画像

为深入地了解我国文化消费的真实情况，本课题组设计了调查问卷并选择代表性城市进行了实地问卷调查。调查问卷主要设计为五部分，一是被调查者的基本信息，涵盖了包括性别、年龄、学历、职业、婚姻状况、家庭关系、收入等在内的人口统计学、社会学、经济学特征。二是文化消费状况，包括家庭或个人的文化消费支出、个人的文化活动时间安排、文化消费影响因素和获得渠道等。三是文化资本状况，包括被调查者本人或其家人有无从事文化艺术相关的工作经历或者培训经历。四是文化消费观念，主要了解被调查者对于文化生态和文化消费的认知观念。五是公共文化消费，包括对公共文化设施完善情况和公共文化消费状况的了解。问卷调查分两种形式展开，一是课题组成员到北京、南京、安庆等代表性城市进行的实地采访，二是委托专业数据搜集机构按照筛选条件发放、搜集问卷，筛选掉部分不合理以及数据显著缺失的样本，共留下 1016 个样本数据。本章将以一手调研数据为基础刻画我国文化消费情况。

第一节 基本信息统计

一、样本基本信息

调查问卷共获得有效样本为 1016 个，其中男性为 493 人，占比为 48.5%；女性为 523 人，占比为 51.5%；汉族样本为 951 个，少数民族样本为 65 个。

从年龄构成上看，样本中 26~35 岁的人群占据最大比重，为 46.1%，19~25 岁的样本占 23.6%，36~45 岁的中年群体占 21.2%，45 岁以下的样本占到总体的 92.3%，总体偏年轻化。

从婚恋状况看，目前没有对象的占 20.8%，恋爱中的占 14%，已婚人士占最大比例，为 63.8%，其余占比为 1.5%。如果将调研样本根据婚姻状态整体分成两大类,则已婚占63.8%,非已婚状态为36.2%。

从家庭来源看,68.9%的被调查者是本地人,而31.1%的人来源于外地。从城乡分布上看,68%的被调查者来自城镇,32%来自农村。

二、区域分布

从样本区域结构看,55.3%的被调查者在东部地区,24.6%的样本在中部地区,西部地区样本只占20.1%。从被调查者所处的城市状况看,63.9%的样本源于省会城市,36.1%的样本来自非省会城市。根据《2019城市商业魅力排行榜》划定的城市等级,[①] 2.9%的样本来自五线城市,四线城市样本占20%,三线城市样本占15.6%,二线城市样本为13.2%,将该标准中的一线城市和新一线城市合并,统一归为一线城市,则样本量为491个,占总量的48.3%(见表4-1)。

表4-1　　　　　　　　　调研样本的城市等级结构

城市等级	频率(次)	百分比(%)
五线城市	29	2.9
四线城市	203	20.0
三线城市	159	15.6
二线城市	134	13.2
一线城市	491	48.3

资料来源:笔者整理。

三、对生活状态的认知

课题设置了一些主观状态题来度量被调查者对生活状态的认知,其中,以"您觉得幸福吗"一题来测度被调查者对于生活幸福程度的感知,以"您对现在的生活满意吗"来观察生活满意程度,以"您对自己的未来有信心吗"来感知被调查者对于未来的态度。问卷题目对应选项按照李克特量表设计,测量被调查者对于某一问题的看法,1~5的数字分别代表由差到好五种不同程度的感知。

针对幸福程度这一问题的五级选项,选择"不幸福""不太幸福"选项的占比分别为1.5%和4.1%,而选择"比较幸福""非常幸福"的分别占比为46.8%和19.8%(见表4-2),可见,被调查群体总体幸福指数较高。

---

① 第一财经.2019新一线城市官方名单出炉:你的城市排第几?(附337个城市排名)[R].2019-5-24. https://www.yicai.com/news/100200192.html.

表 4-2　　　　　　　　　　　生活感知程度调查

指标	问题设置	李克特五级度量（%）				
		1	2	3	4	5
幸福程度	您觉得幸福吗	1.5	4.1	27.9	46.8	19.8
生活满意度	您对现在的生活满意吗	2.1	9.4	23.8	51.5	13.3
未来信心	您对自己的未来有信心吗	0.6	4.0	18.3	45.4	31.7

资料来源：笔者整理。

对于生活满意度，选择"不满意""不太满意"选项的分别占比为2.1%和9.4%，而选择"比较满意"和"非常满意"的占比分别为51.5%和13.3%（见表4-2），生活满意度总体较高。

未来信心方面，只有0.6%的被调查者选择"没有信心"，1%的被调查者选择了"不太有信心"，45.4%的被调查者选择了"比较有信心"，31.7%的人选择了"非常有信心"，对未来生活充满信心的群体占据了77%（见表4-2），被调查者整体对未来的态度非常积极。

四、家庭消费结构

以"您家每月支出中比重最大的是"一题来观测被调查者的家庭支出结构。调查结果显示，53%的家庭"日常生活支出"占据家庭支出的最大比重，21%认为"子女教育"是家庭最大支出项目，20%的被调查者认为"住房"是最大支出项目，只有1%的家庭"文化产品或服务"是最大支出项目，有1%的被调查者选择了与文化消费相关的"旅游"选项（见图4-1）。

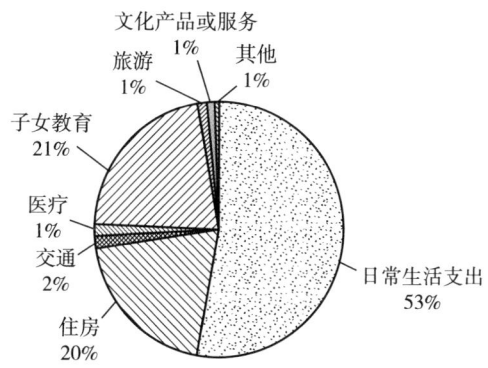

图 4-1　调研样本的家庭支出结构

资料来源：笔者整理。

第二节　文化消费特征透视

一、对文化消费的认知

同样采用李克特度量法测度了人们对于文化消费重要性、文化消费了解程度、文化消费氛围、文化产品供给、文化服务质量、需求满足程度等方面的感知，以从不同角度全方位了解文化消费发展现状。

文化消费重要性认知。通过"您认为文化消费重要吗"一题的回答来观察人们对文化消费重要性的认知，1~5的数字分别代表由"不重要"到"非常重要"的5个不同程度等级。其中，只有4.2%的被调查者认为文化消费"不重要"和"不太重要"，52.4%的被调查者认为文化消费"比较重要"，20.3%的被调查者认为文化消费"非常重要"（见表4-3），文化消费重要性得到普遍认同。

文化消费了解程度。对文化消费了解程度的观察由两个指标完成：一是对文化消费内容的了解程度，二是对于城市代表性文化的了解程度。"您对文化消费所包含的内容了解吗"，25.7%的被调查者表示不了解或不太了解，40.7%的被调查者表示比较了解或非常了解，而33.6%的人选择了"一般"的选项。对于"您知道所在城市有哪些代表性的文化吗"一题，16.1%的被调查者选择了"不清楚"或"不太清楚"，58.1%的被调查者选择了"比较清楚"和"非常清楚"（见表4-3）。总体上而言，被调查者对文化消费的内涵以及外在环境的代表性文化都有一定程度的了解，但是了解程度也还有待进一步提高。

文化消费氛围。对所在城市文化氛围的调查，分两个层面展开。第一种是采用直接的方式，通过对问题"您所在城市的文化消费氛围如何"的回答来体现。对于该问题，2.6%的被调查者认为"很差"，12.7%认为"比较差"，42.2%选择了"一般"，35.1%和7.4%的被调查者分别选择了"比较浓厚"和"非常浓厚"，总体上达到42.5%。第二种是采用间接的方式，以对"您身边阅读的人多吗"这个问题的回答来观察文化消费氛围的强弱。选择"非常少"的被调查者占4.8%，23.4%的人选择了"不太多"，30.5%的被调查者选择了"比较多"，7.3%选择"非常多"，34%选择了"一般"（见表4-3）。不考虑阅读的特殊性，就从这种具体的文化消费形式来观察文化消费氛围，则略显不足。进一步地，相对于文化消费的重要性而言，文化消费氛围还不够浓厚，有待进一步提高。

表 4-3　　　　　　　　　　调研样本的文化消费认知

代表性问题	李克特五级度量（%）				
	1	2	3	4	5
您认为文化消费重要吗	0.5	3.7	23.1	52.4	20.3
您对文化消费所包含的内容了解吗	3.3	22.3	33.6	35.3	5.4
您知道所在城市有哪些代表性的文化吗	2.6	13.5	25.9	49.0	9.1
您所在城市的文化消费氛围如何	2.6	12.7	42.2	35.1	7.4
您身边阅读的人多吗	4.8	23.4	34.0	30.5	7.3
您所在城市的文化产品种类是否丰富多样	3.0	14.3	28.1	39.4	15.4
您所在城市的文化场所和设施是否健全	3.9	18.8	26.1	42.1	9.1
您所在城市的文化服务质量如何	3.7	9.3	37.2	39.4	10.4
您所在城市的文化产品或服务能满足需要吗	3.5	15.1	29.0	38.9	13.5

资料来源：笔者整理。

文化产品供给。文化产品或服务供给情况也会显著影响文化消费，因而设置"您所在城市的文化产品种类是否丰富多样"一题来度量城市文化产品供给情况。在五个维度的指标中，选择"不丰富"和"不太丰富"两个明确指标的占17.2%，而选择"比较丰富"和"非常丰富"两个显示性指标的占54.7%，选择"一般"的占28.1%（见表4-3）。总体上来讲，被调查者对于本地的文化产品丰富程度的认同度很高。文化消费服务的提供需要一定的承载空间，而文化场所或设施就是提供文化服务的空间。本书以"您所在城市的文化场所和设施是否健全"一题来度量被调查者对于文化服务空间健全程度的认识，其中选择"非常欠缺"和"不太健全"两个选项的占22.7%，选择"比较健全"和"非常健全"两个选项的占51.2%，选择"一般"的占26.1%（见表4-3），总体上来说，被调查者认为所在城市的文化场所和设施是比较健全的。

文化服务质量。除了提供文化服务的物理空间的健全和完善程度，以"您所在城市的文化服务质量如何"一题来度量消费者对文化服务质量的感知，所有选项中选择"不好"和"不太好"指标的占13%，选择"比较好"和"非常好"选项的占49.8%，选择"一般"的占37.2%（见表4-3）。总体来讲，被调查者对所在城市的文化服务质量认可度较高。

需求满足程度。对城市文化产品或服务能否满足消费者需求，选择"您所在城市的文化产品或服务能满足您的需要吗"一题来予以说明。调查结果显示，

18.6%的被调查者表示所在城市的文化产品或服务"不能"或"不太能"满足自己的需要，38.9%的被调查者表示"比较能"满足需要，而13.5%的被调查者选择"完全能"满足文化需要，29%的人选择"一般"选项，程度上介乎于"不太能"和"比较能"之间（见表4-3）。可见，城市文化产品或服务总体需求满足度比较高。

二、文化消费原因和渠道

（一）文化消费目的

"娱乐消遣""增长见识""精神享受"是三种最主要的文化消费目的，分别占比为28.5%、28.5%、27.3%，而基于"人际交往"进行文化消费的占比为15.4%（见表4-4），可见文化消费的自我满足性较强。

表4-4　　　　　　　　　　文化消费目的调查统计

文化消费目的	频次（次）	响应百分比（%）	个案百分比（%）
娱乐消遣	686	28.5	68.3
增长见识	685	28.5	68.2
人际交往	369	15.4	36.7
精神享受	656	27.3	65.3
其他	7	0.3	0.7
总计	2403	100.0	239.1

资料来源：笔者整理。

（二）选择影响因素

"影响您进行文化消费选择的因素是"一题设计为多选题，通过多重响应分析发现，"兴趣爱好"是影响文化消费选择的最重要因素，有735个被调查者选择了该选项，占20.7%的比重，这可能与文化消费的性质有关。选择"收入水平""产品（或服务）价格""文化产品质量""有无休闲时间"等影响因素的被调查者人数依次递减，占比分别为13.0%、12.2%、11.8%、11.5%。此外，"家人、朋友或达人推荐""文化设施或场所环境"等也是被调查者关注的重要因素，分别为9.3%和9.1%；"文化消费的交通便利程度""时尚潮流"分别占6.7%和5.5%的比重，在所列的文化消费影响因素中占比相对比较低，这可能与文化消费主体选择的自主性有关（见表4-5）。

表4-5　　　　　　　　　　文化消费影响因素调查统计

影响因素	频次（次）	响应百分比（%）	个案百分比（%）
产品（或服务）价格	434	12.2	42.8
收入水平	463	13.0	45.7
兴趣爱好	735	20.7	72.6
时尚潮流	196	5.5	19.3
家人、朋友或达人推荐	331	9.3	32.7
文化产品质量	420	11.8	41.5
文化设施或场所环境	324	9.1	32.0
有无休闲时间	408	11.5	40.3
文化消费的交通便利程度	237	6.7	23.4
其他	8	0.2	0.8
总计	3556	100.0	351.0

资料来源：笔者整理。

（三）信息获取渠道

从文化消费信息获取渠道看，25.5%的被调查者选择的是"网络搜索"，占最大比重；其次是"亲朋推荐""网络推送"，分别占比为21.6%和17.9%；"电视广播""公共文化服务云平台""户外广告"也是重要的文化消费信息获得渠道，分别占比为13.5%、11.7%、9.4%。可见，文化消费的自主性很强，消费者有很明确的目标，大多数都是自己主动搜索获得信息；网络在当前文化消费信息获得中发挥了重要作用，"网络搜索"和"网络推送"两种渠道共占43.4%；来自周边的亲戚朋友的推荐也对文化消费决策有重要影响（见表4-6）。

表4-6　　　　　　　　文化消费的信息获取渠道调查统计

信息获得渠道	频次（次）	响应百分比（%）	个案百分比（%）
网络搜索	688	25.5	67.8
网络推送	483	17.9	47.6
电视广播	363	13.5	35.8
户外广告	254	9.4	25.0
亲朋推荐	582	21.6	57.3

信息获得渠道	频次（次）	响应百分比（%）	个案百分比（%）
公共文化服务云平台	316	11.7	31.1
其他	10	0.4	1.0
总计	2696	100.0	265.6

资料来源：笔者整理。

三、文化消费水平度量

（一）家庭文化消费支出

调查问卷中设计的文化消费相关支出包括教育支出、图书报纸杂志支出、工艺美术品和收藏品支出、文化娱乐用品支出、体育消费支出、文艺演出支出、文化旅游支出、网络文化服务支出、文化娱乐活动支出、学习培训支出、创意设计服务支出、其他支出①等12个方面的支出。

因为每个家庭的人数不一样，规模大的家庭文化消费支出也会相应增加，为避免人口因素带来的影响，此处以家庭人均文化消费支出度量样本的文化消费水平。② 因为样本值太多，根据 H. A. 斯特吉斯（H. A. Sturges）提出的经验公式 $K = 1 + \frac{\lg n}{\lg 2}$，根据样本数量将居民文化消费支出分成11组进行统计，综合比较选择4000元作为组距进行分析。

所有样本的人均文化消费支出均值为8086元，但是方差较大。人均文化消费支出4000元以下的439个样本共占比为43.2%，8000元以下的占比为69.9%，年人均文化消费支出在12000元以下的占比为83.5%，90.4%的被调查者家庭人均文化消费支出在16000元以下，9.6%的被调查者家庭人均文化消费支出在16000元以上，样本数量不是特别多，但是非常分散（见表4-7）。正是因为部分小样本拉高了大样本的均值，这也引出了文化消费的非均衡问题，这有

---

① 其中，教育支出主要指各阶段学历教育支出；文化娱乐用品支出包括购买游戏器材、影像设备、文体用品、乐器等支出；体育消费包括健身锻炼、体育赛事等方面的支出；文艺演出支出包括观看话剧、歌剧、音乐会等方面的支出；文化旅游支出包括交通、门票、游乐设施、纪念品等方面的支出；网络文化支出包括内容付费、点播视频、音乐付费、游戏装备、网络直播打赏等支出；文化娱乐活动支出包括电影、网吧、KTV、桌游、棋牌游戏等支出；学习培训主要包括提升式学习、培训方面的支出；创意设计服务支出包括为专业设计、创意设计服务等支付的费用；其他支出主要是上述内容没有囊括但是可以算作文化消费支出的其他项目支出。

② 家庭人均文化消费支出＝家庭文化消费支出总和÷家庭常住人口。

待与收入状况结合起来进行分析。

表 4-7　　　　　　　　　　　家庭人均文化消费支出

文化消费支出	频次（次）	有效百分比（%）	累计百分比（%）
4000 元以下	439	43.2	43.2
4001~8000 元	271	26.7	69.9
8001~12000 元	138	13.6	83.5
12001~16000 元	70	6.9	90.4
16001~20000 元	26	2.6	92.9
20001~24000 元	18	1.8	94.7
24001~28000 元	10	1.0	95.7
28001~32000 元	9	0.9	96.6
32001~36000 元	11	1.1	97.6
36001~40000 元	4	0.4	98.0
40001 元及以上	20	2.0	100.0

资料来源：笔者整理。

（二）文化消费支出比重

针对"您每月支出中，文化消费支出的比重大概是"一题，10%以下占据绝大多数，为72.5%。其中，"几乎没有"文化消费支出的为5.7%，文化消费支出在"5%及以下"的为32.3%，文化消费支出在"6%~10%"的为34.5%。文化消费支出在"11%~20%"的为16.8%，文化消费支出比重在20%以上的仅仅只占10.8%（见表4-8）。大多数的被调查者的文化消费支出比重较低，文化消费水平相对偏低。

表 4-8　　　　　　　　　　文化消费支出比重调查统计

文化消费支出比重	频次（次）	有效百分比（%）	累计百分比（%）
几乎没有	58	5.7	5.7
5%及以下	327	32.3	38.0
6%~10%	349	34.5	72.5
11%~20%	170	16.8	89.2

续表

文化消费支出比重	频次（次）	有效百分比（%）	累计百分比（%）
21%~30%	62	6.1	95.4
31%~50%	38	3.8	99.1
50%以上	9	0.9	100.0

资料来源：笔者整理。

四、未来文化消费意愿

与一般的物质消费不同，文化消费不仅需要支付费用，而且需要付出一定的时间才能完成该过程。因而设置了两个问题来了解被调查者未来的文化消费意愿，一是关于文化消费支出，二是关于文化消费时间。以对"如果条件允许，您会在未来增加文化消费支出吗""如果条件允许，您会在未来增加文化消费时间吗"两题的回答来度量消费者的未来文化消费意愿。对于未来的文化消费支出，仅6.4%的被调查者选择了"不会"和"可能不会"，24.8%的被调查者选择了"可能会"，41%的被调查者选择了"很可能会"，而27.8%的被调查者选择的是"一定会"，可见在时间和收入等条件允许的情况下，基本上都会选择愿意增加文化消费支出。类似地，对于未来文化消费时间决策，1.3%和6%的被调查者分别选择了"不会"和"可能不会"，22.8%的被调查者选择了"可能会"，39.7%的被调查者选择了"很可能会"，30.2%的被调查者选择"一定会"，愿意增加文化消费时间的倾向性回答占据总数的92.7%（见表4-9）。可见，在情况允许时，被调查者基本上都愿意增加未来的文化消费时间。

表4-9　　　　　　　　文化消费支出意愿调查统计

支出意愿	文化消费支出意愿		文化消费时间支出意愿	
	频次（次）	有效百分比（%）	频次（次）	有效百分比（%）
不会	16	1.6	13	1.3
可能不会	49	4.8	61	6.0
可能会	252	24.8	232	22.8
很可能会	417	41.0	403	39.7
一定会	282	27.8	307	30.2

资料来源：笔者整理。

第三节 文化消费的区域差异

一、文化消费的区域差异

以"每月支出中文化消费支出的比重"来度量文化消费状况。选用该指标有两个好处,一是以相对指标来度量,消除了各地经济发展差异带来的影响;二是用区间来表示,规避了被调查者对自身的文化消费支出难以准确把握的问题。通过构建月支出中文化消费比重与区域划分的交叉列联表发现,西部地区、中部地区的文化消费比重大比例集中在"5%及以下",而东部地区的文化消费比重的最大比例集中在"6%~10%"(见表4-10)。可见文化消费状况与区域之间存在一定的关联性,与东部地区的经济发展水平和消费者收入水平可能有一定的关系。

表4-10　　　　　　　　　文化消费比重的区域差异　　　　　　　单位:%

区域	不同文化消费比重占比							合计
	几乎没有	5%及以下	6%~10%	11%~20%	21%~30%	31%~50%	50%以上	
西部地区	7.4	39.7	25.0	14.7	10.3	2.5	0.5	100.0
中部地区	9.2	36.1	28.1	16.5	4.0	4.8	1.2	100.0
东部地区	3.6	27.9	40.7	17.7	5.5	3.8	0.9	100.0
全国	5.7	32.3	34.5	16.8	6.1	3.8	0.9	100.0

资料来源:笔者整理。

从上述列联表直观来看,文化消费比重与区域之间存在一定的相关性,基于样本数据观测到的这种相关性是否总体上显著,还需要通过卡方经验进一步检验。卡方检验的原假设是行列变量独立,即文化消费比重与区域变量独立,但是卡方检验概率P值为0.000,低于显著性水平,拒绝原假设,即认为总体上看,文化消费比重与区域变量之间存在相关性。似然比卡方和线性相关卡方也给出了一致的检验结果(见表4-11)。

表 4-11 文化消费与区域的卡方检验结果

项目	值	df	渐进 Sig.（双侧）
Pearson 卡方检验	44.493	12	0.000
似然比	43.956	12	0.000
线性和线性组合	4.955	1	0.026

资料来源：笔者整理。

二、文化消费的城乡差异

通过构建文化消费比重与城乡差异的交叉列联表发现，文化消费比重也存在一定的城乡差异，数据显示，农村地区的文化消费比重大比例集中在"5%及以下"，而城镇样本的文化消费比重大比例集中在"6%～10%"；文化消费比重在5%以下的，农村样本占据了44.9%，而城镇样本则只有34.8%，这也就意味着，农村样本中的55.1%和城镇样本中的65.2%选择文化消费比重在6%以上（见表4-12）。可见，就文化消费比重这一指标而言，存在比较明显的城乡差异。Pearson卡方检验也显示显著拒绝变量不相关的原假设，这意味着，总体上文化消费比重与城乡差异之间显著存在相关性。

表 4-12 文化消费比重的城乡差异 单位：%

区域	不同文化消费比重占比							合计
	几乎没有	5%及以下	6%～10%	11%～20%	21%～30%	31%～50%	50%以上	
农村	9.0	35.9	29.1	15.5	5.0	4.0	1.5	100.0
城镇	4.2	30.6	37.0	17.4	6.7	3.6	0.6	100.0
全国	5.7	32.3	34.5	16.8	6.1	3.8	0.9	100.0

资料来源：笔者整理。

三、文化消费的城市差异

通过构建文化消费比重与城市等级的交叉列联表发现，文化消费比重存在明显的城市差异。文化消费比重在5%以下的五线城市样本占44.8%，四线城市样本占到44.3%，三线城市样本占到48.4%，二线城市样本占到34.6%，一线城市样本占到32.5%。对于文化消费比重，五线城市的大多数样本选择了"5%及以下"和"6%～10%"的选项，四线和三线城市的大多数样本选择了"5%及以下"的选项，二线城市 36.8% 的样本选择了"6%~10%"的选项，一线城市 39.3% 的样本选择了"6%~10%"的选项（见表4-13）。卡方检验结果显示，显著拒绝变量不相关的原假设，可见，总体上文化消费比重与城市等级之间显著存在相关性。

表4-13　　　　　　　　　　文化消费比重的城市差异　　　　　　　　　　单位：%

城市	不同文化消费比重占比							合计
	几乎没有	5%及以下	6%~10%	11%~20%	21%~30%	31%~50%	50%以上	
五线	3.4	41.4	41.4	6.9	3.4	0.0	3.4	100.0
四线	6.4	37.9	24.1	17.7	9.4	4.4	0.0	100.0
三线	10.7	37.7	29.6	17.0	3.8	1.3	0.0	100.0
二线	6.0	28.6	36.8	18.8	5.3	3.0	1.5	100.0
一线	3.9	28.6	39.3	16.4	5.9	4.7	1.2	100.0
全国	5.7	32.3	34.5	16.8	6.1	3.8	0.9	100.0

资料来源：笔者整理。

四、文化消费的省会差异

构建文化消费比重与省会城市与否的交叉列联表显示，非省会城市样本最大比例选择的是"5%及以下"选项，而省会城市样本最大比例选择的是"6%~10%"的选项。文化消费比重在11%以上的，非省会城市样本比例为24%，省会城市样本比例为29.6%（见表4-14）。样本数据的交叉列联表直观显示二者之间存在相对比较紧密的关联性，Pearson 卡方检验结果显示在5%的显著性水平上显著拒绝变量独立不相关的原假设，可见，总体上文化消费比重与是否省会城市之间也显著存在相关性。

表4-14　　　　　　　　　　文化消费比重的省会差异　　　　　　　　　　单位：%

地域	不同文化消费比重占比							合计
	几乎没有	5%及以下	6%~10%	11%~20%	21%~30%	31%~50%	50%以上	
非省会	6.8	34.9	34.3	17.2	3.0	3.5	0.3	100.0
省会	5.1	30.8	34.5	16.6	7.9	3.9	1.2	100.0
全国	5.7	32.3	34.5	16.8	6.1	3.8	0.9	100.0

资料来源：笔者整理。

第四节 公共文化消费情况

一、公共文化服务使用频率

以政府提供的公共文化服务为基础的公共文化消费，与私人文化消费同属文化消费的范畴，是对私人文化消费的有益补充。以"您使用公共文化服务频繁吗"一题来观测被调查者的公共文化消费情况，结果显示，6.4%、13.9%的被调查者分别选择了"不频繁"和"比较不频繁"，45.4%的被调查者选择了"一般"，31.7%的被调查者选择了"比较频繁"，2.7%的人选择了"非常频繁"的选项。总体而言，大多数被调查者都曾经使用过公共文化服务，并且比较频繁。

二、公共文化服务使用方式

互联网技术的发展和移动智能终端的普及推动了人们的生活方式和消费方式产生了巨大的变革。海量的文化资源实现了电子化，居民文化消费的阵地逐渐由线下转到线上，公共文化消费也是如此。在关于"您是否使用过线上的公共文化服务平台"的调查中，60.6%的被调查者都选择了"是"这个选项。具体到线上公共文化服务平台的类型，39.8%的选择了"数字图书馆"，占绝大多数；其次是"数字博物馆""云平台""数字文化馆"等，但占比都不是特别高（见表4-15）。

表4-15　　　　线上公共文化服务平台使用情况调查统计

线上平台	频次（次）	有效百分比（%）
数字博物馆	83	8.2
数字图书馆	404	39.8
数字文化馆	44	4.3
云平台	75	7.4
其他	12	1.2

资料来源：笔者整理。

线上公共文化消费和线下公共文化消费两种方式，"您更加喜欢哪种方式"，58.4%的被调查者选择了"互联网文化资源"，剩下的41.6%选择了"线下文化资源",这意味着被调查者更加偏爱线上文化资源。

三、政府补贴效果

政府补贴是政府提供公共文化服务的重要内容之一。对于"政府补贴会增加您的文化消费支出吗"这个问题,12.7%的被调查者选择了"不会"或"可能不会",而28.5%选择了"可能会",39.3%的被调查者选择了"很可能会",19.5%的被调查者选择了"一定会"。总体上而言,政府补贴对文化消费支出的拉动作用是显著的。

承接政府补贴对于文化消费支出的积极影响,哪种文化消费补贴方式会更受欢迎呢?"您比较喜欢哪种文化消费补贴方式"一题的选项给出了答案。结果显示,"消费电子券"是最受欢迎的文化消费补贴方式,33.1%的被调查者选择了该选项,32.8%的被调查者选择了"打折卡",占比为21.1%的是"储值卡",10.2%的被调查者选择了"积分补贴",不能囊括在内的其他方式占2.8%。

四、公共文化服务满意度

针对政府提供的公共文化服务的满意度,以"您对政府提供的公共文化服务满意吗"一题的结果来观察。统计结果显示,42.9%的被调查者选择了"比较满意","非常满意"占比为4.4%;40.6%的被调查者选择了"一般";大约12%的被调查者选择了"不满意"和"不太满意"。对于政府提供的免费公共文化服务,民众的总体满意度比较高。

第五节 资本因素与文化消费

资本的内涵越来越丰富,结合文化消费的特性,课题将研究的资本概念锁定为文化资本、经济资本和社会资本,并选择问卷中相应的问题答案作为文化资本、经济资本和社会资本可能的代理变量。

一、文化资本

(一)文化资本度量

在相关文献中,教育是获得文化资本的最重要途径。在被调查人群中,拥有"本科"学历的占绝大多数,为62.1%,"大专"以上学历的占比为89.4%(见

表4-16),可见,在教育深化的背景下,被调查者整体学历较高,受教育年限较长。

表4-16　　　　　　　　　调研样本的学历层次结构

学历	人数（人）	百分比（%）	累计百分比（%）
不适用	6	0.6	0.6
小学	10	1.0	1.6
初中	31	3.1	4.6
高中/中专/技校/职高	61	6.0	10.6
大专	110	10.8	21.5
本科	631	62.1	83.6
硕士	143	14.1	97.6
博士及以上	24	2.4	100.0

资料来源：笔者整理。

文化资本也可能来自文化艺术培训或者家庭氛围的熏陶等,因而课题也设置了相关的问题来度量文化资本拥有情况。对于"您是否从事过文化艺术相关工作"一题,1016名被调查者中只有147人从事过与文化艺术相关的工作。在这14.5%的被调查者中,大多数人（占总数的10.9%）从事过文化艺术相关的工作为5年以内,5年以上的只占总数的3.4%（见表4-17）。

表4-17　　　　　　　　　文化艺术工作从事时间分布

时间	频次（次）	有效百分比（%）
2年以内	52	5.1
2~5年	59	5.8
5~10年	22	2.2
10~20年	8	0.8
20年以上	4	0.4

资料来源：笔者整理。

相对而言，对于"您是否参加过文化艺术方面的教育或培训"这一问题，选择"是"的被调查者相对较多，有318人，占总数的31.3%。其中，有15.4%的人接受文化艺术方面的教育或培训的时间在1年以内，9.4%的被调查者接受文化艺术方面的教育或培训的时间在1~3年，接受文化艺术方面的教育或培训在3年以上的为6%（见表4-18）。

表4-18　　　　　　　　　　文化艺术培训时间分布

时间	频次（次）	有效百分比（%）
1年以内	156	15.4
1~3年	96	9.4
3~5年	39	3.8
5~10年	14	1.4
10年以上	5	0.5
其他	3	0.3

资料来源：笔者整理。

除了关注被调查者的文艺工作或文艺培训经历，课题还关注了被调查者家人的文艺工作经历。被调查者家人从事过文化艺术相关工作的非常少，只占总数的16.5%。但是对于"您的家人从事文化艺术相关工作，您觉得对您的文化消费是否有影响"这个问题，绝大多数人的回答都是肯定的。认为"没有影响"的仅占总数的5.2%，"有一点影响"占总数的18.6%，认为"有较大影响"和"有很大影响"的占到总数的一半，为50.1%。相对于从事文化艺术方面的工作，"家人参加过文化艺术方面的教育或培训"的人数显著增多，占比由16.5%变成27.9%。类似地，针对"如果您的家人参加过文化艺术方面的教育或培训，您觉得对您个人的文化消费是否有影响"这个问题，90%以上的被调查者都认为存在或小或大的影响，其中，37.4%的被调查者认为"有较大影响"，9.5%的被调查者认为"有很大影响"。但是相对而言，更多的调查者认为家人从事文化艺术工作比家人有文化艺术培训经历对文化消费的影响会更大一些（见图4-2）。

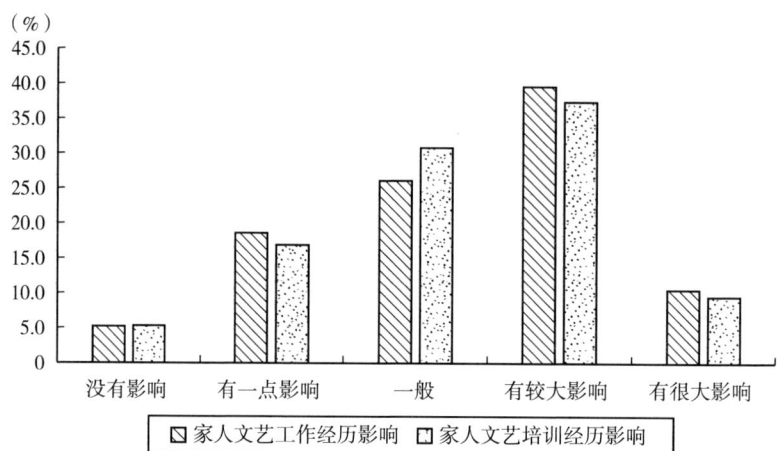

图4-2 家人从事文艺工作和文艺培训影响对比

资料来源：笔者整理。

（二）文化资本与文化消费

以学历作为文化资本的代理变量，构建文化消费比重与学历的交叉列联表发现，学历层次越低，该样本群体内选择的文化消费比重相对较低。例如，选择学历为"不适用"选项的被调查者的文化消费比重全部在5%以下，学历为"小学""初中""高中/中专/技校/职高""大专"的样本群体多数选择了"5%及以下"的选项，而"本科""硕士"样本群体的大部分选择的文化消费比重为"6%~10%"，"博士以及上"样本群体的大比例选择的是"5%及以下"，其次是"11%~20%"，再次是"6%~10%"（见表4-19）。

表4-19　　　　　文化消费比重与学历变量交叉列联表　　　　单位：%

学历	不同文化消费的比重							合计
	几乎没有	5%及以下	6%~10%	11%~20%	21%~30%	31%~50%	50%以上	
不适用	33.3	66.7	0.0	0.0	0.0	0.0	0.0	100.0
小学	30.0	30.0	0.0	20.0	10.0	10.0	0.0	100.0
初中	9.7	58.1	19.4	9.7	3.2	0.0	0.0	100.0
高中/中专/技校/职高	8.3	53.3	18.3	15.0	1.7	3.3	0.0	100.0
大专	6.4	44.5	30.9	10.0	4.5	1.8	1.8	100.0
本科	4.1	27.4	38.2	17.9	6.3	4.9	1.1	100.0

续表

学历	不同文化消费的比重							合计
	几乎没有	5%及以下	6%~10%	11%~20%	21%~30%	31%~50%	50%以上	
硕士	6.4	28.4	36.9	18.4	8.5	1.4	0.0	100.0
博士及以上	12.5	33.3	20.8	25.0	8.3	0.0	0.0	100.0
总体	5.7	32.3	34.5	16.8	6.1	3.8	0.9	100.0

资料来源：笔者整理。

从表4-19并不能清晰地观察到文化消费比重与学历这两个变量之间的相关性以及相关关系的强弱程度，而且，上述列表分析仅仅是基于样本数据得到的，那么总体上二者关系是否显著，列表的行列变量是否独立，还需要进一步通过非参数检验来予以判断，此处参考卡方检验的结果。卡方检验的原假设是行列变量独立，即文化消费比重与学历两变量独立，但是卡方检验概率P值为0.000，低于显著性水平，拒绝原假设，即认为文化消费支出比重与学历之间显著存在相关性。似然比卡方和线性相关卡方也给出了一致的检验结果（见表4-20）。

表4-20　　　　　　文化消费比重与学历变量卡方检验结果

项目	P值	df	渐进Sig.（双侧）
Pearson卡方	93.023	42	0.000
似然比	94.164	42	0.000
线性和线性组合	18.284	1	0.000

资料来源：笔者整理。

二、经济资本

（一）经济资本的度量

一方面，以"您家去年的家庭收入"一题来度量被调查者的家庭收入，并作为经济资本的代理变量。在度量家庭收入水平高低的六个区间选项中，"10万~15万元"占比为26.1%，为最大比重；其次为"5万~10万元"，占比为25%；年收入10万元以上的家庭占比为65.3%，年收入15万元以上的家庭占比为39.2%（见表4-21）。样本家庭收入结构整体呈橄榄型，中等收入家庭占比较高,极低和极高收入家庭比重较低。

表4-21 调研样本的家庭收入结构

家庭收入	人数(人)	百分比(%)	累计百分比(%)
5万元以下	99	9.7	9.7
5万~10万元	254	25.0	34.7
10万~15万元	265	26.1	60.8
15万~20万元	177	17.4	78.2
20万~30万元	158	15.6	93.8
30万元以上	63	6.2	100.0

资料来源:笔者整理。

另一方面,以"您家的经济状况在当地居于何种位置"度量被调查者对于自身家庭经济地位的认知,是对经济资本的相对度量。其中,59.8%的被调查者认为自己家庭的收入在当地属于"中等",24.5%的人认为属于"中等偏下",而13.5%的被调查者认为属于"中等偏上",只有少数比例的人认为属于两极。

(二)经济资本与文化消费

分别以家庭收入、家庭经济地位认知度量经济资本的绝对水平和相对水平,并构建交叉列联表观察文化消费与经济资本的相关关系。

1. 家庭收入。文化消费比重与家庭收入的交叉列联表显示,二者之间存在一定的关联性,收入越高的家庭越倾向于在家庭支出中给文化消费予更高的比重。例如,家庭收入在"5万元以下"的被调查者选择文化消费比重在"5%及以下"的占41.8%,家庭收入在"5万~10万元"和"10万~15万元"的被调查者也大比重选择了"5%及以下"的文化消费比重。而家庭收入在"15万~20万元""20万~30万元"和"30万元以上"的被调查者则更大比重选择了"6%~10%"的文化消费比重(见表4-22)。对上述两个变量进行Pearson卡方检验,检验结果显示,P值为0.000,在1%的水平上显著拒绝变量不相关的原假设,可见,总体上文化消费支出比重与家庭收入之间存在相关性。

表 4-22　　　　　　文化消费比重与收入变量交叉列联表　　　　　　单位：%

家庭收入	不同文化消费比重占比							合计
	几乎没有	5%及以下	6%~10%	11%~20%	21%~30%	31%~50%	50%以上	
5万元以下	16.3	41.8	22.4	10.2	4.1	2.0	3.1	100.0
5万~10万元	6.7	39.5	27.3	16.6	5.5	3.2	1.2	100.0
10万~15万元	3.8	36.6	33.6	17.7	5.3	3.0	0.0	100.0
15万~20万元	4.0	21.5	43.5	17.5	7.3	5.6	0.6	100.0
20万~30万元	5.1	24.2	43.3	17.2	5.1	4.5	0.6	100.0
30万元以上	0.0	20.6	38.1	20.6	14.3	4.8	1.6	100.0
总体	5.7	32.3	34.5	16.8	6.1	3.8	0.9	100.0

资料来源：笔者整理。

2. 家庭经济地位。以"您家的经济状况在当地居于何种位置"度量被调查者对于自身家庭经济地位的认知。可能受中庸文化的影响，59.8%的被调查者认为自己的家庭收入在当地属于"中等"。而从交叉列联表发现，对自身的家庭经济地位认知越差的个体，往往文化消费比重也比较低（见表 4-23）。

表 4-23　　　　　　文化消费比重与经济地位交叉列联表　　　　　　单位：%

收入分级	不同文化消费比重占比							合计
	几乎没有	5%及以下	6%~10%	11%~20%	21%~30%	31%~50%	50%以上	
最差	20.0	25.0	30.0	10.0	5.0	5.0	5.0	100.0
中等偏下	5.7	43.7	29.1	14.6	5.3	0.8	0.8	100.0
中等	5.1	30.0	35.7	17.8	6.1	4.4	0.8	100.0
中等偏上	6.6	23.4	38.7	17.5	8.0	5.1	0.7	100.0
最好	0.0	0.0	50.0	0.0	0.0	50.0	0.0	100.0
总体	5.7	32.3	34.5	16.8	6.1	3.8	0.9	100.0

资料来源：笔者整理。

对上述文化消费比重、经济地位两变量进行 Pearson 卡方检验显示，P 值为 0.001，在 1% 的显著性水平上拒绝两变量独立不相关的原假设。总体上文化消费支出比重与家庭经济地位之间存在显著相关性。

三、社会资本

（一）社会资本度量

问卷以"您与您的亲戚朋友往来频繁吗"来度量被调查者的社会资本情况，以"不频繁""比较不频繁""一般""比较频繁"和"非常频繁"分别代表被调查者社会资本由弱到强的五种程度。其中，505 个被调查者选择了"比较频繁"的选项，占总样本的 49.7%，选择"一般"选项的占 31.8%，选择"非常频繁"的占比为 11.5%，90% 以上的被调查者与周围的亲戚朋友往来比较频繁。

（二）社会资本与文化消费

总体上而言，社会交往越频繁，文化消费比重也呈现越高的趋势。与社会资本由弱到强的五个等级相对应，文化消费比重在 10% 以上的分别为 20.9%、12.7%、25.2%、29.5% 和 33.4%（见表 4-24），样本交叉列联表并不能显示两个变量之间明显的正向关联性。但是，通过对上述两个变量进行 Pearson 卡方检验显示，P 值为 0.000，在 1% 的显著性水平上显著拒绝变量不相关的原假设，因而，总体上文化消费支出比重与社会资本之间存在显著相关性。

表 4-24　　　　　文化消费比重与社会资本交叉列联表　　　　　单位：%

社会资本	不同文化消费比重占比							合计
	几乎没有	5% 及以下	6%~10%	11%~20%	21%~30%	31%~50%	50% 以上	
不频繁	25.0	33.3	20.8	16.7	4.2	0.0	0.0	100.0
比较不频繁	17.0	34.0	36.2	10.6	2.1	0.0	0.0	100.0
一般	5.9	32.7	36.1	16.8	5.0	3.1	0.3	100.0
比较频繁	4.0	31.2	35.5	17.7	5.6	4.8	1.4	100.0
非常频繁	4.3	35.0	27.4	15.4	13.7	3.4	0.9	100.0
总体	5.7	32.3	34.5	16.8	6.1	3.8	0.9	100.0

资料来源：笔者整理。

四、资本的区域差异性

上文已经考虑了文化消费的区域差异性,但是除此之外,文化资本、经济资本和社会资本是否也存在一定的区域差异性呢?

设定学历为文化资本的代理变量,构建学历与区域的交叉列联表发现,中部地区样本中大专及以下学历所占比例显著高于西部和东部地区样本,而中部地区样本中本科及以上学历所占比例则低于西部和东部地区样本。而东部地区和西部地区样本在不同学历的分布上并不存在明显的特征,因而很难判断学历与区域之间的关联性。但是,对学历与区域两变量进行 Pearson 卡方检验显示,P 值为 0.000,在 1% 的显著性水平上显著拒绝两变量相互独立不相关的原假设,这意味着,总体上文化资本与区域划分之间显著存在相关性。类似地,分别构建城乡关系、城市级别、省会城市与学历两两变量的 Pearson 卡方检验,结果显示,P 值均为 0.000,在 1% 的显著性水平上拒绝变量独立的原假设,这也就意味着,城乡差别、城市等级、是否省会城市这些区域差异变量与文化资本之间也存在显著相关性。

类似地,东部地区样本的家庭收入水平要普遍高于西部和中部地区样本,但是中部地区与西部地区样本的家庭收入分布并没有显著差异。虽然从交叉列联表上并不能直观看到区域与家庭收入两变量之间的关系,但是 Pearson 卡方检验显示在 1% 的显著性水平上拒绝变量不相关的原假设,也就意味着总体上家庭收入与区域之间显著存在相关性,似然比卡方检验和线性相关检验给出了统一的检测结果。检验结果还显示,总体上家庭收入与城乡差异之间显著存在相关性,家庭收入与城市等级之间显著存在相关性,家庭经济收入与是否省会城市之间也存在显著相关性。

社会资本与区域样本数据分布的关联性并不明显,但是卡方检验能够在 5% 的显著性水平上拒绝变量独立不相关的原假设,也即总体上社会资本与区域之间显著存在相关性。类似的统计检验显示,社会资本也存在一定的城乡差异和城市等级差异,但是总体上社会资本与是否省会城市之间显著不存在相关性。

第五章 资本影响文化消费的作用机理

第一节 相关概念界定

一、文化消费的内涵

(一) 文化消费的界定

学界对于文化消费问题的研究是从物质消费和精神消费的区分开始的。精神消费是指消费者为了满足精神文化需要而进行的消费行为。[①] 徐淳厚（1997）将文化消费定义为对精神类文化产品和服务的占有、欣赏、享受和使用等，文化消费与经济发展和物质消费息息相关，存在递进关系。米银俊等（2002）认为，文化消费是人们为了满足文化生活的需要而对精神和劳务的消费，或者是为了自身发展的需要而对消费资料的消耗，主要包括对娱乐休闲的消费需求，对教育培训的消费需求，以及对艺术、文化、精神追求的消费需求。[②] 文化消费和人们的生活状态、审美观、价值观和消费偏好相联系，要求消费者必须具备基本的认知能力和文化鉴赏能力。文化消费对于提高生活质量和促进人的全面发展都具有重要的意义。

文化消费有狭义和广义之分。狭义的文化消费是指"以文学艺术为主体，包括音像、出版和与此相适应的文化艺术服务，也即是上述范围的文化产品和文化服务消费"。[③] 伴随着社会的发展进步，文化消费内涵不断扩充完善，逐渐发展

[①] 尹世杰. 提高精神消费力与繁荣精神文化消费 [J]. 湖南师范大学社会科学学报，1994 (6)：20－24.

[②] 米银俊，王守忠，孙浩. 浅析《资本论》中的文化消费 [J]. 地质技术经济管理，2002 (3)：63－66.

[③] 施涛. 文化消费的特点和规律探析 [J]. 广西社会科学，1993 (3)：95.

成广义的文化消费概念,被更多的学者所接受。广义的文化消费是指"人们为了满足自己的精神文化生活而采取不同的方式来消费精神文化产品和精神文化服务的行为",其中精神文化产品包括科技作品、文艺作品、音像作品、影视片、各种出版物等,精神文化服务包括教育、科技培训、艺术表演、互联网、导游服务以及各种娱乐场所提供的服务等。[①] 互联网经济时代,出现了很多新兴的文化产品和服务,文化消费被赋予了更多更丰富的内涵。结合上述研究,将文化消费界定为:文化消费是消费者为满足精神文化需求,通过各种方式消费文化产品、参与文化活动、获取文化服务的行为的总称。

(二) 文化消费的分类

第一,根据消费对象的不同,将文化消费分为文化产品消费和文化服务消费。前者指实物形式的消费,如购买书籍、音像制品等文化用品及配套设施;后者指劳务形式的消费,如观看电影、音乐会等。文化产品消费和文化服务消费既有替代性,也有互补性。例如,现场观看演唱会属于文化服务消费,购买该演唱会的DVD光盘自行播放观看属于文化产品消费,二者具有替代性;以电影、动画片等为基础开发的主题乐园游览,则是文化产品价值链在文化服务领域的延伸,此时,文化产品消费与文化服务消费之间具有互补性。

第二,根据消费目的不同,将文化消费分为基本型、娱乐型和提高型。基本型文化消费主要为满足消费者的最基本文化需求,如义务教育支出、公共文化服务体系提供的文化服务消费等。娱乐型文化消费为人们消磨时间、休闲娱乐、放松身心提供选择,如观看电视节目、玩网络游戏、KTV消费等。提高型文化消费则主要为满足兴趣爱好,不断提升自我,提高自身素质,如阅读中外名著、观赏艺术作品、参观博物馆等。同一文化产品或服务通常具备多种消费功能,消费主体的个性化需求决定着产品或服务的功能体现。

第三,根据是否需要支付货币,将文化消费分为免费和付费两种形式。免费的文化消费通常具有公共物品的非竞争性和非排他性特征,任意消费者无须给付货币就可以享受该文化产品或服务的功能,如公共图书馆、博物馆等公共文化设施提供的文化服务,互联网络和移动智能终端上提供的免费文化产品或服务等。相反地,消费者也可以通过一次性或持续性的付费取得文化产品的所有权或者享受文化服务。免费文化产品和服务为满足人们的基本文化需求提供保证,当物质生活水平达到一定程度,消费者文化需求层次不断提升,消费需求逐渐多样化,

---

① 曹俊文. 精神文化消费统计指标体系的探讨 [J]. 上海统计, 2002 (4): 42 - 43.

付费文化消费会逐渐趋向繁荣。

第四，根据消费层次的不同，将文化消费分为大众文化消费和高品位文化消费。大众文化消费主要为满足人们感官需要和达到消遣目的，例如看电影、报纸、杂志、流行音乐等；高品位文化消费主要为满足人们较高层次精神文化需求，如欣赏古典音乐、古玩、名人字画等，这类文化消费能够陶冶情操，给人们带来持久的精神愉悦和享受，同时也需要一定的文化消费能力做支撑。消费者的文化素质、文化品位、收入水平等的差异使文化消费呈现出多层次性。

第五，根据消费方式不同，将文化消费分为线下和线上两种形式。线下文化消费是指在实体的文化空间购买文化商品、享受文化服务的方式。线上文化消费则是基于高速发展的互联网以及现代科技的进步而出现的文化消费形式，是以互联网为平台开展的文化商品购买和文化服务参与活动。线上文化消费和线下文化消费既形成竞争关系，也是有益的补充。目前文化产品和服务的提供者往往将线上线下融合，线下资源线上化能够突破时空限制，高效便捷地让更大范围内的消费者接触到文化产品和服务，线上资源线下化则能为消费者营造更好的体验氛围，线上线下融合能够发挥所长，实现优势互补。

(三) 文化消费的特征

1. 精神性和体验性

文化产品和服务是生产者利用各种要素生产出来的内容产品，具有独创性和个性化特征。文化消费内容需要通过一定的物质形式来承载，例如书籍、电影胶片及其他存储介质，但消费者真正关注的是这些载体所承载的文化内容。消费者购买文化产品和服务主要是为享受其中蕴含的文化内容和文化价值，精神属性是文化消费的核心特质。

真正意义上的文化消费不应只停留在付费购买某种文化产品或服务，而是要亲自参与，去体验和感知文化产品或服务承载传递的文化内容，从中获得共鸣或新的感受，从而获得精神上的满足。文化消费主体自身的知识结构、思维方式、文化背景等因素决定了其对文化产品和服务中蕴含文化价值的独特认知，"一千个读者心中就有一千个哈姆雷特"，同样的文化产品或服务的价值，因人因时因地可能会有不同，甚至会因为受教育程度、经历等方面的迥异导致认知的天差地别。

2. 共享性与重复性

大多数的物质产品都具有私人物品的排他性和竞争性特征，但是大多数的文化产品和服务具备非排他性的公共物品属性。例如，演唱会、话剧、歌剧、看电影等文化活动往往是很多人参与其中共同完成的，跟其他人一起消费往往还能增加体验感，获得更多的共鸣和更高的效用水平。而且，文化消费商品的转移和传播也并不必然导致生产者丧失对文化产品的所有权和使用权。值得注意的是，文化产品的生产成本高但是复制成本低，产品在转移过程中极易被模仿和复制，因而需要强化对文化产品的知识产权保护。

文化产品的价值表现为其蕴含的丰富的文化内涵，优秀的文化产品丰富了人们的精神生活，使得消费者愿意进行重复消费。而科技发展为古典音乐、世界名著、经典电影等优秀文化作品提供多样化的存储介质和物质载体，为文化消费的重复性提供技术保证。科技进步、互联网技术等发展使得文化内容的传播能够突破时空的限制，实现更大范围、更深层次的文化消费。

3. 高层次性和时间要求性

卡尔·马克思认为，对精神文化的追求与对物质财富的追求一样都是人的天性，人在满足了基本的物质需求以后，会对精神文化需求产生强烈的渴望。马斯洛的需求层次理论也认为，人的生理需求、安全需求、归属与爱的需求、尊重需求和自我实现需求依次得到满足。物质需求满足是开展精神文化消费的基础，尽管公共文化服务和大众文化消费的普及降低了文化消费需求的经济门槛，但是高品位、发展型、享受型的文化消费仍然建立在一定的物质基础和文化能力基础之上。因而从一般意义上说，文化消费是较高层次的消费。

现代科技进步和劳动生产率的提高使得大量功能性、劳动替代性的产品或服务得以出现，人们在满足生理需求的物质消费方面的时间支出大大缩短。但是文化消费主要是为满足精神文化需求，精神文化需要的满足需要消费者的亲自参与，时间付出与消费支出同向变化，不会因为劳动生产率的提高而有所缩减。在某种文化消费品上花费的时间越长，该文化产品对消费者的吸引力越强；全社会文化消费总支出占居民可支配收入的比例越高，整个社会的文化消费氛围越浓。

4. 隐蔽性和融合性

文化消费的真实客体是承载在物质载体上或消费形式背后的文化内容。同样的文化内容，可以通过不同的形式或物质载体呈现出来；看似消费的是不同文化产品，但可能是同一文化内容，这就是文化消费的隐蔽性。消费者可以根据自身的收入状况、时间条件、商品可获得性等选择适合的载体消费。借助于物质手段存在的文化内容，其价值的变动独立于物质载体形态。文化产品的物质载体会产生与物质产品相同的损耗，但文化内容的价值却不会因物质载体折旧而贬值。

文化消费活动可能会与其他的消费活动融合在一起，难以准确区分。文化产品和服务的产生和发展既可能是文化内容产业化的结果，也可能是产业文化内容化的结果。对于某种特定文化产品或服务的消费有可能是基于对文化内容的消费，也有可能是基于对文化内容物质载体或文化服务空间环境的消费。文化产业与其他产业的融合越紧密越深入，则越难以区分。但是应该看到，物质载体承载的文化内涵越丰富，则越能得到消费者的认同与共鸣；文化内容的物质载体形式、传播形式等也会影响到消费者对文化产品和服务的选择。

5. 延伸性和传承性

文化消费直接作用于人的情感意识和思想观念，在性格、信念、世界观、人生观等诸方面都会产生深远影响；文化消费过程中积累起来的文化能力，也会影响消费者后续文化消费的增加。因而，文化消费为消费者带来的效用不仅发生在消费当时，而且会延续到消费行为结束后，甚至会影响一生。

文化消费的过程伴随着对文化内容的理解、内化、升华以及对中华文化的传承和文化产品的创新。尤其是在自媒体盛行的年代，每一个人可能既是消费者，也是生产者；文化产品的消费过程也往往就是新的文化产品的生产过程。"提供"和"享受"有时不可分，"继承"和"创造"也不可分。[①] 也就是在这个过程中，部分优秀的文化作品会借助物质载体流传下来；而一些不顺应历史发展的文化作品则会被淘汰。从而，优秀的文化作品能够代代相传，经过历史的洗礼成为不可替代的经典，文化得以传承和延续。

二、经济资本、文化资本和社会资本

社会学家皮埃尔·布迪厄（Pierre Bourdieu）划分了资本的三种基本类型，分别是经济资本、文化资本和社会资本。他认为，这三种资本是人在社会上生存和发展的基础。[②] 下面将分别界定经济资本、文化资本和社会资本。

（一）经济资本

根据皮埃尔·布迪厄的界定，经济资本是指个人所有收入以及财产的制度化形式。[③] 相对于文化资本和社会资本而言，经济资本更容易被外界识别，也可以在人与人之间迅速转移，具有很强的流动性。研究文献也常用家庭收入或者个人收入来做经济资本的代理变量，例如，赵延东等（2012）就以家庭财产和家庭人

[①] 徐淳厚. 关于文化消费的几个问题 [J]. 北京商学院学报, 1997 (4): 46-49.
[②③] [法] 皮埃尔·布迪厄. 文化资本与社会炼金术 [M]. 包亚明, 编译, 上海: 上海人民出版社, 1997: 192.

均月收入度量家庭经济资本,① 范静波(2019)将其概括为一个家庭所有可以货币化形式度量的经济资源之和,② 秦昌才等(2019)以包括人均家庭纯收入、经营性收入、财产性收入、转移性收入和工资性收入等流量变量和现金及存款总额等存量变量的收入指标来度量经济资本,等等。③

(二) 文化资本

皮埃尔·布迪厄首先提出了"文化资本"概念,他认为,文化资本是"包括文化能力、文化习性、文化产品、文化制度在内的文化资源的总和",④ 会以"人的能力、行为方式、语言风格、教育素质、品位与生活方式等形式表现出来"。⑤ 皮埃尔·布迪厄(1989)将文化资本区分为三种形态:一是客观化的文化资本,是在物质和信息中被客观化的文化资本,存在于图片、书籍、字典等文化商品中;二是身体化的文化资本,表现为个人精神和身体的持久性情,通常引申为能够欣赏和理解文化作品的气质或能力。这个过程"因为包含了劳动力的变化和同化,所以极费时间,因此,它们的获得必须由投资者来亲力亲为,衡量文化资本最为精确的途径,就是将获取收益所需的时间的长度作为其衡量标准";⑥ 三是制度化的文化资本,是以社会制度认可的文化资本,通常表现为文凭、资格认定证书等。制度化的文化资本是个人拥有的身体化文化资本发展的结果,但是制度化的过程使文化资本的获得具有了合法性。如果要欣赏和使用客观化的文化资本,个体必须具备相应的欣赏能力,这种欣赏能力即为身体化文化资本的体现。身体化文化资本是将通过社会化过程、教育投资和培训积累、文化商品消费等方式获得的行为、性情、知识和习惯等内化的结果。从本质上看,文化资本是人类劳动成果的积累,文化产品的价值源于实践过程中的抽象劳动。当蕴含文化价值的文化产品被留存下来,文化价值也就在时间维度上积淀下来,成为人类共同的文化资源和文化财富。当利用文化资源满足某种需要或获取利益时,文化资源就成为文化资本。

戴维·思罗斯比(David Throsby,1999)从文化经济学的角度进行界定,将

---

① 赵延东,洪岩璧. 社会资本与教育获得——网络资源与社会闭合的视角 [J]. 社会学研究,2012(5):47-69,243-244.
② 范静波. 家庭因素、教育资源获得与性别公平 [J]. 教育科学,2016(4):1-6.
③ 秦昌才,郭斯雨,刘译聪. 家庭经济资本对子女教育获得的影响 [J]. 福建江夏学院学报,2019(10):16-23.
④⑤ 金相郁,武鹏. 文化资本与区域经济发展的关系研究 [J]. 统计研究,2009(2):29.
⑥ [法] 皮埃尔·布迪厄. 文化资本与社会炼金术 [M]. 包亚明,编译. 上海:上海人民出版社,1997.

文化资本视为物质资本、人力资本和自然资本之外的第四种资本。他认为，文化资本是一种商品"在其占有的经济价值之外增加的文化价值"。① 例如，一栋古建筑具有一定的商业价值，但对个人或社会来说，真正的价值是它具有的审美价值、精神价值、象征意义或其他超越经济范围的要素，即该建筑的文化价值。②文化资本是文化价值的积累，有以下两种存在形式：一是有形的文化资本，例如，建筑物、场所、遗址、庭院、艺术品、手工艺品等；二是无形的文化资本，表现为某个群体共享的思想、习惯、信仰和价值观等，也可以表现为像音乐、文学这样的作品。文化资本在引起商品和服务不断流动的同时，也会形成本身具有文化和经济价值的商品，即新的文化资本，实现文化资本在经济上的可持续发展以及文化传承。③在此基础上，学者对文化资本的内涵进一步延伸和拓展。例如，阿加·克莱默（Arjo Klamer）将文化资本拓展为企业、城市或国家财产的组成部分，④ A. 普里厄（A. Prieur）和 M. 萨瓦赫（M. Savage）则认为文化资本的具体内容与特定"场域"有关，⑤ 与不同场域的结合衍生出不同的文化资本内涵，例如"城市文化资本"就是特指城市场域内的文化资本，是"资本概念不断泛化"的结果。⑥

值得注意的是，文化资本概念强调的是文化的资本性质，而非用于文化产业领域的资金、厂房、设备、材料等生产要素。"文化资本就是文化生产场域之中积累的劳动成果，这种文化成果作为一种资源和力量影响了社会结构和权力分配，它在内容上是文化的，在形式和作用上属于资本的性质。"⑦视角不同，界定不同，但梳理过后发现，文化资本内涵不外乎包含两层意思：一是强调客观的文化资源的价值，例如，文化遗产等；二是强调主观的文化能力的价值，例如"价值体系"说、"生活技能"说等。

综上所述，文化资本既包含主观层面，也包含客观层面。主观层面的文化资本即文化能力，是将通过学校教育、社会化和文化实践等途径获得的各种知识素养内化的结果；客观层面的文化资本即文化资源，是人们所创造的文化遗产、文

---

①③ David Throsby. Cultural Capital [J]. Journal of Cultural Economics, 1999 (23): 3-12.
② [澳] 戴维·思罗斯比. 经济学与文化 [M]. 王志标, 等译. 北京: 中国人民大学出版社, 2011.
④ Arjo Klamer. Accouting for Social and Cultural Values [J]. De Economist, 2002 (4): 453-473.
⑤ Prieur A, Savage M. Updating Cultural Capital Theory: A Discussion Based on Studies in Denmark and in Britain [J]. Poetics, 2011, 39 (6): 566-580.
⑥ 张鸿雁. 城市形象与"城市文化资本"论——从经营城市、行销城市到"城市文化资本"运作 [J]. 南京社会科学, 2002 (12): 24-31.
⑦ 陈治国. 布迪厄文化资本理论研究 [D]. 北京: 首都师范大学, 2011: 47.

化产品、文化传统等客观存在。理解、欣赏文化产品或服务的文化资本依托于消费主体而存在,通过学习过程消化吸收,内化成为消费者的知识、教养、技能、趣味,是消费者"精神与身体的一个有机组成部分",并通过消费过程展现出来。如果拥有这种形式的文化资本,个体通过理解即可消费文化商品,而不一定需要拥有某种物品才能消费,这也是文化消费与一般物质消费最大的区别。这种消费文化商品的能力可以通过家庭熏陶先天获得,也可以通过教育后天培养,还能通过各种文化参与活动和文化消费过程获得。表面上看,某些知识和技能是人类共同的精神财富,没有办法私有化。[①] 但换个角度看,每一个人拥有的知识和技能又是绝对个体的,不同的家庭环境和教育背景,对同一文化内容的理解可能是完全不同的,这恰恰就是文化能力不同导致文化消费程度存在差异的具体体现。

(三) 社会资本

社会资本最初是社会学术语,后来逐渐跨界成为政治学和经济学等领域的热门词汇。也正是因为社会资本的跨领域,迄今为止仍然没有得出关于社会资本的统一概念。学者研究可从主体角度分为三个层次:宏观社会资本、中观社会资本和微观社会资本。[②]

宏观社会资本指一个国家或区域中和谐开放的社会关系网络、有效的制度规范、普遍信任、权威关系以及合作性的社会组织等。社会资本是解释经济增长的重要因素,R. 帕特南(R. Putnam)就尝试从社会资本视角解释意大利南北部经济的巨大差异,他总结社会资本的三个维度为社会网络、信任和社会规范,通过社会规范和共享价值的渗透作用,能够降低交易费用,提高办事效率,幸福感指数和福利效用随之上升,人们还能从社会资本中获取资源,原有资源的效用也得以提升。[③] 总体而言,社会资本能够通过协调行动提高社会经济效率。

中观社会资本指企业、社团、社区等所拥有的社会关系网络中嵌入的社会资源。J. 科尔曼(J. Coleman)从理性行动理论出发,认为个体可以通过社会网络的联系和社会团体的成员资格进行网络摄取,进而获得社会资本的回报。个人拥有的社会资本很难转让给他人,而且需要社会关系网络中的所有参与者共同行动

[①] 朱伟珏. "资本"的一种非经济学解读——皮埃尔·布迪厄"文化资本"概念 [J]. 社会科学, 2005 (9): 117-123.

[②] 张广利, 陈仕中. 社会资本理论发展的瓶颈: 定义及测量问题探讨 [J]. 社会科学研究, 2006 (2): 102-106.

[③] Putnam R, R Leonardi, R. Nanetti. Making Democracy Work: Civic Tradition in Modern Italy [M]. Princeton: Princeton University Press, 1993.

才能获益。① S. 杜尔劳夫（S. Durlauf）和 M. 法肯姆普斯（M. Fafchamps）认为，社会资本的核心特征可以被归纳为信息共享、群体认同和团队合作。② 社会资本是一种公共财产，是解决集体行动问题的重要方法和资源。

微观社会资本是指个人所拥有的社会关系网络及嵌入其中的情感、信任、规则等。M. 格兰诺维特（M. Granovetter）的"强弱关系理论"是微观社会资本的典型代表，他认为"人际关系的强度由时间、感情、亲密度以及互惠和承认义务决定"。③ 社会网络中的强关系主要表现为与亲戚、朋友等熟人的交往密切程度，而弱关系更多体现在与陌生人交往中的信任感。④

第二节　相关研究基础

一、经济资本相关研究基础

约翰·凯恩斯（John M. Keynes）认为，人们的消费主要取决于当期可支配收入，随收入增加，边际消费倾向递减。杜森贝利则认为，消费者的消费支出不仅会受到当期可支配收入的影响，还会受到过去"高峰期"消费以及周边群体消费行为的影响，被称为消费的"棘轮效应"和"示范效应"。米尔顿·弗里德曼（Milton Friedman）将收入分为持久性收入和暂时性收入，认为决定消费支出的是持久、稳定的收入而不是暂时、意外的收入。但 R. 泰勒（R. Thaler）的研究发现，消费者在做决策时是非理性的，他们管理财富的行为是随意的、无意识的，这显然违背了理性经济人的假设。⑤ L. 莱文（L. Levin）通过研究发现，消费者行为容易受到流动性资产变动和工资的影响，而不易受到住房、社会保障等这种类型资产的影响。⑥ 毋庸置疑，经济资本会对文化消费产生影响，而且从来不缺少相关方面的研究。梳理文献发现，研究主要围绕以下几方面展开。

---

① Coleman, J. Foundations of Social Theory [M]. Cambridge, MA: Harvard University Press, 1990.
② Durlauf S N, M. Fafchamps. Social Capital [J]. Steven Durlauf, 2004 (7): 1180 – 1198.
③ Granovetter M. The Strength of Weak Ties [J]. American Journal of Sociology, 1973 (6): 1360 – 1380.
④ 李丝雨. 不同社会资本要素对生活满意度的影响——基于CGSS2013数据的分析 [J]. 经济研究导刊, 2018 (39): 170 – 171, 177.
⑤ Thaler R. Mental Accounting and Consumer Choice [J]. Marketing Science, 2008.
⑥ Levin L. Are Assets Fungible? Testing the Behavioral Theory of Life-cycle Savings [J]. Journal of Economic Behavior & Organization, 1998 (1): 59 – 83.

收入对文化消费支出存在显著影响。冯义涛和邹晓东（2000）通过对20世纪80~90年代上海的数据研究发现，市民收入不断提高，文化消费也呈现繁荣的景象。① 徐萍（2007）对陕西文化消费分析发现，居民收入与文化消费支出正相关，文化消费支出与恩格尔系数负相关，教育支出是文化消费的主要项目，教育支出比重太大会挤出文化娱乐消费支出。② 可支配收入对城镇居民文化消费支出具有决定性影响，③ 不仅当期收入会影响文化消费支出，滞后一期收入也会显著影响当期文化消费支出。④ 总体上讲，收入差距的扩大是中国居民文化消费增长的重要原因，对城镇和农村文化消费提高的贡献均达到近1/3，但收入差距的扩大会导致社会总体福利的下降，引起文化发展的不均衡。⑤

收入对不同群体的文化消费影响同样显著。J. D. 斯诺博尔等（J. D. Snowball et al.，2010）的研究发现，收入较高和受教育程度较高的群体更可能成为"文化杂食者"，即购买各种高端、流行文化产品的消费者。⑥ 以大学生作为研究对象，赵菡和程毅（2019）发现，家庭收入水平与大学生消费支出存在显著的正相关性；⑦ 朱迪（2015）发现，总体上家庭经济资本具有重要作用，对大学生的消费文化有更显著、直接的影响，但是在面子消费上，家庭文化资本和经济资本共同发挥作用，超过了家庭经济资本和文化资本各自独立的影响。⑧ 此外，收入也是互联网文化消费支出的重要决定因素。⑨ 以农民工作为研究对象，甘宇等（2015）的研究显示，农民工收入水平对农民工文化消费有显著的正影响，农民工的年龄因素对文化消费具有负影响。⑩

收入来源对文化消费支出存在异质性影响。按照收入来源标准，城镇居民家

---

① 冯义涛，邹晓东. 上海市民收入变化对文化消费发展的影响 [J]. 上海经济研究，2000（11）：22-27.
② 徐萍. 陕西文化消费规模分析预测 [J]. 商业时代，2007（11）：99-100.
③ 高莉莉，顾江. 能力、习惯与城镇居民文化消费支出 [J]. 软科学，2014（12）：23-26.
④ 李杏，章孺. 文化消费影响因素的实证研究——以江苏为例 [J]. 南京财经大学学报，2013（4）：28-35.
⑤ 王宋涛. 收入分配对中国居民文化消费的影响研究 [J]. 广东财经大学学报，2014（2）：21-27.
⑥ Snowball J D, M Jamal, K G. Willis. Cultural Consumption Patterns in South Africa: An Investigation of the Theory of Cultural Omnivores [J]. Social Indicators Research, 2010 (3): 467-483.
⑦ 赵菡，程毅. 家庭经济、文化资本与大学生消费分层——基于上海四所高校的实证分析 [J]. 云南民族大学学报（哲学社会科学版），2016（1）：124-131.
⑧ 朱迪. 经济资本还是文化资本更重要？——家庭背景对大学生消费文化的影响 [J]. 黑龙江社会科学，2015（1）：111-119.
⑨ 李志兰. 人口特征与互联网文化消费决策：基于两部分模型 [J]. 消费经济，2019（2）：43-50.
⑩ 甘宇，赵驹，宋海雨. 农民工文化消费的影响因素：来自1046个样本的证据 [J]. 消费经济，2015（1）：52-55.

庭收入可区分为工资性收入、财产性收入、经营性收入和转移性收入。根据消费的"心理账户"理论，学者们普遍认为，不同收入来源对文化消费支出的影响不同。吕寒和姜照君（2013）分析发现，工资性收入对文化消费具有显著为正的"乘数效应"，财产性收入、经营性收入、转移性收入的影响分别为显著为正、为负但不显著、显著的负向效应。[①] 但徐和清和张桂香（2013）发现，工资性收入、转移性收入、经营性收入与文化消费存在显著正相关关系，财产性收入与文化消费存在不显著的负相关关系。[②] 李志和李雪峰（2019）对我国4011个城镇家庭的入户调查数据研究发现，工资性收入和经营性收入对文化消费的影响最大。[③] 孙豪和毛中根（2018）发现，城镇居民文化消费只对工资性收入反应敏感，农村居民文化消费对工资性收入、经营性收入和财产性收入均反应敏感。[④] 可见，作为大多数群体主要收入来源的工资性收入对文化消费支出的影响已经得到普遍的验证。

收入层次不同对文化消费的异质性影响。收入处于不同水平对文化消费支出的影响可能是不同的，这表现为门槛效应。[⑤] 葛继红（2012）利用江苏省的364份农民文化消费数据发现，农民文化消费具有一定的收入门槛，收入对于高收入组农民文化消费影响程度要明显高于中收入组，收入对低收入组农民文化消费没有显著影响。[⑥] 田虹和王汉瑛（2019）研究发现，总体上居民收入水平能够拉动文化消费水平，城镇居民人均收入对文化消费的拉动作用存在显著的单门槛效应，农村居民人均收入对文化消费的拉动作用存在显著的三重门槛效应。[⑦] 徐珊珊（2019）则通过实证发现，农村存在单门槛效应，城镇存在双门槛效应。[⑧] 收入水平的高低还会影响到文化消费结构层次，杜华章（2015）采用农村样本研究

[①] 吕寒，姜照君. 城镇居民分项收入对文化消费的影响——基于2002～2011年省级面板数据 [J]. 福建论坛（人文社会科学版），2013（6）：61-66.

[②] 徐和清，张桂香. 收入结构对城镇居民文化娱乐服务消费的影响分析 [J]. 消费经济，2013（6）：51-54，62.

[③] 李志，李雪峰. 中国城镇居民文化消费的影响因素——以中国4011个城镇家庭为例 [J]. 城市问题，2016（7）：87-94.

[④] 孙豪，毛中根. 居民收入结构对文化消费增长的影响研究 [J]. 财贸研究，2018（5）：34-42.

[⑤] 刘拥军，葛美玲. 城镇居民收入对文化消费支出的影响——基于门限模型和分位数回归 [J]. 商业经济研究，2017（16）：40-42.

[⑥] 葛继红. 农民收入与文化消费牵扯：江苏364个样本 [J]. 改革，2012（3）：84-89.

[⑦] 田虹，王汉瑛. 中国城乡居民文化消费区域差异性研究——基于面板门槛模型的实证检验 [J]. 东北师大学报（哲学社会科学版），2016（3）：25-34.

[⑧] 徐珊珊. 基于门限回归的城乡居民收入对文化消费影响研究 [J]. 商业经济研究，2016（7）：37-39.

发现，低收入水平农村居民文化消费结构层次较低，中等收入水平农村居民文化消费结构层次相对较高，中高收入和高收入农村居民在休闲娱乐和旅游等文化消费支出比重较大，文化消费结构层次不高。①

收入对文化消费的影响存在区域差异。城乡差异首先体现在农村文化消费支出整体水平较低，增长缓慢，②之所以出现这种状况，与农村收入较低是分不开的。收入对文化消费有直接促进作用，但城市居民收入对文化消费的促进作用显著强于农村。③王颖（2013）通过实证研究发现，城镇居民的敏感系数要高于农村居民，我国城乡居民文化消费也存在"过度敏感性"特征。④农村居民收入对文化消费的影响与城镇差距较大，农村居民的文化消费对文化消费价格指数的敏感性与城镇相比较低。⑤车树林和顾江（2018）对26个国家文化消费试点城市数据分析得出，收入因素对城镇居民文化消费的影响呈现为先增加后降低的"倒U型"曲线特征，而且收入对城镇居民消费的促进作用大于农村居民，⑥年总收入对城市居民文化消费的促进作用是农村居民的两倍。⑦在西部地区，收入水平对文化消费的影响作用不如预期那么大，消费观念与消费结构的影响幅度比较大。城镇居民文化消费对持久性收入反应敏感，对暂时性收入反应不敏感，农村居民文化消费对持久性收入和暂时性收入均反应敏感。⑧

二、文化资本相关研究基础

消费者的文化资本是消费者拥有的文化消费品位，它影响消费者的消费能力和消费意愿，具有可持续发展属性，决定了消费者的文化消费偏好结构。⑨如今的消费更加看重商品中的文化价值，商品中文化资本的含量直接决定了商品的价

---

① 杜华章. 江苏省农村居民收入水平与文化消费实证分析 [J]. 农业经济与管理, 2015 (5): 70-78.
② 刘晓红. 经济学视阈下中国农村居民文化消费需求探析 [J]. 经济与管理, 2012 (2): 86-90.
③ 苏林森, 程思琪. 居民收入对文化消费的影响——基于中国综合社会调查数据的分析 [J]. 城市问题, 2018 (12): 66-71.
④ 王颖. 我国城乡居民文化消费与收入的敏感性分析 [J]. 湖北经济学院学报, 2013 (4): 43-46.
⑤ 徐珊珊. 基于门限回归的城乡居民收入对文化消费影响研究 [J]. 商业经济研究, 2016 (7): 37-39.
⑥ 车树林, 顾江. 收入和城市化对城镇居民文化消费的影响——来自首批26个国家文化消费试点城市的证据 [J]. 山东大学学报（哲学社会科学版）, 2018 (1): 84-91.
⑦ 姜周, 吕巍. 基于城乡对比的文化消费影响因素研究——以CGSS2013为例 [J]. 上海管理科学, 2016 (6): 67-70.
⑧ 毛中根, 孙豪. 中国居民文化消费增长阶段性分析——兼论文化消费"国际经验"的不适用 [J]. 财经科学, 2016 (1): 111-120.
⑨ 资树荣. 消费者的文化资本研究 [J]. 湘潭大学学报（哲学社会科学版）, 2014 (4): 38-41, 63.

值高低以及消费需求量。① 严成樑和雷小钧（2019）利用我国 1983～2012 年的数据研究发现，教育水平对居民文化消费具有显著的促进作用，教育水平提高 1%，居民文化消费增加 0.454%，② 总体上而言，以教育水平度量的文化资本对文化消费支出具有显著促进作用。

文化资本对不同领域的文化消费均存在影响。D. 法瓦罗等（D. Favaro et al., 2007）以意大利为例研究发现，教育对不同群体的音乐消费均存在积极影响。③ 加藤新田（2013）基于问卷调查研究发现，时间、职业地位对音乐会参与均有影响，而且通过参与艺术、音乐和文学活动积累了文化资本，影响了之后的消费行为。④ 约尔格·罗塞尔（Jörg Rössel, 2011）通过对观众音乐品位的调查研究发现，文化消费模式是由听者的文化资本决定的。⑤ 资树荣（2018）以音乐教育培训为例研究发现，受教育水平越高或者接受了音乐教育培训，都会导致增加音乐消费活动，其中的机制在于教育能够形成人力资本，培养认知能力，积累文化资本，从而促进文化消费。⑥ 陈庚和宋春来（2018）对表演艺术行业研究发现，我国居民的表演艺术消费呈现出消费习惯尚未养成、个人动机强于社会动机、娱乐化消费偏好、文化资本影响力凸显的表征，因而应该以需求倒逼供给侧结构性调整，在消费侧强化个人资本积累和消费习惯培育，重塑居民艺术消费的主体性。⑦

不同群体文化资本对文化消费的影响研究。铁翠香和谢俊丽（2018）以武汉市不同层次初、高中生的 396 个样本为研究对象实证分析发现，青少年的文化消费并不必然受其经济资本和社会资本的影响，而文化资本却对其产生显著影响。⑧ 宋振文（2011）认为文化消费是对大学生实施核心价值观教育的重要途径，只有

---

① 徐望. 消费社会中的文化资本价值与文化消费趋势 [J]. 未来与发展, 2016（2）: 40-42, 32.
② 严成樑, 雷小钧. 我国居民文化消费影响因素探析 [J]. 南华大学学报（社会科学版）, 2016（1）: 48-54.
③ Favaro D, C Frateschi. A Discrete Choice Model of Consumption of Cultural Goods: the Case of Music [J]. Journal of Cultural Economics, 2007（3）: 205-234.
④ Kato-nitta, N. The Influence of Cultural Capital on Consumption of Scientific Culture: A Survey of Visitors to an Open House Event at a Public Scientific Research Institution [J]. Public Understanding of Science, 2013（3）.
⑤ Jörg Rössel. Cultural Capital and the Variety of Modes of Cultural Consumption in the Opera Audience [J]. The Sociological Quarterly, 2011（1）: 83-103.
⑥ 资树荣. 教育对文化消费的影响研究: 以音乐消费为例 [J]. 消费经济, 2018（6）: 17-23.
⑦ 陈庚, 宋春来. 新时代居民的艺术消费: 表征、构因及优化——来自 127 个调研地的表演艺术消费调查分析 [J]. 福建论坛（人文社会科学版）, 2018（10）: 90-98.
⑧ 铁翠香, 谢俊丽. 资本与消费认同: 青少年文化消费影响因素的实证分析 [J]. 武汉理工大学学报（社会科学版）, 2018（4）: 116-121.

引导大学生开展文化消费活动,才能提高核心价值观教育的实效性,文化消费与教育之间具有互荣共生的影响关系。① 我国大学生文化消费迅速增长,但目前还处于较低层次,需要进一步加强教育引导。② 杨毅和王佳(2019)通过对重庆1524 名高校大学生研究发现,服务与文化产品是文化消费的触发点,经济水平是文化消费的动力源,文化资本是文化消费影响因素的趋向性表达,文化消费作为个体内化的文化资本,是具有同向性的文化产品和服务刺激下所产生的外溯行为。③ 赵菡和程毅(2019)发现,家庭文化对大学生的消费支出与消费分层均有显著的影响,父母所处的职业阶层越高,大学生消费支出越高且相应的消费阶层也越高,父母的消费观念对大学生消费分层有显著影响。④ 金晓彤和崔宏静(2015)研究发现,新生代农民工应该将文化消费的重点转变,从外显符号意义的文化消费转移到教育型文化消费上来,提升自我价值,积累文化资本,建构城市认同。⑤ 贺明瑶和高兰英(2018)基于代际交替模型和文化资本理论发现,文化消费能力随文化资本初始存量和文化资本增量增加而提高,老年时期文化需求随着文化消费能力提高而增加。⑥

不同区域不同城市文化资本对文化消费的影响研究。陈劲(2015)研究了重庆居民的消费结构后发现,文化资本对文化消费支出产生主导性的影响和作用,文化资本和经济资本共同影响家庭文化耐用品指数,经济资本对物质需要有直接影响,文化资本则更能促进发展层次的需要。⑦ 倪娜(2015)调查研究发现,F 市居民的旅游目的、出游方式、出游时间和旅游感知上都受旅游文化资本的影响。旅游文化资本越丰富,旅游动机越明确,旅游花费越多,旅游风险感知影响较小,但是出游时间还要受到职业的影响和限制。⑧ 李龙飞(2018)利用 1996 ~ 2016 年东北文化消费市场数据实证研究发现,文化资本、文化供给要素投入及

---

① 宋振文. 文化消费:大学生核心价值观教育重要途径 [J]. 湖南科技学院学报, 2011 (3): 90 - 93.
② 肖尚军,李永华. 高职院校大学生文化消费分析研究 [J]. 商场现代化, 2008 (17): 187.
③ 杨毅,王佳. 文化资本的集聚与表达:大学生文化消费影响因素的 Logistic 模型研究 [J]. 湖南社会科学, 2016 (6): 114 - 119.
④ 赵菡,程毅. 家庭经济、文化资本与大学生消费分层——基于上海四所高校的实证分析 [J]. 云南民族大学学报(哲学社会科学版), 2016 (1): 124 - 131.
⑤ 金晓彤,崔宏静. 新生代农民工教育型文化消费探析:社会认同建构的路径选择 [J]. 吉林大学社会科学学报, 2015 (1): 101 - 108, 174.
⑥ 贺明瑶,高兰英. 文化资本对老年群体文化消费的影响机制探析——基于戴蒙德理论模型 [J]. 传播力研究, 2018 (25): 11 - 13.
⑦ 陈劲. 城市居民文化消费结构及其资本积累:重庆例证 [J]. 改革, 2015 (7): 110 - 119.
⑧ 倪娜. 旅游文化资本对旅游行为的影响研究 [D]. 福州:福建师范大学, 2015: 88.

良好的社会环境确实会对文化消费产生正向影响,社会环境对文化消费的影响更明显,过度的人口流出对文化消费有明显阻碍,但人口的自然增长对文化消费影响较弱。①

三、社会资本的相关研究

社会资本能够促进经济增长。周(Chou,2009)将社会资本引入内生经济增长的框架,研究了社会资本对经济增长的作用传导机制。具体来说,一是社会资本通过影响人力资本积累进而影响经济增长;二是社会资本通过影响信任和社会规范,进而影响金融发展和经济增长;三是社会资本使不同企业之间的网络更方便,技术创新更容易实现,从而引致经济增长,② 严成樑(2012)的研究也论证了社会资本对经济增长的显著促进作用。③ 社会资本也可能作为中介变量影响经济增长,例如,崔巍(2019)认为,人力资本会通过社会资本促进经济增长。④ 社会资本也能促进文化产业的发展,其中的机制在于社会资本能够增加产业集聚效益、提高文化生产效率、降低文化交易成本,此外还能产生品牌扩散效应、增加文化消费数量、推动文化产业快速发展。⑤

社会资本能促进信息传播和知识生产。社会资本作为一种资本形式,是一种嵌入在社会网络中的人际关系、有用的信息或者组织的能力的资源。社会资本的载体是社会网络,能够让社会网络中的组织或个人获得、利用这种资源⑥。严成樑(2012)从信息共享和相互沟通的视角构建了社会资本测度指标,他研究发现,社会资本对知识生产有显著促进作用;相对而言,社会资本对高水平创新的影响力度更大。⑦强关系主体所处网络的同质性比较大,不利于获得差异性和互补性信息,弱关系能更方便地与不同的网络建立联系,获得互补资源和信息,因而以弱关系为基础建立的、跨越边界的合作更能促进科研创新。⑧

---

① 李龙飞. 透视东北地区文化消费的影响因素——基于面板数据模型的实证检验 [J]. 沈阳大学学报(社会科学版), 2018 (4): 391 – 396.
② Chou Y K. Three Simple Models of Social Capital and Economic Growth [J]. Journal of Socio – Economics, 2006 (5): 889 – 912.
③⑦ 严成樑. 社会资本、创新与长期经济增长 [J]. 经济研究, 2012 (11): 48 – 60.
④ 崔巍. 社会资本、人力资本与经济增长: 我国的经验数据 [J]. 经济问题探索, 2019 (8): 9 – 15.
⑤ 李华香. 社会资本理论与文化产业发展的关联性研究 [J]. 山东师范大学学报(人文社会科学版), 2013 (4): 149 – 154.
⑥ 陈小云. 社会资本视角下的网络口碑影响力研究 [J]. 湖北经济学院学报(人文社会科学版), 2014 (9): 45 – 46.
⑧ 梁文艳, 周晔馨, 于洪霞. 社会资本与大学教师学术创新能力研究 [J]. 经济研究, 2019 (11): 133 – 148.

社会网络影响消费支出。家庭社会网络是家庭不可替代的社会资本，利用微观调研数据开展的国内外研究大多将亲友数量、人情支出等作为社会网络的重要衡量指标，但以此为代理变量的社会网络对于消费支出的影响却并未得出一致的结论。黄茜（2017）以 CFPS 数据为支撑研究发现，社会网络对家庭消费支出存在明显促进作用的结果具有稳健性，而且社会网络对城市居民消费支出的影响程度相对更大。[1] 刘鑫春（2019）的研究证实家庭社会网络对家庭消费倾向起促进作用，家庭社会网络越发达，家庭平均消费倾向就越高，而且家庭社会网络对农村家庭消费倾向的促进作用显著大于对城市家庭，家庭社会网络对家庭消费倾向的促进作用主要体现在必需品消费上。[2] 韩雷和谷阳（2019）以家庭礼金支出、家庭人均礼金支出和户主是否组织成员作为社会资本的代理变量，研究发现社会资本能够显著改善居民消费总量，[3] 但杭斌（2015）的研究却显示家庭人情支出对消费既有促进效应又有挤出效应。[4] 拥有较强社会资本的农户更容易获得消费信贷，从而提升农户家庭消费，[5] 而互联网是积累社会资本的重要渠道，且青年人通过互联网积累社会资本对消费的促进作用最为明显。[6] 进一步地，提高农户社会资本能有效降低消费不平等，组织型社会资本对空巢型家庭和抚养型家庭存在影响，亲缘型社会资本对农户消费不平等的影响呈"驼峰状"。[7]

社会网络影响消费结构。社会资本有助于家庭地位提升以及家庭消费结构升级，而且社会资本促进家庭消费结构改善的效应在高收入家庭、城市居民家庭、中部和东部家庭中更加显著。在经济实力与社会地位提高的前提下，消费的示范效应与匹配效应会成为激励家庭进行改善性消费的内生动力。[8] 苏云飞（2017）也利用 CFPS 数据研究发现，家庭社会网络越大，社会资本越丰富，社会交流过程中的信息不对称程度就越明显，人们进行炫耀性消费（珠宝首饰、汽车和手机

---

[1] 黄茜. 社会网络对居民消费支出的影响 [D]. 长沙：湖南师范大学，2017.
[2] 刘鑫春. 社会网络对家庭平均消费倾向的影响研究 [J]. 商业经济研究，2019（16）：62-66.
[3] 韩雷，谷阳. 社会资本、信贷约束与居民消费升级——基于 CFPS 家户数据的经验分析 [J]. 消费经济，2019（4）：14-26.
[4] 杭斌. 人情支出与城镇居民家庭消费——基于地位寻求的实证分析 [J]. 统计研究，2015（4）：68-76.
[5] 温雪. 社会资本、消费信贷与农户家庭消费 [J]. 消费经济，2018（4）：60-65，33.
[6] 温雪，吴定伟，潘明清. 互联网、社会资本与农村居民消费 [J]. 消费经济，2019（4）：47-54.
[7] 杨晶，黄云. 人力资本、社会资本对农户消费不平等的影响 [J]. 华南农业大学学报（社会科学版），2019（4）：111-126.
[8] 秦海林，高铁玮. 社会资本、消费行为选择与消费升级——基于 CFPS（2019）的实证检验 [J]. 消费经济，2019（12）：70-82.

等可见耐用品消费)的需求就越大。① 顾江等(2019)以人口密度、移动电话普及率、互联网普及率、教育程度等作为社会网络的代理变量,从宏观层面考虑上述因素对社会网络资本形成从而对文化消费动机增强的影响。② 韩雷和谷阳(2019)的研究也发现,相比生存型消费,社会资本对发展型消费和享受型消费的影响更大,更能促进消费结构优化。③ 其中,发展型消费主要指教育培训支出,而享受型消费主要包括文化娱乐支出、旅游支出、家具耐用品支出、医疗支出、保健支出、美容支出,这些消费支出主要构成文化消费支出的内涵。

第三节 资本影响文化消费的作用机制

一、经济资本影响文化消费的作用机制

第一,收入是影响消费的重要因素。④ 在新古典经济学的理论框架下,商品或服务自身的价格、相关商品或服务的价格、收入、偏好等都是影响消费者对某种商品或服务需求数量的重要因素。收入对商品或服务需求的影响分正向和负向两种,分别对应于正常商品和低档商品两种情况,这是在微观经济学的视野下对于单个商品市场的考察。在宏观经济学的总体视角下,同样界定了收入对于消费支出的影响。根据约翰·凯恩斯的收入假说,当期收入是影响消费者当期消费决策的最重要因素;詹姆斯·杜森贝利(James S. Duesenberry)指出,消费者的消费行为会受到过去消费习惯和周围群体消费的影响,也就是所谓的"棘轮效应"和"示范效应";米尔顿·弗里德曼提出了永久收入决定消费支出水平的观点;弗兰科·莫迪利安尼(Franco Modigliani)则从生命周期的角度说明消费支出的决定。尽管文化消费可能存在区别于一般商品消费的特殊性,但是收入对于文化消费的正向影响具有一般性,一系列的实证研究也证实了这一点,⑤ 且城乡居民

---

① 苏云飞. 家庭禀赋对我国城乡居民炫耀性消费的影响研究 [D]. 西安:西北大学,2017:69.
② 顾江,陈广,贺达. 人口结构与社会网络对城市居民文化消费的影响——基于省际动态面板的GMM 实证分析 [J]. 福建论坛 (人文社会科学版),2016 (9):158 - 164.
③ 韩雷,谷阳. 社会资本、信贷约束与居民消费升级——基于 CFPS 家户数据的经验分析 [J]. 消费经济,2019 (4):14 - 26.
④ 鉴于相关研究普遍采用收入、财产等来度量经济资本,广义上财产也可列入收入的范畴,本节下列分析直接用收入替代经济资本。
⑤ 车树林,顾江. 收入和城市化对城镇居民文化消费的影响——来自首批 26 个国家文化消费试点城市的证据 [J]. 山东大学学报 (哲学社会科学版),2018 (1):84 - 91.

文化消费支出的收入弹性大于1,[①] 这与文化消费的特性有关。

第二,不同收入阶段的消费结构可能不同。一方面,人的需求满足存在层次性。马斯洛需求层次理论显示,人类的需求可分为生理需要、安全需要、情感需要、尊重需要和自我实现需要五个层次。其中,生理需要是人类为维持自身生存的基本需求,包括衣食住行等方面的需求;安全需要是人类为保障自身安全、避免职业病和摆脱财产威胁等产生的需求;情感需要包含亲情、友情、爱情等感情需要,同时还包含归属感;尊重需要是人们获得一定的声望地位,并得到社会广泛认可的需要;自我实现需要是完全发挥个人能力、实现自我的需要,是最高层次的需要。亚伯拉罕·马斯洛（Abraham H. Maslow）认为,五种需要按层次逐级递升,当某一层次的需要得到相对满足,人类需要就会向高层次发展,追求更高层次的需求满足。同一时期一个人可能有几种需要,但是总有一种需要占主导地位,从而决定人们的行为取向。不同的需要也对应不同的商品需求。一旦进入情感需要层级,对文化商品和服务的消费需求将逐渐上升。这也就意味着在不同的收入阶段,处于不同的需求层级,消费者的消费结构会有不同。另一方面,不同收入水平的家庭,消费支出比例不同。19世纪中期,德国统计学家恩斯特·恩格尔（Ernst Engel）在对比利时和英国萨克森等地区的家庭消费行为进行统计调查时发现,不同收入的家庭在各项消费支出上的比例不同。恩格尔把调查对象按照家庭收入高低分成三个阶层,分别是富裕家庭、中等家庭和普通劳工家庭,假设家庭收入全部用于消费,则不同家庭在不同消费项目上的支出比例如表5-1所示。可以发现：首先,伴随家庭收入增加,用于粮食食品方面支出的比重下降,这就是著名的"恩格尔定律"。其次,尽管家庭收入在增加,但是用于衣着、住宅和燃料方面的消费支出比例保持着相对的稳定。再次,家庭收入增加,文教卫生娱乐方面的费用比例显著上升,家庭收入越高,消费支出中用于文教、卫生、娱乐的比重就越高。

表5-1　　　　　　　　　　　恩格尔家庭消费定律　　　　　　　　　　单位：%

项目	粮食费	衣着费	住宅费	燃料费	文教卫生娱乐费
普通劳工家庭	62	16	12	5	5
中等家庭	55	18	12	5	10
富裕家庭	50	18	12	5	15

资料来源：笔者整理。

[①] 徐雪高,张振. 我国城乡居民文化消费的特征及趋势 [J]. 经济纵横, 2014 (10): 35-38.

可见，不论是基于亚伯拉罕·马斯洛的需求层次理论还是基于恩斯特·恩格尔的家庭消费定律，随着家庭收入水平的提高，家庭的消费结构会发生改变，家庭支出中文化消费支出比重会上升。

第三，文化消费支出的"收入效应"和"替代效应"。不论是历史长河里留存下来的统计数据还是当前各种样本层面的实证研究，似乎都证实了收入对文化消费支出的正向影响。但是如果把研究的触角从外面深入到内部，可能能够发现更加丰富的多样化的影响路径，其中至少可能包含"收入效应"和"替代效应"两种。一方面，收入效应体现得非常直接，消费者收入水平增加，购买能力增强，总的消费支出增加，作为其中一部分的文化消费支出也显著增加。收入水平增加的过程同时也伴随着消费升级，消费结构因此有了很大转变，满足精神需求的文化消费支出显著增加。另一方面，替代效应的影响主要表现为劳动时间和闲暇时间的比例失衡。如果消费者主要以劳动要素投入作为获得收入的主要来源，那么收入越高，意味着劳动时间投入越多；劳动时间越多，则闲暇时间越少。很多类型的文化消费服务需要以时间投入作为支撑，比如看一部电影、听一场音乐会以及来一场说走就走的旅行等都需要闲暇时间的保证，而现代都市人繁忙的工作节奏、"996"的超长工作时间确实带来了可观的收入，但也挤压了文化消费时间以及相应的文化消费支出。"小镇青年"这个群体在文化消费领域的亮眼表现则恰恰说明了文化消费同时需要收入和时间的土壤，"小长假""周末两天半"休息制等都是为增加居民的闲暇时间，以增加消费需求，拉动内需，促进经济增长。经济资本究竟对文化消费支出产生正向还是负向影响，取决于"收入效应"和"替代效应"的对比，如果"收入效应"大于"替代效应"，则经济资本对文化消费支出产生正向影响；如果"收入效应"小于"替代效应"，则经济资本对文化消费支出产生负向影响。当然这可能与区域经济发达程度、消费者所处的生命周期阶段等都有一定的关系。

二、文化资本影响文化消费的作用机制

（一）文化资本积累

文化资本积累首先表现为文化能力的积累。文化消费能力可通过家庭熏陶自然获得，也可以通过教育后天培养，还能通过文化消费过程和各种文化参与活动获得。[1] 家庭对文化资本积累的影响主要体现在两个方面：一是父母遗传给子女

---

[1] Bourdieu, P. The Forms of Capital. New York: Handbook of Theory and Research for the Sociology of Education [R]. 1986: 241-258.

某一方面的天赋,例如父母都是音乐人,小孩也遗传有音乐方面的基因,乐感明显高于平均水平;二是家庭文化活动形成的文化氛围对子女潜移默化的影响。来自学校的基础教育和提升性教育,或是在戏剧学院、美术学院等专业院校接受的各种专门性教育,都能积累文化资本。此外,业余艺术培训、社会培训以及参加的各种社会文化活动、自身的文化消费经历等都是文化资本积累的渠道。不同形式的文化能力积累伴随个体发展,贯穿人生不同阶段,例如家庭对文化能力的影响更多集中在童年,教育集中影响个体的青年阶段,文化消费活动贯穿人的一生。文化资本积累是一个动态过程,文化资本持有者通过自身的实践活动实现资本的增殖,但文化资本积累程度与个体的基础文化能力如智力天赋、记忆力和理解力等有很强的关联性。

文化资本积累还表现为文化资源的积累。戴维·思罗斯比(2005)认为,人类是通过文化的可持续性完成文化资本积累的,[1] 这种持续性建立在文化资源不断被创造的基础之上。这些文化资源(不论有形或无形)从祖先继承而来,经过创造增加价值,传递给下一代人,实现文化资本存量的不断增加。当然,文化资本也有折旧,但是只要新增加的投资超过折旧部分,就会使得下一期的文化资本存量增加,从而实现文化资本的积累。消费需求是根本性需求,文化消费是推动文化资本积累的强大动力。异质性的文化需求呼唤多样化的文化供给,为满足人们的精神文化需求,包括书籍、音乐、戏剧作品等在内的各式各类的文化作品被创造出来。为满足深化的文化需求,文化内容与科技手段密切结合,以全新的形式呈现出来,极大丰富了文化资本的内涵。

(二)文化资本会增加文化消费需求数量

与传统商品将价格(包括相关商品的价格)、收入、偏好、预期价格等因素视为影响需求的重要变量相比,文化商品或服务消费的独特性在于其更加强调文化能力的支撑作用,文化能力的增强会增加文化商品或服务消费数量。消费者文化能力的积累源于家庭影响、学校教育和后期的文化消费活动,个体的文化能力积累过程往往也伴随着文化消费活动。但文化能力的高低难以用一个指标准确度量,因而教育通常被作为代理变量加入实证检验之中,结论也往往证实了文化资本对文化消费需求的显著积极影响。S. C. 迪尼兹和 A. F. 马查多(S. C. Diniz & A. F. Machado,2011)以巴西九个主要大城市和联邦区域为研究对象,分析发现,家庭文化艺术支出取决于社会经济、教育和消费者人口学因素。教育对个人

---

[1] Throsby C D. On the Sustainability of Cultural Capital [R]. Sydney: Macquarie University, Department of Economics, 2005.

获得和处理信息能力的提升很有裨益，父母的教育、正规教育或在正规教育之外的艺术、文化训练等都会影响文化艺术品消费，甚至这种教育的影响比正规教育还强。① 陈劲（2015）认为，文化资本对文化消费支出存在主导性的作用和影响，"当前我国居民收入水平不断提高但文化消费增长依然乏力的状况，正是由于国民文化教育水平不高、文化资本普遍较低所造成的"。② 文化消费会形成习惯，前期的文化消费会促进后期的文化消费，③ 甚至还可能出现文化消费的"理性上瘾"，在表演艺术（歌剧、古典音乐、爵士、古典和现代舞蹈等）和严肃戏剧、电影等领域的"理性上瘾"现象④就是文化资本促进文化消费增加的结果。

文化资源丰裕程度也能促进文化消费。⑤ 文化消费需求的满足以多样化、个性化的文化商品和服务为前提，丰富的文化商品和服务为文化消费提供广阔的选择空间。消费者从事文化消费活动时，消费的并非文化商品本身，而是透过该载体传递出来的文化内容和文化内涵，但所有的文化内容都必须通过一定的形式或载体呈现出来，而且通过不同方式、不同载体传递或传播的同一文化内容对于消费者而言可能是有差异的，这推动了文化商品形式的层出不穷。这些文化商品和服务表现为文化资本的客观形式，构成文化消费的基础。文化商品、文化艺术作品等文化资源限定了文化消费的选择范畴，可理解成文化商品或服务的供给。一般而言，文化资源越丰富，文化消费需求越多。首先，文化供给越多，消费者可以选择的文化商品或文化服务形式就越丰富，直接增加文化消费需求；文化供给越多，对文化产品市场价格冲击越大，间接影响居民的文化消费需求。其次，文化资本积累能形成良好的文化氛围，促进文化消费需求产生。根据芝加哥学派的"场景"理论，文化设施及外在环境中所蕴含的文化气质与文化人才培养之间具有内在的关联性，⑥ 可见，个人效用受其所消费的文化商品或服务以及文化氛围、文化环境的积极影响。文化资本的积累和文化氛围的形成产生外部性，除带给周围人愉悦享受，还能产生包括犯罪减少、社会和谐、创新能力增强等在内的强烈

---

① Diniz S C, Machado A F. Analysis of the Consumption of Artistic-cultural Goods and Services in Brazil [J]. Journal of Cultural Economics, 2011, 35 (1): 1 – 18.

② 陈劲. 城市居民文化消费结构及其资本积累：重庆例证 [J]. 改革, 2015 (7): 110 – 119.

③ 高莉莉, 顾江. 能力、习惯与城镇居民文化消费支出 [J]. 软科学, 2014 (12): 23 – 26.

④ Throsby D. The Production and Consumption of the Arts: A View of Cultural Economics [J]. Journal of Economic Literature, 1994, 32 (1): 1 – 29.

⑤ 文化资源主要是从文化产品和服务供给、文化氛围等层面间接影响文化消费，基于此，课题重点从文化能力角度研究文化资本对文化消费的影响。

⑥ 徐晓林, 赵铁, [美] 特里·克拉克. 场景理论：区域发展文化动力的探索及启示 [J]. 国外社会科学, 2012 (3): 101 – 106.

的社会效应。可以说，文化资源的多寡和可得性决定了文化氛围的强弱和文化消费的数量高低。

（三）文化资本会提升文化消费质量

文化资本不仅对文化消费数量增加产生影响，对文化消费的质量提升也存在不可忽视的作用。文化产业独特的"符号性"需要一定的文化能力做基础。只有具备了相应的文化能力，才能对文化内容进行"解码"，从而深入理解文化内涵，提高文化消费的质量。

一方面，文化产业的"符号性"要求相应的文化能力做支撑。美籍语言学家罗曼·雅各布森（Roman Jakobson）认为"每一个信息都是由符号构成的"，文化创意产业领域尤其如此。文化创意成果通过一个个的形象符号承载传播，因而文化产业甚至被称为"符号产业"。符号存在明显的差异性特征，"不同地域、语言、文化和社会身份的个体和群体都有其自己的符号系统"，[①] 符号也可以通过各种形式表现出来——或外显或内隐的形式，甚至随着社会的发展，符号的内容也会发生一定的变化，因而文化内容的消费需要一定的文化能力作为支撑。文化消费的产生有可能是"示范效应"或"攀比效应"的结果，如果消费是因为这种原因促成的，那么消费者能够从多大程度上理解文化内容是不确定的，文化消费质量也是难以保证的。但如果消费者拥有较好的文化素养，有艺术方面的专门熏陶或者受过良好的系统的教育，有更强的文化能力，则文化消费的质量显然会更高。

另一方面，较高的文化能力显著提高了文化内容的"解码"质量。按照斯图亚特·霍尔（Stuart Hall）的理论，文化内容产品的生产和消费实际上是一个"编码"和"解码"的过程。文化内容生产者按照一定的规则进行编码，受众或者说文化消费者按照一定的规则对符号进行解码。文化作品中所蕴含的社会历史信息或文化内涵都需要消费者具备一定的能力才能准确的识别和辨认，进而形成自己独特的认知。如果消费者受过良好的教育和专门的艺术训练，他们将能更好地领略文化商品或服务中传达的信息，或者说能更好地"解码"文化商品或服务。因而对于文化消费主体而言，文化资本积累意味着更高的文化品位、更强的解码能力以及更高质量的文化消费。然而，因为个体的差异和知识结构的差异，"编码者"和"解码者"之间也会出现符码不对称的情况。而且根据霍尔的研

---

① 安蓉. 基于知识转移理论的跨文化科学研究 [J]. 科技进步与对策，2009（10）：114-116.

究，受众对于媒介文化产品的解释与其社会地位和立场存在对应关系，① 这又与消费者的社会特征紧密相连，不同的社会阶层，文化品位不同，消费的文化产品或服务不同，选择的文化消费方式也存在差异。

三、社会资本影响文化消费的作用机制

社会网络是人与人之间形成的正式和非正式的社会联系，包括人与人之间直接形成的社会关系和通过物质文化共享形成的间接关系。② 社会网络与信任、社会规范同属于社会资本的范畴，是社会资本的重要维度。社会中的个体需要与他人建立必要的社会联系，并从构建的社会关系网络中获得某些资源。一般而言，社会网络关系越强，个体间信任度越高；社会网络规模越大，个体获取社会资本的机会越多。③ 社会网络会通过直接效应和间接效应两种渠道影响文化消费支出。

（一）直接效应

"人际关系的强度由时间、感情、亲密度以及互惠和承认义务决定"。互动频率、感情力量、亲密程度、互惠交换是 M. 格兰诺维特（M. Granovetter，1973）提出来的测量关系强度的四个维度，基于此，社会资本在关系结构上被分为强关系和弱关系两类，一般而言，互动频率高、感情较深、关系密切、互惠交换多的即为强关系，否则，为弱关系。一个比较直观的判断方法是观察朋友圈子的重叠程度，两个人关系越强，朋友圈重叠程度越高。④ 按照上述标准，强关系最有可能产生于个人与核心家庭成员、挚友、工作搭档、事业合作伙伴和主要客户之间，表现为在生活和工作中有比较多的互动机会。弱关系则主要产生于联系比较少的邻居、同事和客户等之间，交流和接触比较少，联系比较弱。强关系和弱关系是可以转换的，曾经的强关系也可能因为沟通交流的机会减少而转变成弱关系。

社会网络的扩大，伴随而来的往往是文化消费支出的直接增加。首先，处于强关系网络中联系交流必然较多，为强关系网络中的家人朋友的文化消费支出增加，会带来家庭总体文化消费支出的增加。研究显示，相较于生存型消费（食品支出、邮电通信费、本地交通费、衣着消费），社会网络的扩大对发展型消费

---

① 与观众在解读电视讯息时的三种立场，即主导－霸权立场、协商立场和对抗立场相对应，存在对于信息的三种不同解读方式："优势解读""协商解读"和"对抗解读"。
② 黄倩. 社会网络与家庭金融资产选择 [D]. 成都：西南财经大学，2014.
③ 李文龙，林海英，金桩. 社会资本可利用度及其影响因素研究——来自内蒙古农牧民的经验发现 [J]. 经济研究，2019（12）：134 – 149.
④ Granovetter M. The Strength of Weak Ties [J]. American Journal of Sociology, 1973（6）：1360 – 1380.

（教育培训支出）和享受型消费（文化娱乐支出、旅游支出、家具耐用品支出、医疗支出、保健支出、美容支出）的影响更大。① 其次，社会网络越大，人际交往活动越多，消费支出越多。伴随着消费升级，越来越多的人际交往是通过看电影、剧本杀、结伴旅游等类似的文化消费活动来实现的，因而文化消费支出也就越多。

（二）间接效应

1. 社会网络会影响人们的消费观念和消费行为，进而影响文化消费支出

杜森贝利的相对收入假说认为，消费者的消费水平会受周围消费水准以及自己过去消费习惯的影响，因而消费是相对地决定的，这主要体现在示范效应、棘轮效应和炫耀效应等方面。

第一，个人或家庭的消费会受其所在群体消费示范效应的影响。社会网络是社会个体成员之间互动形成的相对稳定的关系体系，它强调人与人之间的互动、联系和相互影响。人作为社会成员不能孤立存在，必然和周围的个体产生联系，人也正是通过不断模仿和学习，来掌握社会生存法则，调整自身行为。通常，关系比较紧密的同龄人更容易影响我们的行为，"近朱者赤，近墨者黑"强调的就是身边人对我们的巨大影响，② 处于社会网络中的消费行为也不可避免会受到周围人的影响。消费者基于攀比心理或者提升自身社会地位的想法会增加消费支出，这种消费支出与收入处于并不相称的较高水平。在消费升级的背景下，消费的示范效应不仅体现在消费支出总量上，更体现在消费结构调整上。③ 随收入的增加和社会地位的提高，个人或家庭对教育、文化、娱乐等发展型和享受型消费的需求与日俱增，这些需求很大程度上来自彰显身份地位的强烈渴望。狄德罗效应表明，当个人或家庭实现地位跃升之后，新的阶级地位会促使其改变生活消费习惯，使之与新的阶级地位相匹配。可见，社会资本有助于提升个人或家庭的社会地位，并在示范效应与狄德罗效应的作用下生成促进消费升级的内生动力。④

第二，当消费者因为社会网络的扩大提高了自身的文化消费水平之后，这种

---

① 韩雷，谷阳. 社会资本、信贷约束与居民消费升级——基于 CFPS 家户数据的经验分析 [J]. 消费经济，2019（4）：14-26.
② 李扬. 中国家庭微观消费结构及特征研究 [D]. 北京：对外经济贸易大学，2019：160.
③ 易行健，吴庆源，杨碧云. 收入差距与消费行为的城乡示范效应——基于我国省际面板数据的实证研究 [J]. 上海财经大学学报，2012（6）：53-59.
④ 秦海林，高轶玮. 社会资本、消费行为选择与消费升级——基于 CFPS（2019）的实证检验 [J]. 消费经济，2019（12）：70-82.

高位上的文化消费水平会产生一定的惯性。一旦形成消费习惯，降低消费水平就有一定的难度，即使有降低消费水平的因素存在，消费者也不会同比例于相关因素的下降而下降，而是会维持在相对比较高的文化消费水平上，这就是消费的"棘轮效应"。

第三，炫耀性消费。如果说示范效应产生的消费是一种基于社会网络的求同性消费，那么炫耀性消费就是一种基于社会网络的求异性消费。文化消费商品通常具有一定的符号功能和价值传递功能，通过追求独特性、差异性的文化商品消费，彰显自我个性，感受被关注的满足。社会网络构成了炫耀性消费的场域，社会网络越大，感受关注的需求越强烈，炫耀性消费需求可能就越多。

2. 社会网络会帮助人们获得更多的消费信息，进而影响文化消费支出

文化消费中最普遍的传递方式就是"告诉我的好朋友"或"推荐给我的同事"等，社会网络的传播与扩散是文化消费数量不断增长、范围持续扩大的最有效途径之一。[①] 如前所述，社会关系分成强关系和弱关系两种。以现实中的人际关系作为主线，把人与人串联起来，形成一个社会网络，建立起来的是熟人的强联系。强关系的社会网络成员之间的朋友圈层重叠程度比较高，信息的同质性比较强，信息传递更加具有针对性，从这种社会关系中获得的信息往往更加便捷、准确，大大地节约了信息搜寻的成本，社会网络成员之间的相互信任，也有助于将这种信息迅速转化成消费支出。

信息技术的发展推动社交媒体成为人们获取和交流信息的重要途径，使用社交媒体能够显著增加桥接型社会资本，[②] 有助于社会网络的拓展和社会资本的积累。[③] 脸书（Facebook）、推特（Twitter）和微博等社交网络可以让信息传递得更加快捷和广泛，也能以信息为媒介，将那些对特定信息有共同兴趣喜好的用户联系起来，逐渐形成一个特定的圈子，搭建一个新的社会化网络。社交网络的发展使信息成为弱联系存在的重要桥梁，弱关系的社会网络成员之间的朋友圈层重叠程度较低，信息异质性比较强。一方面，人们可以从弱关系中获得广泛的异质性信息，拓展自己的信息广度，扩大消费的选择集。数据显示，社交网络中意见领

---

① 李华香. 社会资本理论与文化产业发展的关联性研究 [J]. 山东师范大学学报（人文社会科学版），2013（4）：149 - 154.

② Ellison N. B, C Steinfidd, C Lampe. The Benefits of Facebook "Friends": Social Capital and College Students' Use of Online Social Network Sites [J]. Journal of Computer Mediated Communication, 2007 (4): 1143 - 1168.

③ Shu W, Chuang Y H. The Perceived Benefits of Six-degree-separation Social Networks [J]. Internet Research, 2011 (1): 26 - 45.

袖（KOL）对消费支出的带动性作用尤为明显；另一方面，消费中也存在学习效应。学习效应分为观察学习和社会学习，观察学习是通过观察社会网络中其他个体的消费行为，间接地对消费品质量进行判断；社会学习则是社会网络中个体之间对消费品的质量信息进行直接的交流与学习。例如，驱动电影首映周非预期票房产生跨期溢出效应的主要机制就在于社会学习，社会学习是影响产品消费的重要驱动机制，尤其对高质量产品而言，消费者之间顺畅及时的信息沟通与交流能够显著刺激消费增长。① 而这种消费者之间的沟通与交流均通过社会网络而产生，可见，社交网络中信息的扩散、交流以及学习都会带来文化消费支出的增加。

3. 社会网络通过各种途径影响居民收入水平，进而影响文化消费支出

一方面，消费者可以通过获得更好的就业机会，增加收入进而影响文化消费支出。劳动者如果拥有更强大的社会网络，有更多的社会资源，就可以通过"家人联系""亲友介绍"等社会关系获得工作机会，在劳动力市场竞争中就更加具有优势。② 研究也显示，社会资本代理变量（父代受教育程度、家庭消费支出、高水平社会网络）、人力资本投资与子代收入之间呈现显著的正相关关系；③ 另一方面，社会资本通过发挥社会支持、声誉及信任、风险分担的功能，帮助个体获得更多信息资源，减少信贷约束和增加融资渠道，从而起到稳定收入、平滑消费的作用。针对贫困户而言，还能改善其在社会经济活动中的地位，实现精准脱贫。④ 社会网络在影响居民的收入水平的同时间接影响文化消费支出。

---

① 方娴，金刚. 社会学习与消费升级——来自中国电影市场的经验证据［J］. 中国工业经济，2020（1）：43-61.
② 马草原，王东阳，程茂勇. 家庭背景与就业机会——父母的职位特征如何介入了子女在首要部门的就业竞争？［J］. 南开经济研究，2018（6）：149-169.
③ 李绅颖. 社会资本与代际收入流动的实证研究［D］. 湘潭：湘潭大学，2017：57.
④ 杨均华，刘璨. 精准扶贫背景下农户脱贫的决定因素与反贫困策略［J］. 数量经济技术经济研究，2019（7）：3-21.

第六章 资本影响文化消费决策：微观证据

第一节 模型设定及变量说明

一、研究方法

本章研究的被解释变量为有序选择变量，取值 1~n 分别对应不同的文化消费水平，数值越大代表文化消费水平越高。考虑到被解释变量的特殊形式，本章借助多元有序 Logit 模型来分析问题。

多元有序 Logit 模型通常以潜变量的形式出现。假设：

$$Y_i^* = X_i\beta + \varepsilon_i (i=1, \cdots, n) \tag{6-1}$$

式（6-1）中，Y_i^* 为不可观测的潜变量，反映了被调查者未来的文化消费意愿；X_i 为模型中的解释变量向量组，决定了 Y_i^* 的条件均值；ε_i 是随机扰动项，服从逻辑分布。

如果回归模型中被解释变量的预测值有 J 种类型（$1, 2, \cdots, J$），则可将潜变量和被解释变量之间的选择规则表示为：

$$Y = \begin{cases} 1, & Y^* \leq r_1 \\ 2, & r_1 < Y^* \leq r_2 \\ \cdots \\ J, & r_{J-1} \leq Y^* \end{cases} \tag{6-2}$$

式（6-2）中，r_j 是"切割点"，共有 $J-1$ 个值，其中 $r_1 < r_2 < \cdots < r_{J-1}$。因此，$1, 2, \cdots, J-1$ 就将 Y^* 的取值分成了 J 组。模型的数学形式表示如下：

$$p = P(Y \leq s | X) = 1 - P(Y > s | X) = \frac{\exp(X_i'\beta)}{1+\exp(X_i'\beta)}(s=1, 2, \cdots, J-1)$$

$$\tag{6-3}$$

式（6-3）中，P 是不同水平文化消费的累计条件概率，X 是解释变量向量组，β 是待估计参数。

二、变量选择及度量

（一）被解释变量

文化消费用文化消费支出（$whxfbz$）来表示，参照朱伟（2012）的做法，以文化消费支出比重（月均文化消费支出/月均消费支出）这个等级分类变量来度量文化消费情况，[①] 以"每月支出中文化消费支出的比重"一题来间接度量文化消费水平，该题选项用数字 1~7 分别代表"几乎没有""5%及以下""6%~10%""11%~20%""21%~30%""31%~50%"以及"50%以上"七种水平的值。

（二）核心解释变量

1. 经济资本

关于经济资本的度量有以下两个层面：一是以实际家庭收入（$jtsr$）度量，选择上一年度家庭收入作为度量指标，该数据来源于对问题"您家去年的收入状况"的回答，以数字 1~6 分别代表"5万元以下""5万~10万元""10万~15万元""15万~20万元""20万~30万元""30万元以上"六种不同等级的收入水平；二是以"对家庭经济状况或家庭经济水平的主观认知"（$jjzk$）来度量，该数据来源于问卷中"您家的经济状况在当地属于"一题，以数字 1~5 分别代表"最差""中等偏下""中等""中等偏上""最好"五种等级的情况。但是，由于被调查主体对于自身家庭地位的认知具有很强的主观性，所以，实际家庭收入与家庭经济地位认知这两个层面的数据可能并不一致。

2. 文化资本

文化资本的形成途径主要有以下三个：一是家庭的熏陶；二是来自各级各类的教育和培训；三是源于文化消费过程的积累。因而，本章相对应地选择了父母学历（$fmxl$）来代表家庭文化资本，度量家庭氛围对个体的熏陶和影响；以本人学历（xl）度量个人文化资本的积累；以对"是否参加过文化艺术方面的教育或培训"（$wypx$）问题的回答作为文化消费过程中文化资本积累的代理变量。其中，学历为有序分类变量，1~8 分别对应"不适用""小学""初中""高中/中专/技校/职高""大专""本科""硕士""博士及以上"。"是否参加过文化艺

[①] 朱伟. 大学生文化消费现状及影响因素分析［J］. 统计与决策，2012（17）：115-118.

方面的教育或培训"（wypx）是取值为 0 和 1 的二元变量。

3. 社会资本

社会网络、信任和规范同属于社会资本的研究范畴。其中，社会网络是个人或团体所拥有的亲戚、朋友、同事、邻居或伙伴等构成的社会关系网络，包含了信任、互惠和规范等。[1] 社会资本是一个难以观测和度量的变量，因为"人情""随礼"等是中国居民进行人际交往和维持社会关系的重要途径，因而，国内很多研究选择了"礼金支出"作为社会资本的代理变量。[2] 有些研究以家庭的社会网络来表征，例如，家庭是否有在城市生活的亲戚，是否是某组织的成员等。[3][4] 社会资本是人们获得信息的渠道，[5] 通过信息共享和沟通交流，人们可以及时地获得最新的信息，从而对思维方式、生活理念及消费行为等产生影响。在互联网成为人们获取信息主要渠道的背景下，严成樑（2012）选择用互联网使用频率以及电话使用频率来度量社会资本水平。[6] 宏观层面上，人构成区域社会网络的基础，因而有研究以人口密度衡量地区内人际交往密集程度，[7] 进而度量社会资本水平的高低。借鉴上述研究，选择调查问卷中"您是本地人吗"（local）来度量社交网络的大小；选择以"您与您的亲戚朋友往来频繁吗"（sjwl）一题来度量社交密度以及作为信息交流渠道的畅通度和频繁度，其中，数值 1~5 分别对应"非常不频繁""不频繁""一般""比较频繁""非常频繁"五个层次的水平；以对"您周边朋友或邻居的文化消费行为是否会对您产生影响"一题的回答来度量消费过程中存在的"示范效应"，数值 1~5 分别对应"没有影响""有一点影响""一般""有较大影响"和"有很大影响"五种影响水平。

（三）控制变量

控制变量主要包括以下三个方面：一是个人社会学特征，例如，性别（xb）、

---

[1] 吴建伟. 社会网络资本与空间经济性研究——基于中国 283 座城市数据的实证研究 [J]. 财经科学，2014（9）：69-77.

[2] 殷俊，刘一伟. 互联网使用对农户贫困的影响及其机制分析 [J]. 中南财经政法大学学报，2018（2）：146-156.

[3] 韩雷，谷阳. 社会资本、信贷约束与居民消费升级——基于 CFPS 家户数据的经验分析 [J]. 消费经济，2019（4）：14-26.

[4] 谢沁怡. 人力资本与社会资本：谁更能缓解贫困？[J]. 上海经济研究，2017（5）：51-60.

[5] Ishise H, Y Sawada. Aggregate Returns to Social Capital: Estimates Based on the Augmented Augmented - Solow Model [J]. Journal of Macroeconomics, 2009 (31): 376-393.

[6] 严成樑. 社会资本、创新与长期经济增长 [J]. 经济研究，2012（11）：48-60.

[7] 陈斌开，陈思宇. 流动的社会资本——传统宗族文化是否影响移民就业？[J]. 经济研究，2018（3）：35-49.

年龄（nl）、婚姻状况（mar）、家庭规模（rk）、城乡（cx）等，其中，性别为 0~1 二元取值；年龄以数字 1~6 分别代表"18 岁以下""19~25 岁""26~35 岁""36~45 岁""46~60 岁"和"60 岁以上"；婚姻状况中 1 代表已婚，0 代表未婚；家庭规模以家庭常住人口计算；城乡以家庭来自城镇还是农村代表，1 = 城市，0 = 农村；二是对生活状态的认知，来源于对两个问题的回答，"您对现在的生活满意吗"（$shmyd$）和"您对自己的未来有信心吗"（$wlxx$），二者均用 1~5 的数值代表对生活的满意程度认知和对于未来的信心程度；三是对文化供给状况的看法，主要来自对于问题"文化产品种类是否丰富多样"（$ffcd$）一题的回答，同样以数字 1~5 来做程度的区分。

三、变量的描述性统计

表 6-1 给出了样本文化消费及影响因素的基本特征，数据来源于调查问卷。文化消费支出有 1~7 个数字分别代表七种程度的文化消费支出水平，但均值显示为 3.001，频数分析也显示目前有 34.5% 的样本选择了 6%~10% 的水平，32.3% 的样本选择了 5% 及以下的文化消费水平，可见文化消费支出在家庭支出中的占比还比较低。与文化消费支出水平的相对较低形成鲜明对比的是，样本的文化消费意愿很强，最高值为 5，均值达到 3.886。但文化消费意愿是一个相当主观的概念，有可能样本本身文化消费水平已经很高了，但仍然愿意在未来有更多的文化消费支出；也有可能样本本身文化消费水平不高，希望在未来条件改善后能增加文化消费支出，所以，文化消费意愿与文化消费水平并没有直接的关联。

表 6-1　　　　　　　　　　变量定义及描述性统计

维度	变量名称	变量赋值及说明	均值	标准差	最小值	最大值
文化消费	文化消费支出	1 = 几乎没有；2 = 5% 及以下；3 = 6%~10%；4 = 11%~20%；5 = 21%~30%；6 = 31%~50%；7 = 50% 以上	3.001	1.202	1	7
经济资本	家庭收入	1 = 5 万元以下；2 = 5 万~10 万元；3 = 10 万~15 万元；4 = 15 万~20 万元；5 = 20 万~30 万元；6 = 30 万元以上	3.226	1.395	1	6
经济资本	家庭经济地位	1 = 最差；2 = 中等偏下；3 = 中等；4 = 中等偏上；5 = 最好	2.854	0.668	1	5

续表

维度	变量名称		变量赋值及说明	均值	标准差	最小值	最大值
文化资本	家庭	父亲学历	1＝不适用；2＝小学；3＝初中；4＝高中/中专/技校/职高；5＝大专；6＝本科；7＝硕士；8＝博士及以上	3.740	1.345	1	8
		母亲学历	1＝不适用；2＝小学；3＝初中；4＝高中/中专/技校/职高；5＝大专；6＝本科；7＝硕士；8＝博士及以上	3.296	1.346	1	8
	个体	本人学历	1＝不适用；2＝小学；3＝初中；4＝高中/中专/技校/职高；5＝大专；6＝本科；7＝硕士；8＝博士及以上	5.799	1.060	1	8
		文艺培训经历	1＝是；0＝否	0.313	0.464	0	1
社会资本		社会网络	1＝是；0＝否	0.689	0.463	0	1
		社交密度	1＝不频繁；2＝比较不频繁；3＝一般；4＝比较频繁；5＝非常频繁	3.634	0.835	1	5
		示范效应	1＝没有影响；2＝有一点影响；3＝一般；4＝有较大影响；5＝有很大影响	3.121	1.047	1	5
个体特征		性别	1＝男；0＝女	0.485	0.500	0	1
		年龄	1＝18岁以下；2＝19～25岁；3＝26～35岁；4＝36～45岁；5＝46～60岁；6＝60岁以上	3.102	0.905	1	6
		婚姻状况	1＝已婚；0＝未婚	0.638	0.481	0	1
		家庭规模	1＝1；2＝2；3＝3；4＝4；5＝5；6＝6；7＝7；8＝其他	3.510	1.152	1	8
		城乡类型	1＝城市；0＝农村	0.680	0.467	0	1
生活认知		生活满意度	1＝不满意；2＝不太满意；3＝一般；4＝比较满意；5＝非常满意	3.646	0.898	1	5
		未来信心	1＝没有信心；2＝不太有信心；3＝一般；4＝比较有信心；5＝非常有信心	4.035	0.845	1	5
供给		产品丰富度	1＝不丰富；2＝不太丰富；3＝一般；4＝比较丰富；5＝非常丰富	3.499	1.010	1	5

资料来源：笔者根据调研数据整理得到。

在经济资本的两个代理变量上,家庭收入($jtsr$)与家庭经济地位($jjzk$)的关系与文化消费支出和文化消费意愿的关系类似。家庭收入是一个相对比较客观的收入衡量指标,取值 1~6 分别代表不同水平的家庭收入,数值越高家庭收入越高。该指标均值为 3.226,样本中该指标的最大频数在"10 万~15 万元",其次是"5 万~10 万元"。家庭经济地位源于个人对自身经济状况在当地所处水平的认知,可能具有一定的主观性,绝大多数的样本选择了"一般"这个选项。

按照文化资本的来源,选取的有四个代理变量,其中,父亲学历($fqxl$)、母亲学历($mqxl$)和被调查者本人的学历(xl)的变量赋值是一样的,分别用 1~8 的数字代表不同的学历水平,数字越高学历水平越高。从均值可以看出,子辈的受教育水平(为 5.799)明显高于父辈,父辈中的学历水平还存在性别差异,父亲的学历水平均值(为 3.74)又明显高于母亲的学历均值(为 3.299)。在全体样本中,取值为 1 代表接受过文化艺术培训,拥有文艺培训经历的个体还是占少数,均值仅为 0.313。

社会资本中包括社会网络、社交密度和示范效应三个方面。其中,本地人($local$)的比重较高,占绝大多数。样本的社交密度普遍较高,均值为 3.634,大多数人认为自己跟周边的亲戚和朋友联系的比较频繁和密切。在"示范效应"方面,均值为 3.121,说明居民在进行文化消费时一般都会受到来自周边亲戚、朋友的影响。

在接受问卷调查的样本中,男性在样本总体中占 48.5%,已婚样本占 63.8%,年龄均值为 3.102,26~35 岁的样本为多数,19~45 岁的样本占 90% 以上。样本中"三口之家"为最典型的家庭模式,二胎政策的推动下"四口之家"也是比较常见的模式。对于生活状态和文化供给状况的认知都是采用 1~5 的数字评分的形式,样本的生活满意度均值为 3.646,但是对未来信心的均值为 4.035,可见被调查样本整体比较乐观,对未来充满期待和信心。产品丰富程度均值为 3.499,整体评价较高。

第二节 实证结果分析

一、经济资本对文化消费的影响效应

以文化消费水平作为被解释变量,以经济资本作为主要解释变量构建回归模

型。其中，经济资本包括家庭收入（$jtsr$）和家庭经济地位认知（$jjzk$）两个变量，分别是对于经济资本的客观度量和主观认知。控制变量包括个人特征、认知变量和文化供给特征等方面，其中个人特征包括性别（xb）、年龄（nl）、婚姻状况（mar）等；个人认知方面的变量包括生活满意度（$shmyd$）、未来信心（$wlxx$）；文化供给以文化产品丰富程度（$ffcd$）来代表。

表6-2的回归结果显示，以"月消费中文化消费支出比重"作为文化消费水平的代理变量，在不考虑其他因素时，家庭收入（$jtsr$）和经济地位（$jjzk$）对文化消费水平均存在显著正向影响，意味着家庭收入水平越高，家庭经济状况在当地处于越好的状态，则文化消费支出水平高的概率越大。加上个体特征作为控制变量之后，经济地位认知对文化消费支出的影响不再显著，但是家庭收入的影响始终显著为正，控制变量中未来信心成为影响文化消费水平的最强因素，即对未来越有信心，越愿意增加文化消费支出，这可能与文化消费满足精神性需求的特性有关。加入文化供给的控制变量之后，与理论和预期一致的是，文化产品或服务供给越丰富，则消费者越会倾向于增加文化消费支出，这为进行供给侧结构性改革、丰富文化产品或服务供给提供了思路。

表6-2 经济资本对文化消费水平的影响效应

变量	模型一	模型二	模型三	模型四
经济地位	0.169* (0.095)	0.159 (0.100)	0.121 (0.105)	0.113 (0.105)
家庭收入	0.213*** (0.045)	0.207*** (0.049)	0.195*** (0.049)	0.181*** (0.051)
性别	—	0.079 (0.116)	0.082 (0.116)	0.089 (0.116)
年龄	—	-0.154* (0.086)	-0.135 (0.086)	-0.126 (0.086)
婚姻状况	—	0.116 (0.152)	0.074 (0.153)	0.078 (0.154)
家庭规模	—	0.052 (0.055)	0.043 (0.055)	0.041 (0.056)
城乡类型	—	0.140 (0.139)	0.139 (0.139)	0.118 (0.141)

续表

变量	模型一	模型二	模型三	模型四
生活满意度	—	—	-0.037 (0.083)	-0.045 (0.082)
未来信心	—	—	0.223*** (0.082)	0.203** (0.083)
文化供给	—	—	—	0.120* (0.062)
观测值	1013	1013	1013	1013

注：括号内为稳健标准误；***、**、*分别表示在1%、5%、10%的水平上显著。
资料来源：笔者整理。

二、文化资本对文化消费的影响效应

以文化消费水平作为被解释变量，以文化资本作为主要解释变量，并添加控制变量进行回归。根据文化资本的来源，将其分为家庭文化资本、自身的文化资本和文化艺术培训，以被调查者父母学历（$fmxl$）度量家庭文化资本，以被调查者的学历（xl）度量自身文化资本，以被调查者是否接受过文化艺术方面的教育或培训（$wypx$）度量文艺培训，以上述指标作为文化资本各层面的代理变量。同样以个人特征、个人认知和文化供给特征作为主要控制变量，回归结果见表6-3。

表6-3　　　　　　　文化资本对文化消费支出的影响效应

变量	模型一	模型二	模型三	模型四	模型五
父母学历	0.174*** (0.049)	0.178*** (0.054)	0.174*** (0.054)	0.163*** (0.054)	—
父亲学历	—	—	—	—	-0.031 (0.074)
母亲学历	—	—	—	—	0.194** (0.076)
自身学历	0.220*** (0.064)	0.227*** (0.065)	0.211*** (0.066)	0.208*** (0.066)	0.218*** (0.066)
文艺培训	0.679*** (0.122)	0.681*** (0.124)	0.660*** (0.124)	0.646*** (0.124)	0.636*** (0.124)

续表

变量	模型一	模型二	模型三	模型四	模型五
性别	—	0.154 (0.117)	0.152 (0.118)	0.153 (0.117)	0.151 (0.117)
年龄	—	-0.005 (0.087)	0.005 (0.087)	0.007 (0.088)	0.019 (0.088)
婚姻状况	—	0.184 (0.152)	0.130 (0.153)	0.128 (0.153)	0.113 (0.154)
家庭规模	—	0.077 (0.055)	0.064 (0.055)	0.062 (0.055)	0.066 (0.056)
城乡类型	—	0.063 (0.143)	0.058 (0.143)	0.045 (0.144)	0.042 (0.143)
生活满意度	—	—	0.033 (0.082)	0.025 (0.082)	0.019 (0.082)
未来信心	—	—	0.179** (0.083)	0.163* (0.084)	0.167** (0.084)
文化供给	—	—	—	0.089 (0.064)	0.087 (0.064)
观测值	1013	1013	1013	1013	1013

注：括号内为稳健标准误；***、**、*分别表示在1%、5%、10%的水平上显著。
资料来源：笔者整理。

代表家庭文化资本的父母学历（$fmxl$）、代表自身文化资本的学历（xl）以及艺术培训经历（$wypx$）都对文化消费支出存在显著正向影响，说明父母受教育水平越高，自身的学历越高，受过专业的文艺培训，则越有可能增加文化消费支出。其中，自身文化资本的影响显著强于来自家庭文化资本的影响，这意味着，虽然家庭对自身的文化消费决策存在影响，但是更重要的是自身文化资本的影响。文艺培训经历的系数值最大，这表明相对于一般的学历教育和家庭影响而言，专业性的文化艺术培训或教育经历对文化消费支出的影响更大，这可能与文艺培训或教育费用高昂的特点有关，要维持相应的教育或兴趣，同样需要比较高额的文化消费支出。

表6-3的模型二中加入了个人特征的控制变量，模型三中加入了生活认知

的控制变量，模型四中加入文化供给的控制变量之后，家庭文化资本、个体文化资本和艺术培训经历对文化消费支出的影响依然显著。模型五把家庭文化资本的代理变量"父母学历"拆分为"父亲学历"和"母亲学历"之后，发现主要是"母亲学历"对文化消费支出起正向显著的主导作用，这可能与中国家庭的父母角色分工有一定的关系，家庭中母亲对子女的教育起到了重要的作用，对子女价值观、消费观念和消费结构的形成都具有更大的影响。

三、社会资本对文化消费的影响效应

以对"是否本地人"（$local$）、"您与您的亲戚、朋友往来频繁吗"（$sjwl$）和"您周边的朋友或邻居的文化消费行为是否会对您产生影响"（$zbyx$）等问题的回答来度量社会资本。

以"是否为本地人"作为社交网络的代理变量。一般来说，如果被调查者是本地人，则在本地有更多的亲戚、同学和朋友，这意味着更丰富的社会网络关系，以社会网络为基础的文化消费支出应该更多，文化消费意愿应该也会更强。但从表6-4可以看出，相对于外地人，本地人有更低的文化消费支出均值。

表6-4　　　　　　　文化消费支出与社交网络变量的描述性统计

问题	取值	均值	标准差	最小值	最大值
是否本地人（$local$）	0=否	3.012	1.279	1	7
	1=是	2.996	1.167	1	7

资料来源：笔者整理。

社会资本的另外一个核心代理变量是社交密度（$sjwl$），通过"您与您的亲戚、朋友往来频繁吗"的问题得到，由数字1~5分别度量频繁的5个程度，其中，选择"比较频繁"的最多，占49.7%；选择"一般"的占31.79%；其他依次是"非常频繁""比较不频繁"和"不频繁"；由此可见，被调查者普遍认为自己和家人、朋友的联系比较密切。表6-5反映了对应不同的社交密度，文化消费支出的均值、标准差以及最大值、最小值，类似地，社交密度越高，被调查者与家人、朋友联系得越频繁，则文化消费支出的均值就越大。

表6-5 文化消费支出与社交密度变量描述性统计

项目	人数占比（%）	均值	标准差	最小值	最大值
1 = 不频繁	2.36	2.417	1.176	1	5
2 = 比较不频繁	4.63	2.468	0.974	1	5
3 = 一般	31.79	2.928	1.123	1	7
4 = 比较频繁	49.7	3.095	1.230	1	7
5 = 非常频繁	11.52	3.128	1.290	1	7

资料来源：笔者整理。

同时，选择对问题"您周边的朋友或邻居的文化消费行为是否会对您产生影响"的回答作为示范效应的代理变量。一般来说，如果周边亲友的文化消费行为对您有较大的影响，则认为他人的消费行为存在较强的示范效应。从表6-6可以发现，他人消费行为对个人影响越大，示范效应越大，则文化消费支出的均值就越大，可见二者之间存在一定的正向相关性。同时，示范效应与文化消费支出也通过了相关系数检验，在5%的水平上显著。

表6-6 文化消费支出与示范效应关系

问题	取值	文化消费支出	
		均值	标准差
您周边的朋友或邻居的文化消费行为是否会对您产生影响？	1 = 没有影响	2.328	1.223
	2 = 有一点影响	2.932	1.100
	3 = 一般	2.954	1.179
	4 = 有较大影响	3.172	1.241
	5 = 有很大影响	3.278	1.176

资料来源：笔者整理。

以文化消费支出作为被解释变量，将核心解释变量"社会资本"和相关控制变量依次加入，得到的回归结果见表6-7。

表6-7 社会资本对文化消费支出的影响效应

变量	模型一	模型二	模型三	模型四
社会网络	-0.018 (0.133)	-0.132 (0.137)	-0.119 (0.139)	-0.118 (0.139)

续表

变量	模型一	模型二	模型三	模型四
社交密度	0.210*** (0.076)	0.202*** (0.076)	0.176** (0.077)	0.179** (0.077)
示范效应	0.277*** (0.058)	0.272*** (0.057)	0.251*** (0.058)	0.232*** (0.058)
性别	—	0.123 (0.117)	0.124 (0.118)	0.130 (0.118)
年龄	—	-0.145* (0.085)	-0.129 (0.085)	-0.122 (0.085)
婚姻状况	—	0.227 (0.152)	0.181 (0.153)	0.177 (0.153)
家庭规模	—	0.031 (0.056)	0.023 (0.056)	0.021 (0.057)
城乡类型	—	0.370*** (0.142)	0.348** (0.141)	0.312** (0.143)
生活满意度	—	—	-0.033 (0.083)	-0.045 (0.083)
未来信心	—	—	0.210** (0.084)	0.188** (0.085)
文化供给	—	—	—	0.123* (0.063)
观测值	1012	1012	1012	1012

注：括号内为稳健标准误；***、**、*分别表示在1%、5%、10%的水平上显著。
资料来源：笔者整理。

表6-7的模型一显示，示范效应（$zbyx$）对文化消费支出具有显著正向影响，在社会资本的三个维度中，示范效应的影响是最大的，可见周边人的消费行为对于居民具有显著的影响，这就是"示范效应"或者"攀比效应"的结果。社交密度（$sjwl$）对于文化消费支出也具有正向影响，且在1%的水平上显著。社交密度的度量是通过对问题"您与您的亲戚、朋友往来频繁吗"的回答得到的，正如前文分析的那样，如果与亲戚、朋友往来比较频繁，有比较多的互动机

会，处于强关系中，不管是为亲戚、朋友购买礼品的支付，还是人际交往过程中的付出，抑或是为实现人际交往的自我增值的支出，都会产生更多的文化消费需求，文化消费支出增加的可能性就越大。

而以"是否本地人"度量的社会网络对文化消费支出的影响是负向的，但是不显著。一个可能的解释是，被调查者是本地人，对本地的文化相对比较熟悉，与亲戚、朋友的交往建立在长期的基础上，因而增加文化消费支出的意愿不强。本地人与代表性文化了解程度之间的描述性统计关系如表6-8所示，本地人（local）的对代表性文化程度的了解程度均值显然更高，两变量的相关系数为0.13，在10%的水平上显著。

表6-8　　　　　　　　　代表性文化了解程度的本地差异

问题	取值	均值	标准差	最小值	最大值
是否本地人？（local）	0=否	3.307	0.978	1	5
	1=是	3.565	0.889	1	5

资料来源：笔者整理。

在加入个体特征、生活状态认知和文化供给层面的控制变量之后，社交密度和示范效应对文化消费支出的影响依然显著为正，控制变量中"城乡差异"对文化消费支出的影响显著为正，这意味着城市生活会带来更多的文化消费支出。从环境的角度考虑，文化产品或服务的丰富程度的正向影响与城市生活带来的正向影响类似，有更好的文化消费环境、更丰富的文化供给，则倾向于更多的文化消费支出。此外，"对未来的信心"对文化消费支出也存在显著正向影响，这意味着积极乐观的生活态度和正向的情绪会增加文化消费支出。

第三节　进一步分析

一、资本的相互转化与作用

皮埃尔·布迪厄划分了资本的三种基本类型，分别是经济资本、文化资本和社会资本。他认为，这三种资本的基本类型是人在社会上生存和发展的基础，也是人与人之间社会地位差异性的原因所在。这三种资本的基本类型之间并非相互独立，而是相互依赖，并且可以互相转化的。

（一）经济资本向其他资本的转化

1. 经济资本向文化资本的转化

经济资本可以立即、直接转化成金钱，它以财产权的形式被制度化，它是社会个体必需的、最基础的资本，也是其他一切资本的根源，在通常的研究中主要表现为财产和家庭收入。一般而言，社会经济地位越高的家庭，文化资本存量相对也越丰富。[①] 从文化资本的产生途径看，经济资本更丰富的家庭往往能够以更好的经济条件为基础，拥有更高的文化资本。第一，家庭。家庭对文化资本积累的影响主要体现在以下三个方面：一是父母遗传给子女某一方面的天赋；二是家庭文化活动形成的文化氛围对子女潜移默化的影响；三是有意识的家庭早期教育。遗传天赋、家庭文化氛围与经济资本可能并无直接联系，但是家庭早期教育可以借助外力实现，需要一定的经济实力做支撑。第二，教育。在同等的条件下，经济资本越丰裕，意味着可以通过支付择校费、购买学区房等途径为孩子选择拥有优质教育资源的学校，可以承担课外高质量辅导机构的费用，这些投资将有助于提升孩子的学业成绩，[②] 获得更高的学历。此外，在戏剧学院、舞蹈学院、美术学院等专业院校接受各种专门性教育和通过艺术培训获得某方面的素质和能力，都需要花费相对比较高额的费用。往往经济资本比较丰裕的家庭更能支付高额的艺术学习和培训费用，积累更丰富的文化资本。第三，文化消费活动。文化消费活动也是积累文化资本的重要途径。一般情况下，获得文化服务都需要支付一定的费用，特别是音乐剧、话剧等现场表演型文化活动，价格相对较高，尤其需要一定的经济能力做支撑。

2. 经济资本向社会资本的转化

一般来讲，经济资本越丰裕，主动或被动构建的社会网络可能就越大，社会网络的多样性可能也更强。社会网络越大，信息的来源渠道就越多；基于弱关系形成的社会网络，信息的差异性也越强，信息的重叠性比较少；从而能获得更丰富的信息。因此，从这个角度讲，经济资本与社会资本也具有一致性，经济资本能转化为社会资本。

[①] 吴愈晓，黄超，黄苏雯. 家庭、学校与文化的双重再生产：文化资本效应的异质性分析 [J]. 社会发展研究，2017（3）：1-27.

[②] 朱晓文，韩红等. 青少年教育期望的阶层差异——基于家庭资本投入的微观机制研究 [J]. 西安交通大学学报（社会科学版），2019（4）：102-113.

（二）文化资本向其他资本的转化

1. 文化资本转化为经济资本

按照皮埃尔·布迪厄的观点，文化资本有以下三种形态：一是具体形态，表现为一个人的身体和精神的气质、品位等内容；二是客观形态，表现为文化商品的形式（如图片、书籍、词典、工具、机器等）；三是体制所认可或授予的某种学术资格。

文化资本在某些条件下可以转化为经济资本，这主要体现在以下三个方面。第一，好的文化品位可以转化为经济价值。一方面，好的文化品位可以通过文字或者设计等版权形式呈现出来，进入市场进行交易，转化为经济价值；另一方面，在互联网时代，好的文化品位可以成就一个"意见领袖"，引领和带动某个领域的潮流，在"粉丝经济"的背景下实现流量变现。第二，文化价值越大的商品，经济价值往往也越大。文化商品因为蕴含文化内涵，具有文化符号的意义，一般会比类似的普通商品具有更高的价格。例如，如果把一栋古建筑看作房产，那么它就具有某些商业的价值，但是对于个人或社区来说，它的真正价值是它可能具有的审美价值、精神价值、象征意义或者其他超越了经济范围的文化要素，这些价值就可以称为该建筑的文化价值。文化内涵越丰富或者文化商品越稀缺，其文化价值就越大，经济价值就越高。第三，受教育水平越高，往往能有更高的收入水平。一般而言，受教育水平越高，学历越高，所从事的工作往往更加具有"高门槛"和挑战性，因而，也能相应地获得更高的收入，这也是文化资本转化为经济资本的常见路径。

2. 文化资本转化为社会资本

文化资本在社会资本的产生、扩大和丰富的过程中起到重要的作用。首先，拥有丰富文化资本的群体往往能够接触到更高层次的社会网络，从而深化和提升自身的社会网络关系，获得更高质量的社会资本。其次，拥有丰富文化资本的群体也会因为共同的兴趣、爱好、信仰、研究方向、工作领域等原因成为一个共同的"圈层"，形成一个强关系的社会网络，获得更多的信息，得到更多的信任，从而丰富社会资本。再次，丰富的文化资本能够成为某个领域的权威，拥有某个领域的话语权，强化社会交往中的信任和依赖关系。但是上述作用也并不一定发生，也有可能部分人群虽然拥有丰富的文化资本，但是因为性格、习惯等原因，不善于利用社会资源或难以在社会交往中维持良好的沟通，也难以影响提升社会资本。

（三）社会资本向其他资本的转化

社会资本是"实际的或潜在的资源集合体，那些资源是对某种持久性的、网络的占有密不可分的，这一网络是大家共同熟悉的、得到公认的，而且是一种体制化关系的网络"。① 社会资本是社会个体基于社会关系网络而获得的资源集合，社会关系网络越发达，一般可以更为便捷地获取一些社会利益，包括文化资本和经济资本。

1. 社会资本转化为经济资本

社会资本具有明显的收入效应，这种效应主要通过以下三种路径实现。第一，社会网络越大，能够获得的帮助越多，从而能缓解信贷约束，突破资金约束，获得更高收入。桑马拉·钱塔拉特（Sommarat Chantarat）和克里斯·巴雷特（Chris Barrett）研究发现，在正规金融市场发展缓慢的情况下，社会网络可被视为一种物质资本的替代品或互补品，提高穷人家庭的劳动生产率并增加收入；② 收入水平增加也能加强穷人家庭的社交能力，进而扩大社会网络，这种良性循环能够最终推动穷人家庭摆脱贫困陷阱。第二，有家庭背景的个体，能够获得更好的工作，从而获得更高的收入。社会网络（如血缘、地缘或职业关系等）可以被看成是一种无形资产或者担保品，通过为拥有社会资本的人提供更多的机会而增加收入；③ 拥有更丰富社会资本的群体，也将因此获得拥有更高经济资本的机会；这也就意味着，在给定的初始财富分布的情况下，社会网络的不平等会加剧后续收入或财富的不平等。第三，社会网络是信息传播的重要渠道。丰富的社会网络可以让人获得更多的信息，收获更多的信任，从而将其用在生产过程中增加收入。迪帕·纳拉扬（Deepa Narayan）和兰特·普里切特（Lant Pritchett）发现，社会网络能够加强村民间的合作，通过普及农业生产技术、传递农业生产信息、互惠互利、分担风险等方式增加收入。④

2. 社会资本转化为文化资本

丰富的社会资本能够形成文化资本提升的场域，在良好氛围的熏陶下，更容易形成对文化品位的认同和渴求，使得形成较高的文化资本水平成为一种习惯。同时，相对丰富的社会资本存量、扩大的社会网络和广泛的社会参与能够获得更

---

① [法]皮埃尔·布迪厄. 文化资本与社会炼金术[M]. 包亚明，编译. 上海：上海人民出版社，1997.

② Chantarat S, C Barrett. Social Network Capital, Economic Mobility and Poverty Traps [J]. Journal of Economic Inequality, 2012 (3): 299 – 342.

③ Mogues T, M R Carter. Social Capital and the Reproduction of Economic Inequality in Polarized Societies [J]. Journal of Economic Inequality, 2005 (3): 193 – 219.

④ Narayan, D, L Pritchett. Cents and Sociability: Household Income and Social Capital in Rural Tanzania [J]. Economic Development and Cultural Change, 1999 (4): 871 – 897.

多、更丰富的信息来源,促进有效信息的传播和传递,获得更多开阔视野的机会,提升文化品位和文化资本水平。

综上所述,经济资本、文化资本和社会资本并不是相互独立的,而是相互影响、相互转化存在的,因而,也在共同影响着居民的文化消费决策,因此,有必要将这三重资本概念同时纳入文化消费决策的影响中。

二、资本对文化消费决策的联合作用

以"文化消费支出"(whxfbz)作为被解释变量,分别将经济资本(包括家庭经济收入和经济地位认知两个代理变量)、文化资本(包括以父母学历为代表的家庭文化资本和以被调查者学历、文艺培训经历为代表的个体文化资本)以及社会资本(与上文一致,包括社会网络、社交密度和示范效应三个层面的代理变量)作为主要解释变量分别加入模型,用个体的社会学特征、生活认知观念、文化供给情况等控制后进行回归,回归模型依然采用的是多元有序 Logit 模型,回归结果见表6-9。

表6-9的模型一中,给出了经济资本和文化资本联合作用的回归结果。结果显示,除了经济地位外,其他变量都对文化消费支出具有显著正向影响。首先,在众多因素中,对文化消费支出带来最大影响的是文艺教育或培训经历,不管是因为专业还是兴趣,文艺教育或培训往往都要付出较高的费用,因而相关经历与文化消费支出正相关,这符合常态认知。其次,以个体受教育水平和父母受教育水平所代表的文化资本变量对于文化消费也存在显著正向影响,这与之前的理论分析保持一致。再次,以家庭收入为代表的经济资本对于文化消费支出有显著正向影响,收入越高,文化消费支出水平越高。经济状况认知对于文化消费支出不显著可能源于经济状况认知的主观性,会受到性格等因素的更大干扰。

表6-9　　　　　　　　资本对文化消费支出的联合影响

变量	模型一	模型二	模型三	模型四	模型五
家庭收入	0.139*** (0.048)	0.213*** (0.048)	—	0.141*** (0.048)	0.127** (0.051)
经济地位	0.096 (0.098)	0.088 (0.104)	—	0.032 (0.101)	0.012 (0.104)
家庭文化资本	0.132*** (0.050)	—	0.171*** (0.050)	0.136*** (0.052)	0.143** (0.056)

续表

变量	模型一	模型二	模型三	模型四	模型五
自身学历	0.182*** (0.066)	—	0.212*** (0.065)	0.175*** (0.067)	0.168** (0.069)
文艺培训	0.655*** (0.123)	—	0.596*** (0.127)	0.584*** (0.127)	0.579*** (0.128)
社交网络	—	-0.092 (0.135)	-0.050 (0.138)	-0.093 (0.139)	-0.111 (0.142)
社交密度	—	0.171** (0.076)	0.205*** (0.075)	0.182** (0.075)	0.170** (0.076)
示范效应	—	0.259*** (0.058)	0.211*** (0.058)	0.209*** (0.058)	0.192*** (0.059)
性别	—	—	—	—	控制
年龄	—	—	—	—	控制
婚姻状况	—	—	—	—	控制
家庭规模	—	—	—	—	控制
城乡类型	—	—	—	—	控制
生活满意度	—	—	—	—	控制
未来信心	—	—	—	—	控制
文化供给	—	—	—	—	控制
观测值	1013	1012	1012	1012	1012

注：括号内为稳健标准误；***、** 分别表示在1%、5%的水平上显著。
资料来源：笔者整理。

表6-9的模型二中，考虑了经济资本和社会资本对于文化消费支出的联合影响。回归结果显示，家庭收入、社交密度和示范效应都对文化消费支出存在显著正向影响，其他均不显著。其中，示范效应带来的文化消费支出效应是最大的，其次是家庭收入。

表6-9的模型三中，给出了同时考虑文化资本和社会资本联合影响的结果。社会资本中社交密度和示范效应均对文化消费支出有显著正向影响，文化资本的代理变量均对文化消费支出存在显著正向影响，而且社会资本的影响力度显著弱于文化资本的作用。文化资本变量中对文化消费支出的影响最大的是文艺培训经历，其次是个体受教育水平和父母的受教育水平。这与模型一中的结论一致。

表6-9的模型四同时考虑了经济资本、文化资本和社会资本对文化消费支

出的联合影响。与前面三个模型类似,文艺培训经历、示范效应、社交密度、自身学历、家庭收入和家庭文化资本依次对文化消费支出产生由大到小的显著正向影响。模型五在添加了控制变量后,各主要解释变量的影响力大小和方向一致。

三、资本因素对文化消费决策联合影响的稳健性检验

将表6-9模型中的被解释变量文化消费支出作为连续的数值型变量,采用最小二乘法进行回归,并将结果与Logit回归结果进行比较如表6-10所示。

对比表6-10中基于两种不同的回归方法得出的结果,各关键解释变量对文化消费支出的作用方向相同,显著性水平也大致相当。但是因为多元有序Logit模型的系数解释与最小二乘法的系数解释没有可比性,因此,系数值大小在此不做说明。两个模型解释变量的一致性已经能够说明实证模型检验的稳健性。

表6-10　　　　资本因素对文化消费决策联合影响的稳健性检验

变量		Logit	OLS
经济资本	家庭收入	0.127** (0.051)	0.070** (0.032)
	经济地位	0.012 (0.104)	0.020 (0.064)
文化资本	家庭文化资本	0.143** (0.056)	0.088** (0.034)
	自身学历	0.168** (0.069)	0.063 (0.039)
	文艺培训	0.579*** (0.128)	0.349*** (0.082)
社会资本	社交网络	-0.111 (0.142)	-0.090 (0.085)
	社交密度	0.170** (0.076)	0.124*** (0.044)
	示范效应	0.192*** (0.059)	0.114*** (0.035)
个体特征		控制	控制
生活认知		控制	控制
文化供给		控制	控制

注:括号内为稳健标准误;***、**分别表示在1%、5%的水平上显著。
资料来源:笔者整理。

四、资本因素对文化消费决策联合影响的区域差异

考虑到样本量的大小以及经济发展水平、社会认知、文化消费水平等差异,将整体样本分成了东部地区和中、西部地区两个子样本分别进行回归,结果显示,不同区域文化消费决策的影响因素存在一定的差异(见表6-11)。

表6-11　　　　　　　　资本因素影响文化消费支出的区域差异

变量	东部地区	中、西部地区
家庭收入	0.174** (0.069)	0.032 (0.082)
经济地位	0.014 (0.134)	0.030 (0.165)
家庭文化资本	0.138* (0.073)	0.149 (0.092)
自身学历	0.245** (0.111)	0.095 (0.084)
文艺培训	0.492*** (0.168)	0.735*** (0.213)
社交网络	-0.070 (0.198)	-0.205 (0.226)
社交密度	0.355*** (0.119)	0.031 (0.102)
示范效应	0.166** (0.083)	0.219*** (0.083)
个体特征	控制	控制
生活认知	控制	控制
文化供给	控制	控制
观测值	560	452

注:括号内为稳健标准误;***、**、*分别表示在1%、5%、10%的水平上显著。
资料来源:笔者整理。

资本因素对于文化消费支出的影响存在显著的区域差异。第一,经济资本对

文化消费支出的影响在东部地区显著，而在中、西部地区不显著。第二，文化资本的三个代理变量，文艺培训、自身学历和家庭文化资本对东部地区的样本都存在显著影响，而且影响力大小依次递减；但是在中、西部地区，只有文艺培训这个变量对文化消费支出存在显著影响，其他两个变量的影响不显著。第三，在社会资本的变量中，东部地区社交密度对文化消费支出的影响力最大，而在中、西部地区影响最大的是示范效应，社交密度对文化消费支出的影响不显著。

由表 6 - 11 发现，家庭收入对东部地区的文化消费支出决策起到显著作用，对中、西部地区的文化消费支出决策不显著，可见中、西部地区经济资本的作用是弱化的。文化资本对文化消费支出决策的影响是显著的，而且相对而言，对东部地区的文化消费支出决策影响更大。不管是东部地区还是中、西部地区，社会资本的影响均比较显著，但是影响因素的侧重方面略有差异。

第七章 资本影响文化消费决策的中介效应检验

第一节 中介效应模型简介

如果自变量 X 并非直接影响 Y,而是通过影响变量 M 对因变量 Y 产生影响,则称 M 为中介变量。根据温忠麟等(2004)的研究结果,[①] 用下列回归方程来描述 X、M、Y 这三个变量之间的关系:

$$Y = cX + e_1 \quad (7-1)$$
$$M = aX + e_2 \quad (7-2)$$
$$Y = c'X + bM + e_3 \quad (7-3)$$

式(7-1)中,c 为自变量 X 对因变量 Y 的总效应;式(7-2)中的系数 a 代表自变量 X 对中介变量 M 的影响效应;式(7-3)中的系数 b 代表着在控制了自变量 X 的影响之后,中介变量 M 对因变量 Y 的影响效应,而系数 c' 则是在控制了中介变量 M 的影响之后,自变量 X 对于因变量 Y 的直接效应;e_1、e_2、e_3 为回归残差。对于上述中介模型,中介效应等于间接效应,即等于系数乘积 ab。总效应 = 直接效应 + 间接效应,即存在下列关系:

$$c = c' + ab \quad (7-4)$$

根据式(7-4),可以通过计算 ab 与 c 的比值来测度中介效应或间接效应在总效应中的比重。

检验中介效应是否存在以及中介效应是否完全?常规的方法是逐步检验回归系数。[②] 第一步是检验 X 对 Y 的总效应,即检验方程式(7-1)中的系数 c 是否

[①] 温忠麟,张雷,侯杰泰,刘红云. 中介效应检验程序及其应用 [J]. 心理学报,2004 (5):614–620.

[②] Baron R M, D A Kenny. The Moderator-mediator Variable Distinction in Social Psychological Research: Conceptual, Strategic and Statistical Considerations [J]. Journal of Personality and Social Psychology, 1986, 51: 1173–1182.

显著；第二步是检验系数乘积 ab 的显著性，通过分别检验方程式（7-2）和式（7-3）中的系数 a 和 b 间接完成；第三步通过检验式（7-3）中的 c' 是否显著，借以判断是完全中介效应还是部分中介效应。如果系数 c、a、b 都显著，则中介效应显著。如果 c' 显著，则该中介效应为部分中介效应；如果 c' 不显著，则为完全中介效应。

第二节　文化资本影响文化消费决策的中介效应

一、文化资本、消费习惯和文化消费决策

（一）理论机制

1. 文化资本影响文化消费习惯

文化资本积累的途径有很多，天赋遗传、家庭文化氛围的熏陶、早期家庭教育、学校正规教育、艺术培训、基于兴趣爱好开展的文化消费活动等都是可能的文化资本的来源渠道。这些文化资本积累途径可能在人生的不同阶段有不同的侧重，例如，家庭的影响由童年开始，教育的影响集中在个体的青年阶段，文化消费活动则贯穿人的一生。"文化消费可以被理解成一个过程，这个过程会增加当期的满意度，同时积累的知识和体验也会影响未来的消费"，这种积累的知识和体验就是文化资本，文化资本的积累是一个长期而持续的过程。

在理性偏好假设下，消费者当期的文化商品或服务消费可以增加文化资本，促进未来消费获得更高的效用。文化商品或服务的消费过程，对消费者而言是一个学习的过程，消费者通过文化商品或服务消费过程收获的正、负反馈来决定增加或减少未来的文化消费。通过不断的学习和筛选，逐渐地调整偏好结构，进而形成稳定的文化消费偏好。由于偏好在时间上具有不可分性，因而，现在的文化消费活动会对未来的文化消费产生持续的影响。稳定的文化消费偏好和持续的文化消费活动也即文化消费习惯，消费者一旦形成文化消费习惯，也就形成了文化商品或服务的长期消费欲望。文化资本的积累过程也就是文化消费习惯的形成过程。

2. 文化消费习惯影响文化消费决策

消费者的消费行为往往会受到过去消费即消费习惯的影响。消费习惯在时间上具有不可分性或持续性，消费习惯一旦形成难以迅速地改变。消费者的效用水平不

仅取决于现期消费支出，也依赖于滞后消费支出所形成的"习惯储备"。具有消费习惯的家庭最优消费行为不仅取决于现期收入，还取决于过去的消费水平。

文化消费领域也是如此。为检验文化消费的习惯形成理论，一些学者把滞后一期的文化消费支出作为文化消费习惯的代理变量引入文化消费需求方程中，实证研究了习惯形成对当前和未来文化消费的影响。虽然不同学者选择了不同层面的研究样本和不同的研究方法，但消费习惯对居民文化消费的正向影响已成为大多数研究形成的共识。消费习惯对城镇居民文化消费的影响非常显著，[①] 但这种影响存在区域差异，欠发达地区的城镇居民受前期文化消费模式的影响较深，东部沿海地区对外开放程度较高，获取最新文化产品和服务的相关信息比较迅速，受前期消费模式的影响较小。[②] 文化消费习惯甚至超过纯收入、文化价格等，成为对农村居民文化消费支出影响最大的因素，中部地区文化消费习惯对农村居民的文化消费影响最大。[③] 王志标等（2018）也利用微观数据研究发现，习惯养成和代际传递对大学生文化消费存在显著正影响。[④] 因为我国不同地区的城镇居民对可选择的文化消费项目有不同的品位和偏好，文化实践项目相对于需要支付的文化消费项目来说，更容易形成定期消费的习惯，[⑤] 因而，地方政府应该完善相应的公共文化设施建设，加强文化消费信息推广，引导形成良好的文化消费习惯。

（二）实证模型

借鉴 R. M. 巴伦和 D. A. 肯尼（R. M. Baron & D. A. Kenny，1989）对中介效应模型的设计，[⑥] 采用逐步回归的方法来检验是否存在中介效应。其具体步骤为：第一步，构建文化资本对文化消费支出的影响模型；第二步，检验文化资本对文化消费习惯的影响；第三步，检验文化资本是否会通过文化消费习惯的养成间接

---

① 陆立新. 农村居民文化消费影响因素的区域差异及动态效应分析 [J]. 统计与决策，2009（9）：81-83.

② 聂正彦，苗红川. 我国城镇居民文化消费影响因素及其区域差异研究 [J]. 西北师大学报（社会科学版），2014（5）：139-144.

③ 刘晓红，江可申. 我国农民居民文化消费影响因素的区域差异——基于省际动态面板数据的实证分析 [J]. 江苏农业科学，2017（9）：267-270.

④ 王志标，杨盼盼. 文化消费的结构与影响因素分析——基于郑汴两地的调查数据 [J]. 消费经济，2018（2）：57-63.

⑤ 胡小莉，张宜春. 我国城镇居民文化消费行为特征及区域差异研究 [J]. 消费经济，2015（5）：35-40.

⑥ Baron, R M, D A Kenny. The Moderator-mediator Variable Distinction in Social Psychological Research: Conceptual, Strategic and Statistical Considerations [J]. Journal of Personality and Social Psychology, 1986, 51: 1173-1182.

地影响文化消费决策,即中介效应。根据上述步骤构建模型如下:

$$cc = \alpha_0 + \alpha_1 xl + \sum \alpha_i control_i + \varepsilon \qquad (7-5)$$

$$cch = \beta_0 + \beta_1 xl + \sum \beta_i control_i + \varepsilon \qquad (7-6)$$

$$cc = \lambda_0 + \lambda_1 xl + \lambda_2 cch + \sum \lambda_i control_i + \varepsilon \qquad (7-7)$$

其中,cc 代表文化消费,xl 代表文化资本,cch 代表文化消费习惯。如果文化资本通过影响文化消费习惯进而影响文化消费支出,那么,α_1 和 β_1、λ_2 应该都是显著的。如果 β_1、λ_2 和 α_1 的符号方向一致,则文化消费习惯在文化资本和文化消费支出中的影响表现为中介效应(或称间接效应),中介效应值为 $\beta_1\lambda_2$。如果文化资本对文化消费支出既存在直接效应,也存在通过消费习惯养成影响文化消费支出的间接效应,则必然 λ_1 和 λ_2 都能够通过显著性检验。如果文化资本对文化消费支出的影响仅仅体现在文化消费习惯养成的间接效应上,那么,λ_1 不显著而 λ_2 显著,此时,文化消费习惯是完全中介变量。

(三) 结果分析

基于上述思想,以文化消费支出作为被解释变量,以文化资本作为核心解释变量,以获得公共文化服务的频率作为文化消费习惯的代理变量,① 以性别、年龄、婚姻状况、家庭规模和城乡类型等作为控制变量构建实证模型。

表 7-1 的模型一至模型三给出了以文化消费支出作为被解释变量、以学历作为解释变量文化资本的代理变量、以文化消费习惯作为中介变量的实证分析结果。模型一表示文化资本对文化消费支出存在显著正向影响;模型二表示文化资本对文化消费习惯也存在显著正向影响;模型三表示文化资本、消费习惯对文化消费支出的影响皆为正向,而且都非常显著,但是相对于模型一而言,模型三中文化资本前面的系数变小了,这意味着文化资本对文化消费支出的影响部分是通过消费习惯的中介作用实现的,此时为不完全中介效应,中介效应值为 0.045,占总效应的 31.02%。当把文化资本的代理变量由学历变为文艺培训或教育经历,纳入模型之后的结果如模型四至模型六所示,实证研究显示中介效应同样存在(见表 7-1),文化资本对文化消费支出的影响一部分是通过消费习惯的间接作用体现出来的,这部分间接效应的贡献为 21.87%。

---

① 一般而言,如果居民享受公共文化服务很频繁,坚持定期去公共文化场馆,那么也就意味着养成了文化消费习惯。

表 7-1　　　　　文化资本对文化消费决策的中介效应检验（一）

变量	模型一 消费支出	模型二 消费习惯	模型三 消费支出	模型四 消费支出	模型五 消费习惯	模型六 消费支出
文化资本	0.145*** (0.037)	0.166*** (0.027)	0.099*** (0.037)	0.477*** (0.081)	0.414*** (0.059)	0.374*** (0.082)
消费习惯	—	—	0.271*** (0.043)	—	—	0.252*** (0.042)
控制变量	是	是	是	是	是	是
常数项	1.963*** (0.319)	2.151*** (0.232)	1.388*** (0.325)	2.692*** (0.208)	3.046*** (0.152)	1.925*** (0.242)
观测值	1013	1016	1013	1013	1016	1013
R^2	0.022	0.074	0.060	0.041	0.084	0.073

注：括号内为稳健标准误；*** 表示在1%的水平上显著。
资料来源：笔者整理。

为检验中介效应的显著性，参照温忠麟（2014）的研究结果，采用Bootstrap法进行检验。结果发现，无论是以学历还是艺术培训作为文化资本的代理变量，直接效应和间接效应均在5%的水平上显著，观测系数值都落在95%的置信区间内，且置信区间不含零值，这意味着文化消费习惯的中介效应显著（见表7-2），这与三步法得出的中介效应检验结论是一致的。

表 7-2　　　　　Bootstrap法消费习惯中介效应检验（一）

序号	路径	效应	观测系数	标准差	95%的置信区间 下限	95%的置信区间 上限
1	文化资本—消费习惯—文化消费支出	间接效应	0.046	0.012	0.026	0.071
1	文化资本—文化消费支出	直接效应	0.099	0.036	0.026	0.170
2	文化资本—消费习惯—文化消费支出	间接效应	0.104	0.024	0.063	0.158
2	文化资本—文化消费支出	直接效应	0.374	0.079	0.218	0.527

资料来源：笔者整理。

将表7-1中的被解释变量换为文化消费意愿，模型一至模型三的结果显示，模型三中文化资本的系数变小，而且显著程度明显变低。将文化资本的代理变量由学历改为文艺培训或教育经历并纳入模型，模型六中文化资本对文化消费意愿的影响系数不显著,这意味着文化资本对文化消费意愿的影响完全是因为消费习惯的存在,文化资本影响消费习惯,消费习惯最终影响文化消费意愿。不同的代理变量带来的检验结果是一致的(见表7-3)。

表7-3 文化资本对文化消费决策的中介效应检验(二)

变量	模型一	模型二	模型三	模型四	模型五	模型六
	消费意愿	消费习惯	消费意愿	消费意愿	消费习惯	消费意愿
文化资本	0.088*** (0.028)	0.166*** (0.027)	0.052* (0.028)	0.188*** (0.062)	0.414*** (0.059)	0.099 (0.063)
消费习惯	—	—	0.215*** (0.032)	—	—	0.215*** (0.033)
控制变量	是	是	是	是	是	是
常数项	3.221*** (0.243)	2.151*** (0.232)	2.759*** (0.248)	3.709*** (0.160)	3.046*** (0.152)	3.054*** (0.186)
观测值	1016	1016	1016	1016	1016	1016
R^2	0.030	0.074	0.071	0.030	0.084	0.070

注:括号内为稳健标准误;***、*分别表示在1%、10%的水平上显著。
资料来源:笔者整理。

为检验中介效应的显著性,同样采用Bootstrap法进行检验,直接效应和间接效应系数值都落在95%的置信区间内,但是文化资本影响文化消费意愿的直接效应置信区间包含零值,不能拒绝显著异于零的原假设,直接效应不显著,文化资本影响文化消费意愿主要是通过间接效应实现的(见表7-4)。

表7-4 Bootstrap法消费习惯中介效应检验(二)

序号	路径	效应	观测系数	标准差	95%的置信区间	
					下限	上限
1	文化资本—消费习惯—文化消费意愿	间接效应	0.036	0.009	0.020	0.056
	文化资本—文化消费意愿	直接效应	0.052	0.032	-0.009	0.115
2	文化资本—消费习惯—文化消费意愿	间接效应	0.089	0.020	0.055	0.135
	文化资本—文化消费意愿	直接效应	0.099	0.062	-0.028	0.227

资料来源:笔者整理。

二、文化资本、文化氛围和文化消费决策

(一) 影响机制

1. 文化资本影响文化氛围

按照皮埃尔·布迪厄的界定,需要特定文化能力欣赏的书籍、图片等文化商品或资源属于客观化形态的文化资本。文化消费需求的满足是以多样化、个性化的文化商品和服务为前提的,丰富的文化商品和服务能为文化消费提供广阔的选择空间。消费者进行文化消费活动时,消费的并非文化商品本身,而是通过该载体传递的文化内容和文化内涵。所有的文化内容都必须通过一定的形式或载体呈现出来,同一文化内容通过不同方式、不同载体传递或传播,对于消费者而言可能是有差异的,这种载体形式不同带来的效率差异和偏好差异也推动了文化商品形式的层出不穷。文化消费活动具有生产性,文化产品消费"将对未来产品和服务的生产作出贡献,包括创造出新的文化产品",以文化内容为基础,不断地创新文化产品和服务的承载形式的过程也是文化资本不断积累和丰富的过程。这些已有的或新增的文化产品和服务构成了消费者进行文化消费的选择范围,形成文化商品和服务的供给。

文化商品和服务的客观存在直接影响着城市的文化氛围。谌丽等(2017)将影响文化消费氛围的因素归结为文化消费层次、文化设施及历史文化积淀等,其中,文化消费层次是指城市能够提供的文化消费的种类和数量;文化设施是居民文化体验、消费的场所;历史文化积淀是城市居民的记忆传承和精神家园。[①] 根据芝加哥学派的场景理论,丰富的文化产品和服务、具有艺术气息的文化设施以及城市的文化符号能形成一个富有文化气息的场域,文化设施及外在环境中所蕴含的文化价值观会形成文化氛围,影响人的行为活动,[②] 而在这种场景中的文化消费或文化参与活动又会使该场域的磁场更强,引发更高的文化资本价值关注,即蜂鸣效应,[③] 会进一步地影响人们的文化消费行为。

2. 文化氛围影响文化消费

消费行为会受到文化产品和服务供给、周边文化消费行为等营造的文化氛围的影响。一方面,文化产品和服务供给越多,消费者可以选择的文化产品或文化

---

① 谌丽,党云晓,张文忠,马仁锋. 城市文化氛围满意度及影响因素 [J]. 地理科学进展,2017 (9): 1119 – 1127.
② 吴军,特里·克拉克. 场景理论与城市公共政策——芝加哥学派城市研究最新动态 [J]. 社会科学战线,2014 (1): 205 – 212.
③ 齐骥,亓冉. 蜂鸣理论视角下的城市文化创新 [J]. 理论月刊,2020 (10): 89 – 98.

服务形式越丰富，周边的文化设施和空间的文化内涵越丰富，就更能营造文化消费的空间氛围，促进文化消费行为的发生。文化消费注重场景体验，例如，历史街区含有丰富的文化资源，要充分重视不同文化消费对消费主体在消费实践时情感体验的引导作用，带动整个街区经济和文化的发展。① 文化消费特别注重消费者的主观感受和体验互动，体验式消费是人们在舒适的消费环境中细细浏览、触摸、感受产品，在不知不觉中体验到该环境带来的精神享受，产生自发的愉悦与满足感，促进消费行为的发生，② 因而，营造良好的文化消费环境尤为重要。

另一方面，文化消费行为也会营造良好的文化氛围，促进文化消费需求产生。经济主体的行为不可避免地会影响社会中的其他人，经济主体的行为也不可避免地会受到其他经济主体的影响，文化消费活动也如是。消费者去博物馆参观、图书馆阅读、参加音乐会等文化消费活动，除去消费者自身能积累文化资本外，还能营造良好的文化氛围，或者通过"示范效应"吸引其他人参与文化活动。朱伟（2012）的研究显示，大学生的文化消费活动受消费环境的重要影响。③ 农村地区之所以会出现文化消费动力不足，一个很重要的原因在于没有形成对居民有感染力的文化消费氛围，这源于农村缺乏文化消费的商业气息以及严重的"空心化"问题，进而导致文化消费氛围难以形成。④ 文化资本的积累和文化氛围的形成也会产生外部性，除了带给周围人愉悦享受外，还能带来包括犯罪减少、社会和谐、创新能力增强等在内的强烈的社会效应。

（二）实证分析结果

沿用上文的研究方法，构建三步式的中介效应模型。以文化资源的丰富程度作为文化资本的代理变量；以文化消费意愿作为被解释变量；以性别、年龄、婚姻状况、家庭规模和城乡类型等作为控制变量。实证结果如表7-5所示。

表7-5　　　　　文化资本对文化消费决策的中介效应检验（三）

变量	模型一	模型二	模型三	模型四	模型五	模型六
	消费意愿	文化氛围	消费意愿	消费意愿	文化氛围	消费意愿
文化资本	0.141 *** (0.028)	0.471 *** (0.023)	0.096 *** (0.034)	0.141 *** (0.028)	0.242 *** (0.031)	0.095 *** (0.029)

---

① 粟悦. 文化消费视角下的历史街区空间再生影响因子研究 [D]. 广州：广东工业大学，2019：122.
② 高雁鹏，崔立达. 谈空间消费文化下城市空间氛围的营造策略 [J]. 山西建筑，2016 (31)：18-20.
③ 朱伟. 大学生文化消费现状及影响因素分析 [J]. 统计与决策，2012 (17)：115-118.
④ 徐望. 营造农村文化消费氛围 [J]. 中国国情国力，2020 (4)：26-28.

续表

变量	模型一 消费意愿	模型二 文化氛围	模型三 消费意愿	模型四 消费意愿	模型五 文化氛围	模型六 消费意愿
文化氛围	—	—	0.096** (0.039)	—	—	0.190*** (0.029)
控制变量	是	是	是	是	是	是
常数项	3.315*** (0.184)	1.546*** (0.148)	3.167*** (0.193)	3.315*** (0.184)	2.046*** (0.198)	2.926*** (0.189)
观测值	1016	1016	1016	1016	1016	1016
R^2	0.044	0.318	0.050	0.044	0.073	0.084

注：括号内为稳健标准误；***、**分别表示在1%、5%的水平上显著。
资料来源：笔者整理。

以居民对文化氛围的感知作为文化氛围的代理变量，表7-5的模型一至模型三显示，文化产品的丰富程度对文化消费意愿的影响显著为正，文化产品的丰富程度对文化氛围强度的影响也非常显著，同时，文化资本和文化氛围对居民文化消费意愿的影响均显著为正，可见，文化资本对文化消费意愿的影响一部分是通过文化氛围来起作用的，文化氛围的中介效应在总效应中占比为32.07%。文化资本也可能通过文化消费的示范效应对文化消费意愿产生影响。选择阅读人数作为文化氛围的代理变量，阅读人数多就更能营造良好的文化氛围，对周边的居民产生示范效应或者带动作用，从而起到增强文化消费意愿的作用。表7-5的模型四至模型六显示，以阅读人数度量的文化氛围在文化资本对文化消费意愿的影响中也存在部分中介效应，中介效应的比重为32.61%。

以Bootstrap法来检验中介效应，能够得到同样的结论。表7-6给出了文化资本通过文化氛围影响文化消费支出的直接效应与间接效应，结果显示，在5%的显著性水平上，间接效应存在且显著。观测系数值均在95%的置信区间范围内，置信区间不含零值，中介效应显著（见表7-6）。无论是基于三步法的论证，还是用Bootstrap法来检验，都可以发现，在一定程度上文化资本是通过文化氛围的中介效应来影响文化消费决策的。

表7-6　　　　　　　Bootstrap法文化氛围中介效应检验

序号	路径	效应	观测系数	标准差	95%的置信区间	
					下限	上限
1	文化资本—文化氛围—文化消费意愿	间接效应	0.045	0.020	0.006	0.087
	文化资本—文化消费意愿	直接效应	0.096	0.038	0.026	0.171
2	文化资本—文化氛围—文化消费意愿	间接效应	0.046	0.010	0.028	0.066
	文化资本—文化消费意愿	直接效应	0.095	0.033	0.036	0.165

资料来源：笔者整理。

同时选择了文化消费支出作为被解释变量，尝试观测文化资本是否会通过文化氛围进而影响消费者的文化消费支出。结果发现，在选择消费者文化氛围感知程度作为文化氛围代理变量时，结论显示不存在中介效应；以阅读者人数作为文化氛围代理变量时，文化氛围在文化资本对文化消费支出的影响中确实存在部分中介效应，中介效应在总效应中占比为17.95%（见表7-7）。相对于文化消费意愿，文化资本通过文化氛围影响文化消费支出的中介效应要小得多。

表7-7　　　　　文化资本对文化消费决策的中介效应检验（四）

变量	模型一	模型二	模型三	模型四	模型五	模型六
	消费支出	文化氛围	消费支出	消费支出	文化氛围	消费支出
文化资本	0.120*** (0.038)	0.471*** (0.023)	0.093** (0.045)	0.120*** (0.038)	0.242*** (0.031)	0.098** (0.039)
文化氛围	—	—	0.056 (0.052)	—	—	0.089** (0.039)
控制变量	是	是	是	是	是	是
常数项	2.507*** (0.243)	1.546*** (0.148)	2.420*** (0.256)	2.507*** (0.243)	2.046*** (0.198)	2.324*** (0.255)
观测值	1013	1016	1013	1013	1016	1013
R^2	0.017	0.318	0.019	0.017	0.073	0.023

注：括号内为稳健标准误；***、**分别表示在1%、5%的水平上显著。
资料来源：笔者整理。

第三节　资本影响文化消费决策的中介效应：另一种解释

一、资本因素对文化消费决策的中介效应分析

（一）资本因素对于幸福感的影响

伴随社会经济的发展和收入水平的提高，人们开始注重自身生活方式的改进与生活质量的提高，开始追求幸福和品质生活。哪些因素会影响居民的幸福感呢？在不同的历史阶段，随着社会经济环境及主要矛盾的转变，居民幸福感的决定因素也在发生变化，由生活相对贫困落后过渡到对收入增加、生活小康等的追求。[①] 此处将从资本的角度探讨幸福感的影响因素。

（1）经济资本与幸福感。收入会影响居民的幸福感吗？对于这个问题，目前存在以下四个方面的研究。一是认为收入会影响居民的幸福感。收入增加会增加居民选择和消费的自由度，能够提升幸福感，情绪在其中起到了调节的作用。[②] 但是居民的幸福感受到很多因素的共同影响，例如，家庭房产数量对于农村女性幸福感的获得和提升尤为重要，而农村男性更在乎绝对收入的提升、社会地位的提升以及稳定的婚姻生活。[③] 二是认为收入对居民幸福感获得的影响具有阶段性。当收入水平较低，仅能满足基本需要之前，收入对个人主观幸福感产生显著的影响；当收入高于临界水平后，收入与个人主观幸福感的关系并不明显，即幸福感不会随着收入的不断增加而一直提高。当物质生活达到一定水平后，精神层面因素对个人幸福感水平的影响将更加显著。[④] 三是认为影响居民幸福感的并不是绝对收入，而是收入分配情况。收入分配差距越大，主观幸福感就越低，而缓解收入分配差距能够显著地提升幸福感。[⑤][⑥] 进一步的研究发现，一定程度合理的收

[①] 崔巍. 居民幸福感的影响因素及时代演变［J］. 经济问题，2019（10）：19-25.
[②] 崔苗. 农村家庭收入、文化消费与居民幸福感——情绪的调节作用［J］. 湖北经济学院学报（人文社会科学版），2018（11）：29-31.
[③] 张彤进，万广华. 我国农村居民主观幸福感的影响因素及地区差异［J］. 江苏社会科学，2020（3）：111-120.
[④] 潘向研，曾国亮. 经济发达地区个人主观幸福感影响因素的实证分析——基于广东省佛山市的数据［J］. 内蒙古财经大学学报，2020（3）：76-80.
[⑤] 杨晶，孙飞，申云. 收入不平等会剥夺农民幸福感吗——基于社会资本调节效应的分析［J］. 山西财经大学学报，2019（7）：1-13.
[⑥] 吴翠红，吕学梁. 收入差距与居民幸福感的关系研究［J］. 青岛大学学报（自然科学版），2020（2）：116-125.

入差距能够提高居民的幸福感，过高的收入差距会通过"不平等厌恶"的心理机制对居民幸福感产生负向影响。收入差距的上升对处于劣势地位群体的幸福感负向影响更大，随着收入分配差距程度的拉大，民众的"不平等厌恶"心理会增强，对居民幸福感的负向影响增大。① 四是认为收入对居民幸福感的影响可能是来自经济地位的相对差异。一般来说，家庭社会经济地位越高的青年人群幸福感越高，个人社会经济地位整体上对青年人群幸福感的影响比较有限。② 因而，收入增加可能会增加幸福感，但影响个体幸福感的因素还源于人际间的比较，相对于周围群体的经济和社会地位感知等都会影响居民的幸福感。

（2）文化资本与幸福感。教育被认为是提高个人收入水平和幸福感知能力的重要途径。幸福感的提升可能直接来自教育本身，也可能来自收入中介效应。实证研究显示，"教育与幸福悖论"在我国不存在，教育能够显著地提升居民的主观幸福感。③ 向运华和李雯铮（2020）的研究也发现，受教育的农村老年人比没有受教育的农村老年人幸福感更高，教育对农村老年人幸福感的影响还存在显著的性别差异，教育与收入水平的交互项和教育与社交网络的交互项对农村男性老年人幸福感的影响普遍高于农村女性老年人。④

（3）社会资本与幸福感。社会资本概念包含多重维度，不同维度的研究都发现社会资本是影响幸福感的重要因素。例如，组织成员资格、人际交往、社会信任、社会参与等社会资本会显著地提高居民的幸福感，家庭经济地位和健康是社会资本影响居民幸福感的重要中介变量。⑤ 公共服务满意度和个人社会资本也是影响居民主观幸福感的重要因素，公共服务满意度对农村居民和低收入群体主观幸福感的影响较大，个人认知性社会资本对于城市居民主观幸福感的影响较大。⑥⑦ 包括社会信任、社会资本、社会参与、社会归属和社会公平在内的社会凝聚维度对居民幸福感有正向影响，但对居民幸福感的影响程度存

---

① 陈晓东，张春香. 不平等如何影响居民幸福感——基于个体不平等指数的经验研究［J］. 华中科技大学学报（社会科学版），2020（3）：78-86.

② 颜其松. 社会经济地位与主观阶层对青年幸福感的影响［J］. 当代青年研究，2019（5）：55-61.

③ 胡宏兵，高娜娜. 教育程度与居民幸福感：直接效应与中介效应［J］. 教育研究，2019（11）：111-123.

④ 向运华，李雯铮. 教育影响农村老年人幸福感的总体效应与机制［J］. 兰州学刊，2020（7）：169-179.

⑤ 马万超. 社会资本影响居民幸福感内在机制的实证研究［J］. 社会科学，2018（2）：62-72.

⑥ 傅利平，贾才毛加. 公共服务满意度、社会资本与居民主观幸福感关系研究——基于中国综合社会调查（CGSS）2013的实证分析［J］. 天津大学学报（社会科学版），2017（4）：321-326.

⑦ 刘成奎，任飞容，王宙翔. 社会资本、公共服务满意度与居民幸福感［J］. 首都经济贸易大学学报，2019（4）：3-11.

在差异，相较于教育程度、性别等个体特征和相对收入等社会经济因素，社会凝聚对居民幸福感的影响更为显著。① 社会参与对青年人幸福感的影响是通过交往关系信任程度产生的，社团参与型活动有助于建构人与人之间的弱关系信任，强关系信任对幸福感有显著的影响，② 社会信任程度越高，居民幸福感水平就越高。③

值得注意的是，互联网是居民沟通交流、获得信息的重要渠道，互联网技术的发展对居民的幸福感获得和提升也带来了重要的影响。研究发现，在收入一定的前提下，互联网的使用使居民获得幸福感的概率提升，同时，间接降低了居民对于物质收入的主观看重程度，降低了收入对于幸福感的正向作用。而且，互联网的使用对幸福感的效果也存在个体差异，在中等收入阶层、中等教育阶层、较少社会网络群体以及大、中城市居民中更加显著。④ 鲁元平和王军鹏（2020）以不同的样本做了类似的研究发现，在低收入、低受教育水平等"弱势人群"和农村地区以及欠发达地区，互联网产生的信息福利效应更强。⑤

（二）幸福感对消费决策的影响

现有研究文献大多停留在幸福感决定因素的研究上，而有关幸福感对其他经济变量影响的研究相对比较少。目前已有的少数研究在保险、就业、创业等领域进行了有益的探索，例如，幸福感能显著地提高家庭商业保险参与的可能性和家庭商业保险参与规模，作用机制在于幸福感通过生命预期和社会互动的渠道影响商业保险参与行为。⑥ 主观幸福感上升能够显著地提高就业概率，也能够对创业有显著的促进作用，增加社会资本是幸福感提高居民就业或创业概率的重要机制。⑦⑧ 延续上述研究思路，李树和于文超（2020）将幸福感的影响研究延伸至

---

① 邢占军，张干群. 社会凝聚与居民幸福感[J]. 南京社会科学，2019（7）：52 - 60.
② 彭定萍，丁峰，祁慧博. 如何从个体化走向社会融合——社会参与对青年幸福感之研究[J]. 中国青年研究，2020（1）：49 - 55.
③ 王杨. 公共服务满意度、社会信任与居民幸福感——基于 CGSS2015 数据的实证分析[J]. 苏州科技大学学报（社会科学版），2019（4）：31 - 36，107
④ 周广肃，孙浦阳. 互联网使用是否提高了居民的幸福感——基于家庭微观数据的验证[J]. 南开经济研究，2017（3）：18 - 33.
⑤ 鲁元平，王军鹏. 数字鸿沟还是信息福利——互联网使用对居民主观福利的影响[J]. 经济学动态，2020（2）：59 - 73.
⑥ 曹直，叶显，吴非. 居民幸福感对家庭商业保险的影响——基于异质性视角的传导机制检验[J]. 江西财经大学学报，2020（2）：62 - 75.
⑦ 李树，陈刚. 幸福的就业效应——对幸福感、就业和隐性再就业的经验研究[J]. 经济研究，2015（3）：62 - 74.
⑧ 于文超，陈刚. 主观幸福感与居民创业[J]. 中央财经大学学报，2018（9）：94 - 106.

消费领域，他们发现，户主主观幸福感对当期家庭人均消费支出存在显著稳健的正向影响，即户主感觉越幸福的家庭有着更高的消费意愿。机制检验结果表明，较高的户主幸福感不仅会直接增加家庭社交类消费，而且会通过丰富家庭社会网络这一中介因素促进家庭总体消费，同时，幸福感更高的受访者对未来经济形势的预期更加乐观。①

以上述研究为基础，可以发现，经济资本、文化资本和社会资本都对幸福感存在正向的影响，幸福感也可能对文化消费决策存在正向影响。幸福感作为一种正向的情绪外化状态会影响经济主体的消费决策行为。心理学研究显示，情绪是个人的情感及独特的思想、心理和生理状态以及一系列行动的倾向，即时情绪和预期情绪都是影响个人行为决策的重要因素。一般而言，情绪状态会影响个体对客观事物的评价，幸福感更强的人往往会有更加乐观向上、知足常乐的积极情绪和生活态度。② 这种积极正向的情绪会影响对未来风险的预期和未来生活的态度，会促使人们对未来的经济形势、生活状态等产生积极预期，增加对未来收入增长的信心，弱化家庭预防性储蓄动机，增加消费支出。

消费者信心也是一种消费者情绪，是经济主体根据国家或地区的经济发展形势，对各种经济问题综合判断后得出的一种看法和预期。虽然目前鲜有对消费者信心影响因素的研究，但是类比于幸福感的研究，经济资本、文化资本和社会资本等也是影响消费者信心的重要影响因素。作为一种心理状态，会通过影响消费者的需求决策影响家庭消费。消费者信心的提高，意味着消费者对未来的乐观程度上升，这将会影响他们的个人消费决策，增加个人消费。目前相关研究主要是测度消费者信心指数对于家庭消费行为的影响。③④

综合以上研究发现，经济资本、文化资本和社会资本等资本因素对文化消费决策的影响可能不仅有直接效应，还存在通过幸福感、未来信心等情绪因素传导的间接效应。

---

① 李树，于文超. 幸福的社会网络效应——基于中国居民消费的经验研究 [J]. 经济研究，2020 (6)：172-188.
② Cohn M A, Fredrickson B L, Brown S L, Mikel J A, Conway A M. Happiness Unpacked: Positive Emotions Increase Life Satisfaction by Building Resilience [J]. Emotion, 2009 (3): 361-368.
③ 杨茂. 中国消费者信心与消费需求拉动效应的实证分析 [J]. 经济经纬，2006 (1)：21-23.
④ 田金方，朱倩倩. 消费者信心影响中国家庭消费的实证诠释 [J]. 经济与管理评论，2013 (2)：76-81.

二、资本因素对文化消费决策的中介效应检验

(一) 经济资本的中介效应检验

借鉴学者们对中介效应模型的设计,采用逐步回归的方法,首先,构建经济资本对文化消费支出的影响模型;其次,检验经济资本对幸福感、未来信心的影响;最后,检验经济资本是否会通过幸福程度的感知、未来信心的认知间接影响文化消费决策,以此来判断是否存在中介效应。

以文化消费支出作为被解释变量,以家庭收入作为经济资本的代理变量,分别以幸福感、未来信心作为中介变量,以性别、年龄、婚姻状况、家庭规模、城乡户籍等为控制变量逐次进行回归。得到的结果如表7-8所示。

表7-8　　　　经济资本对文化消费支出的中介效应

变量	模型一 文化消费支出	模型二 幸福感	模型三 文化消费支出	模型四 未来信心	模型五 文化消费支出
经济资本	0.135*** (0.029)	0.076*** (0.020)	0.127*** (0.029)	0.109*** (0.020)	0.119*** (0.029)
幸福感	—	—	0.099** (0.045)	—	—
未来信心	—	—	—	—	0.142*** (0.045)
控制变量	是	是	是	是	是
常数项	2.600*** (0.217)	3.520*** (0.152)	2.252*** (0.268)	3.711*** (0.150)	2.074*** (0.274)
观测值	1013	1016	1013	1016	1013
R^2	0.028	0.052	0.033	0.061	0.037

注:括号内为稳健标准误;***、**分别表示在1%、5%的水平上显著。
资料来源:笔者整理。

表7-8的模型一给出了经济资本对文化消费支出的总效应;模型二模拟了经济资本对幸福感的影响,虽然系数值不大,但是显著为正;模型三则给出了经济资本和幸福感对文化消费支出的共同影响,结果显示,幸福感的系数在5%的水平上为正,可见存在一定的中介效应,但是通过计算发现,幸福感的部分中介效应较小,仅占总效应的5.6%,经济资本对文化消费支出的影响主要是通过直接效应来完成的。同理,未来信心在经济资本对文化消费支出的影响中也存在显

著的中介效应，中介效应在总效应中的比重为11.5%。

因为，中介效应较小，为保证结果的准确性，同时采用Bootstrap法来检验中介效应的存在，表7-9分别给出了以幸福感和未来信心作为中介变量的检验结果。结果显示，间接效应的P值显著，观测系数处于95%的置信区间内，而且不包含零值，这意味着中介效应是显著的。

表7-9　　　　　　　　Bootstrap法检验中介效应（一）

路径	效应	观测系数	标准差	95%的置信区间	
				下限	上限
经济资本—幸福感—文化消费支出	间接效应	0.008	0.004	0.001	0.017
经济资本—文化消费支出	直接效应	0.127	0.031	0.065	0.185
经济资本—未来信心—文化消费支出	间接效应	0.016	0.006	0.006	0.028
经济资本—文化消费支出	直接效应	0.119	0.030	0.061	0.182

资料来源：笔者整理。

（二）文化资本的中介效应检验

以学历作为文化资本的代理变量，文化资本作为主要的解释变量，以文化消费支出作为被解释变量，以幸福感、未来信心作为中介变量，分别构建模型进行回归。回归结果显示，文化资本对文化消费支出具有显著正向影响，文化资本对幸福感在5%的显著性水平上存在正向影响，将文化资本和幸福感同时添加到文化消费支出中之后，幸福感的影响仅在5%的水平上显著（见表7-10）。

表7-10　　　　　　文化资本对文化消费支出的中介效应

变量	模型一	模型二	模型三	模型四	模型五
	文化消费支出	幸福感	文化消费支出	未来信心	文化消费支出
文化资本	0.145*** (0.037)	0.065** (0.026)	0.138*** (0.037)	0.097*** (0.026)	0.130*** (0.037)
幸福感	—	—	0.109** (0.045)	—	—
未来信心	—	—	—	—	0.154*** (0.045)

续表

变量	模型一 文化消费支出	模型二 幸福感	模型三 文化消费支出	模型四 未来信心	模型五 文化消费支出
控制变量	是	是	是	是	是
常数项	1.963*** (0.319)	3.269*** (0.224)	1.607*** (0.350)	3.331*** (0.221)	1.451*** (0.351)
观测值	1013	1016	1013	1016	1013
R^2	0.022	0.045	0.028	0.048	0.034

注：括号内为稳健标准误；***、** 分别表示在1%、5%的水平上显著。
资料来源：笔者整理。

采用偏差校正的非参数百分位 Bootstrap 中介效应检验法进行检验发现，直接效应和间接效应的系数值都落在95%的置信区间范围内，而且置信区间不包含零值，可见间接效应的系数显著差异于零，中介效应显著（见表7-11），但是中介效应比较小，仅占总效应的4.8%。相对而言，未来信心在文化资本对文化消费支出影响中的中介效应比较显著，中介效应为10.3%。

表7-11　　　　　　　　　Bootstrap 法检验中介效应（二）

路径	效应	观测系数	标准差	95%的置信区间	
				下限	上限
文化资本—幸福感—文化消费支出	间接效应	0.007	0.005	0.001	0.020
文化资本—文化消费支出	直接效应	0.138	0.038	0.063	0.215
文化资本—未来信心—文化消费支出	间接效应	0.015	0.007	0.006	0.034
文化资本—文化消费支出	直接效应	0.130	0.036	0.063	0.201

资料来源：笔者整理。

（三）社会资本的中介效应检验

以社交密度作为社会资本的代理变量，以幸福感和未来信心作为中介变量，度量其在社会资本影响文化消费决策中的中介效应。表7-12的模型一、模型四和模型五给出了以未来信心作为中介变量的三步回归模型。在对性别、婚姻状况、家庭规模等进行控制的情况，主变量社会资本、中介变量等都非常显著，根据温忠麟（2004）的研究结果，此时，未来信心在社会资本对文化消费支出的影响中具有中介效应，中介效应大小为16.38%。模型一至模型三展示的是以幸福感为中介变量的三步回归模型，在加入自变量之后，中介变量幸福感的系数显著性水平降低。

表7-12　　　　　　　　社会资本对文化消费支出的中介效应

变量	模型一 文化消费支出	模型二 幸福感	模型三 文化消费支出	模型四 未来信心	模型五 文化消费支出
社会资本	0.177*** (0.045)	0.241*** (0.031)	0.157*** (0.047)	0.205*** (0.031)	0.148*** (0.046)
幸福感	—	—	0.085* (0.046)	—	—
未来信心	—	—	—	—	0.143*** (0.046)
控制变量	是	是	是	是	是
常数项	2.326*** (0.255)	2.899*** (0.175)	2.081*** (0.288)	3.285*** (0.175)	1.858*** (0.295)
观测值	1013	1016	1013	1016	1013
R^2	0.022	0.093	0.026	0.075	0.032

注：括号内为稳健标准误；***、*分别表示在1%、10%的水平上显著。
资料来源：笔者整理。

采用偏差校正的非参数百分位Bootstrap中介效应检验法进行检验，发现社会资本对文化消费支出的直接效应均在5%的水平上显著，观测系数值也均处于95%的置信区间内，直接效应显著。当以未来信心作为中介变量时，在5%的水平上显著，且观测系数均在95%的置信区间范围内，置信区间不包含零值，未来信心的中介效应显著，但是以幸福感作为中介变量时，观测系数处于置信区间内，但是置信区间包含零值，中介效应不显著（见表7-13）。

表7-13　　　　　　　　Bootstrap法检验中介效应（三）

路径	效应	观测系数	标准差	95%的置信区间	
				下限	上限
社会资本—幸福感—文化消费支出	间接效应	0.020	0.012	-0.001	0.047
社会资本—文化消费支出	直接效应	0.157	0.043	0.065	0.241
社会资本—未来信心—文化消费支出	间接效应	0.029	0.010	0.013	0.054
社会资本—文化消费支出	直接效应	0.148	0.044	0.061	0.236

资料来源：笔者整理。

（四）资本因素对文化消费意愿的中介效应

上面探讨了经济资本、文化资本和社会资本对文化消费支出的直接效应和间接效应，各资本因素对消费者未来的文化消费意愿影响如何呢？下面将沿着上文的研究思路，采用Bootstrap法对经济资本、文化资本和社会资本影响文化消费意愿的直接效应和间接效应进行测度。

以经济地位作为经济资本的代理变量，以学历作为文化资本的代理变量，以社交密度作为社会资本的代理变量，以文化消费意愿作为被解释变量，以幸福感和未来信心作为中介变量，以性别、年龄、婚姻状况、家庭规模、城乡户籍等为控制变量，采用偏差校正的非参数百分位Bootstrap中介效应检验法进行检验，如果P值显著，直接效应或间接效应的系数值落在95%的置信区间范围内，而且置信区间不包含零值，则直接效应或间接效应显著，如果置信区间包含零值，则直接效应或中介效应不显著。从表7-14可以看出，幸福感和未来信心在经济资本对文化消费意愿影响中的直接效应不显著，间接效应完全；也就是说，经济资本对文化消费意愿的影响是通过对幸福感的感知和对未来信心的间接效应来实现的。幸福感和未来信心在文化资本对文化消费意愿影响中的中介效应均显著，测算发现幸福感在文化资本对文化消费意愿影响中的中介效应占比为14.77%，未来信心的中介效应相对较大，占比为31.82%。类似地，幸福感在社会资本对文化消费意愿的影响中的中介效应占比为15.6%，未来信心在社会资本对文化消费意愿的影响中同样起到间接作用，中介效应占比为23.2%。

表7-14　　　　　　　　Bootstrap法检验中介效应（四）

变量	路径	效应	观测系数	标准差	95%的置信区间	
					下限	上限
经济资本	经济资本—幸福感—文化消费意愿	间接效应	0.048	0.012	0.027	0.077
	经济资本—文化消费意愿	直接效应	0.077	0.052	-0.023	0.174
	经济资本—未来信心—文化消费意愿	间接效应	0.070	0.016	0.040	0.102
	经济资本—文化消费意愿	直接效应	0.055	0.052	-0.046	0.151
文化资本	文化资本—幸福感—文化消费意愿	间接效应	0.013	0.006	0.002	0.026
	文化资本—文化消费意愿	直接效应	0.075	0.032	0.014	0.137
	文化资本—未来信心—文化消费意愿	间接效应	0.028	0.010	0.012	0.048
	文化资本—文化消费意愿	直接效应	0.059	0.031	0.003	0.121
社会资本	社会资本—幸福感—文化消费意愿	间接效应	0.037	0.011	0.019	0.064
	社会资本—文化消费意愿	直接效应	0.201	0.037	0.124	0.272
	社会资本—未来信心—文化消费意愿	间接效应	0.055	0.013	0.032	0.085
	社会资本—文化消费意愿	直接效应	0.183	0.038	0.108	0.257

资料来源：笔者整理。

第八章 资本影响文化消费决策：宏观视角

当前我国社会的主要矛盾已经转变为人民日益增长的美好生活需要和不平衡不充分的发展之间的矛盾，如何提升居民的幸福感摆在了突出位置。消费作为商品流通的最终环节，既是拉动我国经济增长的"三驾马车"之一，也是提高居民幸福感的有效手段，相比于一般物质消费，文化消费带给居民的幸福感要更强，[①]因此，大力发展文化消费对社会经济发展和民生幸福都具有重要的作用。显然，目前我国的文化消费存在发展深度不足和不均衡的问题。一方面，国际经验显示，当人均 GDP 达到 3000 美元时，人均文化消费支出占人均消费支出的比重通常为 23%。[②] 2018 年，我国居民人均 GDP 约为 9509.88 美元，而我国居民人均文化消费支出占消费支出的比重仅为 11.2%；可见，我国文化消费市场还存在较大的发展空间。另一方面，我国区域经济发展存在较大的差距，导致文化消费也呈现结构上的非均衡。根据统计数据，2018 年，我国城镇地区人均文化消费占消费支出的比重为 11.3%，而农村为 10.7%；东部地区人均文化消费支出为 2872.4 元，占消费支出的比重约为 10.9%，中、西部地区人均文化消费支出为 1938.2 元，占消费支出的比重为 11.5%。

皮埃尔·布迪厄指出，随着时间的推移，不同阶层拥有的资本总量和构成比例的差异导致了其所处位置的不同，进而使得不同阶层在社会化的轨迹中形成的习惯也存在差异，从而对文化消费产生不同的影响，文化消费非均衡状态的产生可能正是基于这个原因。因而，研究经济资本、文化资本和社会资本等资本因素的总量和结构对文化消费的影响，对释放我国文化消费需求、协调文化消费均衡

[①] 李小文，陈冬雪. 有序概率回归模型下的城乡居民文化消费与幸福感关系研究——基于 2013 年 CGSS 调查数据 [J]. 广西社会科学，2016（9）：165–168.

[②] 任文龙，张苏缘，陈鑫. 金融发展、收入水平与居民文化消费——基于城乡差异的视角 [J]. 农村经济，2019（11）：118–127.

发展具有重要的意义。通过对已有文献的梳理发现，学者们已经对文化消费进行了比较全面的研究，但基于皮埃尔·布迪厄资本理论的角度对文化消费的研究相对较少，已有少数研究主要集中在对皮埃尔·布迪厄资本理论的定性分析，如林克雷（2007）对皮埃尔·布迪厄资本理论的广义资本和社会阶层做出解读，① 朱伟珏（2012）通过对皮埃尔·布迪厄资本理论的解读，揭示了藏匿于消费背后的政治、经济关系对文化消费的影响。② 笔者尝试从皮埃尔·布迪厄的资本划分出发，以中国 2008~2017 年省域面板数据对我国经济资本、文化资本和社会资本与文化消费的关系进行探索，为文化消费研究提供新的视角，为政府政策的制定提供可参考的新方向。

第一节　研究假说

经济资本是可以获得商品和服务的物质性财富，作为最基础的资本，③ 可直接体现为金钱，④ 对文化消费产生重要的作用。消费者经济资本水平一定程度上可以用收入水平来代表，而绝对收入假说、相对收入假说和生命周期假说等都认为收入是影响消费的最主要因素，林江鹏（2007）证实了收入是影响我国城乡居民消费的最主要因素。⑤ 而文化消费不同于一般物质消费，它拓展了消费载体之外的文化范畴，⑥ 根据马斯洛需求层次理论可知，人们首先要满足基本的生存需要，进而才会产生精神文化需求，因此，文化消费的动机很大程度上来源于居民收入水平的不断提高。苏林森等（2018）通过实证分析得出收入水平对文化消费的确存在显著的促进作用。⑦ 另外，随着大众文化的流行，文化消费的受众不再

---

① 林克雷，李全生. 广义资本和社会分层——皮埃尔·布迪厄的资本理论解读 [J]. 烟台大学学报（哲学社会科学版），2007（4）：63-68.
② 朱伟珏，姚瑶. 阶级、阶层与文化消费——布迪厄文化消费理论研究 [J]. 湖南社会科学，2012（4）：52-57.
③ 刘玲. 学术会议：一个文化消费的读本——基于布迪厄资本理论视角 [J]. 新疆社科论坛，2013（1）：65-67.
④ 朱迪. 经济资本还是文化资本更重要？——家庭背景对大学生消费文化的影响 [J]. 黑龙江社会科学，2015（1）：111-119.
⑤ 林江鹏，刘旺霞，黄永明. 我国城乡居民收入与消费支出关系的实证研究——兼论影响农民收入及其差距的因素 [J]. 经济问题探索，2007（4）：116-119.
⑥ 高莉莉，顾江. 能力、习惯与城镇居民文化消费支出 [J]. 软科学，2014（12）：23-26.
⑦ 苏林森，程思琪. 居民收入对文化消费的影响——基于中国综合社会调查数据的分析 [J]. 城市问题，2018（12）：66-71.

局限于"社会精英",而是越来越大众化、平民化,这使得较低收入的人群也可以参与文化消费活动。

结合第五章的机制分析,得到假设8-1:消费者经济资本与文化消费存在正向关系。

文化资本包含客观化的文化资本、身体化的文化资本和制度化文化资本。其中,客观化的文化资本是需要一定的文化能力去欣赏的文化商品;身体化的文化资本是通过长期积累、将知识和技能内化形成的欣赏和理解文化作品的能力;制度化的文化资本是将个人拥有的内化的文化能力通过制度的形式予以确认,例如,学历证书。一般而言,文化欣赏能力体现了消费者的文化资本水平,[1] 消费者若具备相应的文化欣赏能力,就可以解读文化产品所蕴含的文化内容,进而自然会对文化消费品产生消费的意愿和能力,可见拥有文化资本是文化消费的前提。[2] 因而,文化资本水平越高,消费者对文化产品的消费意愿和能力越强,进而会促进文化消费;而多次文化消费之后形成的消费意愿和能力的积累则形成消费者独特的文化品位,[3] 文化品位对文化消费具有重要的促进作用。文化消费品位与消费者的家庭出身、社会环境息息相关,如高雅的文化消费品位可能源于家庭熏陶。文化消费品位一经形成,就转化为消费者的文化资本,[4]进而提升文化消费的水平。

综上所述,得到假设8-2:消费者文化资本水平越高,文化消费支出越多。

社会资本是一种与群体和社会网络联系在一起的资源。虽然皮埃尔·布迪厄认为,社会资本相对于经济资本和文化资本而言处于次要位置,但社会资本对文化消费的促进作用还是存在的。一方面,社会资本体现了个人的关系网络,社会资本水平越高,社会往来越多,[5] 个人的人际适应性越强,人际适应性强的居民会进行更多的社交功能性的文化消费;[6] 另一方面,相对经济资本和文化资本而言,社会资本起到一定的增效器的作用,[7] 社会资本水平越高,社会交

---

[1] Ateca-Amestoy V. Determining Heterogeneous Behavior for Theater Attendance [J]. Journal of Cultural Economics, 2008 (2): 127-151.

[2][4] 资树荣. 消费者的文化资本研究 [J]. 湘潭大学学报(哲学社会科学版), 2014 (4): 38-41, 63.

[3] Blaug M. Where Are We Now on Cultural Economics? [J]. Journal of Economic Surveys, 2001 (2): 132-143.

[5] 刘玲. 学术会议:一个文化消费的读本——基于布迪厄资本理论视角 [J]. 新疆社科论坛, 2013 (1): 65-67.

[6] 李光明, 段师锐. 人际适应性、孤独感与新市民文化消费意愿 [J]. 消费经济, 2016 (5): 48-53.

[7] 周红云. 社会资本:布迪厄、科尔曼和帕特南的比较 [J]. 经济社会体制比较, 2003 (4): 46-53.

往越多,进而增加在文化场域的知名度,知名度越高越会增加文化资源;文化资源越丰富,经济资本和文化资本水平则又会得到提高,[①] 因而会进一步地增加文化消费。因此,社会资本会通过人际关系网络和对经济资本、文化资本的增效来促进文化消费。

基于以上分析,提出假设 8-3:消费者社会资本水平的提高会促使消费者增加文化消费支出。

第二节 模型设定与变量选择

一、模型设定

根据上文分析,设定如下面板数据模型:

$$\ln cc_{it} = \alpha_1 \ln eco_{it} + \alpha_2 \ln cul_{it} + \alpha_3 \ln sco_{it} + \beta X_{it} + \lambda_t + \eta_i + \varepsilon_{it} \quad (8-1)$$

式 (8-1) 中,eco、cul、sco 分别代表经济资本、文化资本、社会资本,i 代表省份,t 代表时间;α_1、α_2、α_3 分别为经济资本、文化资本、社会资本的回归系数,X 表示控制变量,β 为控制变量估计系数,λ_t 表示时间效应,η_i 表示个体效应,ε_{it} 表示随机干扰项,cc_{it} 表示第 i 省份第 t 期人均文化消费支出。

二、变量选取

1. 被解释变量:文化消费支出

本章采用家庭人均文教娱乐服务支出作为文化消费支出水平的代理变量。由于我国在 2013 年的人均文化消费支出统计口径发生了改变,为统一口径,借鉴高莉莉等 (2019) 的方法,[②] 将文化、教育、娱乐三项加总作为文化消费的代理指标,并通过加权的方式得到地区居民人均文化消费支出。该方法为:地区居民文化消费支出 = 城镇家庭人均文教娱乐支出 × 城镇人口比重 + 农村家庭人均文教娱乐支出 × 农村人口比重。[③]

[①] 刘玲. 学术会议:一个文化消费的读本——基于布迪厄资本理论视角 [J]. 新疆社科论坛, 2013 (1): 65-67.

[②] 高莉莉, 许俊鹏. 公共文化消费挤出居民文化消费支出了吗——基于面板门槛模型的实证检验 [J]. 文化产业研究, 2019 (1): 64-78.

[③] 严成樑. 社会资本、创新与长期经济增长 [J]. 经济研究, 2012 (11): 48-60.

图 8-1 显示了 2008~2017 年我国 30 个省（区、市）的居民文化消费支出的情况。从图 8-1 中可以看出，我国沿海和内陆地区文化消费支出水平存在明显的差异性；其中，北京、上海、江苏、浙江和广东等东部地区的文化消费处于较高水平，中、西部地区的文化消费水平总体较低。

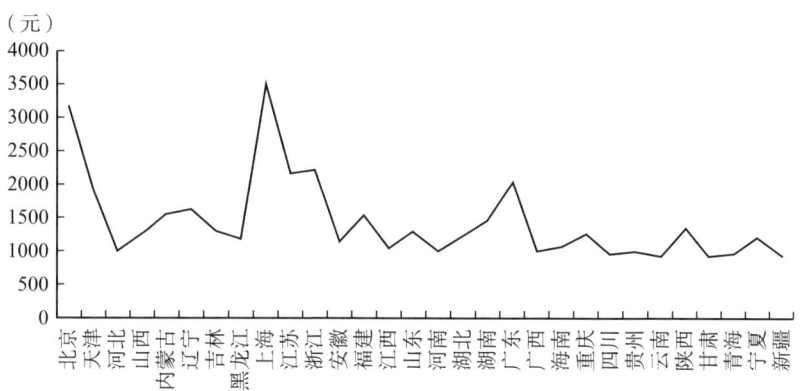

图 8-1　2008~2017 年我国 30 个省（区、市）人均文化消费支出

资料来源：笔者整理。

图 8-2 是我国 30 个省（区、市，不包括西藏自治区）2008 年、2013 年和 2017 年人均文化消费支出的核密度分布。核密度曲线整体向右移动，表明我国文化消费水平不断上升。从峰度看，2008~2017 年峰度由"尖峰"逐渐转为"宽峰"。2008 年的文化消费水平呈现"尖峰"特征，峰度随时间趋于平缓，左端面积减少而右端面积增加，说明各地区文化消费水平快速提高且文化消费低水平地区发展加快。2008~2017 年，我国文化消费水平呈现明显的"双峰"特征，表明我国文化消费存在显著的地区间差异。

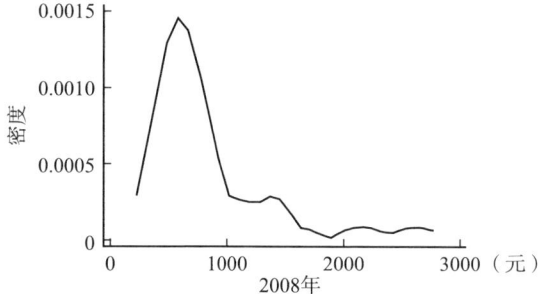

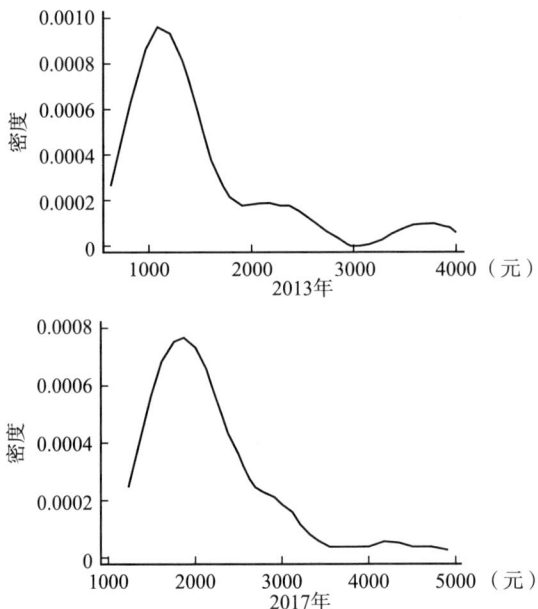

图 8-2　2008 年、2013 年、2017 年我国 30 个省（区、市）的文化消费水平分布
资料来源：笔者整理。

2. 核心解释变量

（1）经济资本。以人均可支配收入衡量居民经济资本水平，并通过 CPI 指数进行平减。

（2）文化资本。借鉴 D. 法瓦罗（D. Favaro, 2007）的做法，[①] 将平均受教育年限作为居民文化资本水平的代理变量。同时，借鉴李婧等（2010）[②] 的方法对平均受教育年限进行测算：$H_i = \sum T_n R_{in}$，其中 R_{in} 表示第 i 省（区、市）第 n 种学历人口数占总人口的比重，不同的 n 值代表不同的学历水平，$n=1$ 代表小学文化水平，$n=2$ 为初中，$n=3$ 为高中，$n=4$ 为大专及以上；T_n 为第 n 种学历的人口平均受教育年限（其中 $T_1=6$，$T_2=9$，$T_3=12$，$T_4=16$），H_i 为 i 地区的平均受教育年限。

---

① Favaro D, C Frateschi. A Discrete Choice Model of Consumption of Cultural Goods: the Case of Music [J]. Journal of Cultural Economics, 2007 (3): 205-234.

② 李婧，谭清美，白俊红. 中国区域创新生产的空间计量分析——基于静态与动态空间面板模型的实证研究 [J]. 管理世界, 2010 (7): 43-55, 65.

(3) 社会资本。社会网络是个人积累社会资本的重要方式,[①] 具有鲜明的资本属性。随着通讯技术的发展,居民交往越来越依赖移动电话和互联网,手机和互联网成为个人社交和获得信息的主要渠道。[②] 综上所述,采用电话总数与人口总数之比即电话使用频率来衡量居民社会资本。

3. 控制变量

考虑到文化产品价格和政府支持力度会对文化消费产生影响,因此,将其纳入模型作为控制变量。文化产品价格采用文教娱乐用品及服务类的居民消费价格指数衡量,政府支持力度选取政府财政支出中的文化、体育支出来衡量。

三、资料来源与样本描述

选取 2008~2017 年中国 30 个省(区、市)的面板数据,[③] 资料来源于《中国统计年鉴》《中国人口与就业统计年鉴》以及 EPS 数据平台。文教娱乐用品及服务类居民消费价格指数以 2008 年为基期计算。表 8-1 为各变量描述性统计,实证过程中取对数以保证数据平稳及消除异方差。

表 8-1 变量描述性统计

变量	变量符号	均值	标准差	最小值	最大值	变量含义
文化消费	cc	1432.409	776.337	354.852	4611.511	人均文教娱乐服务支出
经济资本	eco	17511.280	8737.792	6846.600	58987.960	人均可支配收入
文化资本	cul	8.975	0.996	6.764	13.227	人均受教育年限
社会资本	sco	1.023	0.308	0.467	2.281	电话使用频率
价格水平	cpi	0.984	0.039	0.848	1.081	文体娱乐消费者物价指数
政府支出	gov	69.218	45.552	6.818	285.871	政府财政支持

资料来源:《中国统计年鉴》《中国人口与就业统计年鉴》以及 EPS 数据平台。

---

① 吴建伟. 社会网络资本与空间经济性研究——基于中国 283 座城市数据的实证分析 [J]. 财经科学,2014 (9):69-77.
② 严成樑. 社会资本、创新与长期经济增长 [J]. 经济研究,2012 (11):48-60.
③ 由于我国香港、澳门、台湾地区和西藏自治区的部分数据缺失,因此,没有考虑在内。

第三节　实证结果分析

一、基准模型检验

图8-3给出了经济资本、文化资本和社会资本与文化消费的散点图，从图8-3中可以直观地看出，经济资本、文化资本和社会资本与文化消费支出之间均存在显著的正向关系。基于此，构建经济资本、文化资本和社会资本对文化消费影响的实证模型进行检验。

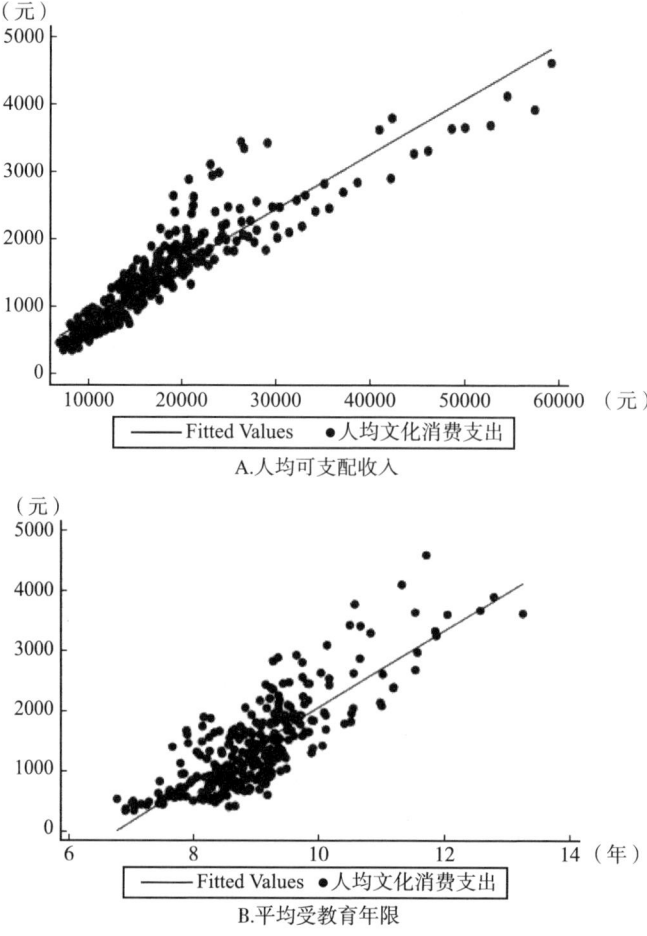

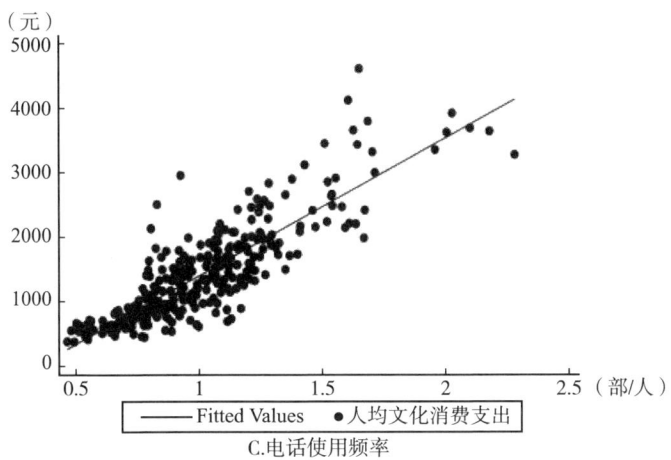

图 8-3 经济资本、文化资本、社会资本与文化消费的关系

资料来源：笔者整理。

表 8-2 分别给出了普通最小二乘法、固定效应和随机效应模型的检验结果。豪斯曼检验显示，P 值为 0.001，强烈拒绝原假设，应该采用固定效应模型。因此，以固定效应模型的回归模型为基准进行解释。

表 8-2　　　　　　　　　　基准模型回归结果

变量	普通最小二乘法	随机效应模型	固定效应模型
经济资本	0.745*** (14.04)	0.587*** (9.12)	0.467*** (5.83)
文化资本	0.554*** (3.54)	0.602*** (2.58)	0.494 (1.38)
社会资本	0.431*** (6.70)	0.663*** (7.75)	0.836*** (7.56)
价格水平	-0.116 (-0.43)	0.640** (2.00)	1.177*** (3.09)
政府支持	0.061*** (2.96)	0.083** (2.50)	0.119** (1.97)
常数项	-6.137*** (-13.53)	-4.780*** (-8.45)	-3.516*** (-4.67)
观测值	300	300	300
R^2	0.899	0.893	0.875

注：**、*** 分别表示在 5%、1% 的水平上显著。估计系数下面的小括号内为 t 值。

资料来源：笔者整理。

首先，经济资本对文化消费的影响显著为正。居民人均可支配收入每提升1%，居民文化消费支出将增加0.467%。正如预期的一样，随着收入水平的不断提高，居民会相应地增加满足精神层面需求的文化娱乐消费支出，提高文化消费支出在整体消费支出中的比重，改变消费结构，实现消费升级。但是文化商品和服务的需求收入弹性并没有大于1，并不属于富有需求收入弹性的行列。

其次，文化资本对文化消费的影响在普通最小二乘法和随机效应模型下显著为正，平均受教育年限每提高1%，则人均文化消费支出分别提高0.554%和0.602%，在固定效应模型下回归系数为正但是不显著，总体来说，消费者文化资本的提升有利于增加文化消费支出。随着居民平均受教育年限的提高，一方面，对教育更加重视，增加了教育支出；另一方面，通过教育水平的提升，文化资本的丰富，文化消费品位和文化欣赏能力随之上升，进而增加了文化消费的需求。

再次，以电话使用频率作为代理变量的社会资本的系数也显著为正，电话使用频率每提高1%，文化消费支出就提升0.836%，说明社会资本对文化消费支出存在显著正向影响，可见互联网的快速发展以及居民的积极融入使得社会网络的覆盖面更加地广泛，人们之间的沟通更加地顺畅和便捷，信息交流更加地充分，人际关系的良性发展以及信息交流的频率增加会促进居民进行更多的文化消费活动以及产生更多的文化消费支出。

控制变量中，价格水平对文化消费支出的影响在OLS模型中估计系数为负但不显著，表明文化消费产品价格对居民文化消费支出有一定的抑制作用，但在控制了地区和时间之后，价格水平对文化消费支出的影响转负为正，表明在控制了地区差异和时间趋势后，我国居民文化消费对文化娱乐服务价格并不敏感。一个可观测的现实是，随着收入的增加和品位的提升，消费者越来越重视产品的品质，而产品的品质往往与价格正相关，这也是经济发展到一定程度，消费升级所带来的必然结果。政府支持对文化消费支出的影响显著为正，但是影响系数并不大，这说明政府支持对居民文化消费支出存在微小但是显著的挤入效应，可能是因为政府在文化领域的财政支持完善了公共文化服务建设，优化了文化市场产品和服务的供给，营造了良好的文化消费环境，助推了居民增加文化消费支出。

二、区域异质性检验

（一）区域差异

在本书的第四章已经分析过，我国文化消费水平存在明显的区域差异性，呈现东部地区文化消费水平较高，中、西部地区文化消费较低的特征。此处将以上述特征为基础,进一步地研究经济资本、文化资本和社会资本等因素对文化消费水平影响的区域性差异。[①] 表 8-3 为分样本回归结果。

表 8-3 区域异质性检验结果

变量	OLS		固定效应	
	东部地区	中、西部地区	东部地区	中、西部地区
经济资本	0.531*** (7.23)	1.051*** (16.87)	0.309*** (2.74)	0.901*** (9.37)
文化资本	0.445* (1.98)	0.631*** (3.43)	0.733 (1.22)	0.313 (0.88)
社会资本	0.654*** (5.78)	0.377*** (5.36)	0.651*** (3.55)	0.309** (2.40)
价格水平	-1.512*** (-4.39)	1.482*** (3.89)	0.393 (0.91)	2.119*** (4.06)
政府支持	0.0504* (1.78)	-0.0307 (-1.13)	0.102 (1.21)	0.145** (2.23)
常数项	-3.833*** (-6.26)	-8.825*** (-15.61)	-2.439** (-2.28)	-7.403*** (-8.19)
观测值	110	190	110	190
R^2	0.904	0.903	0.828	0.931

注：*、**、*** 分别表示在 10%、5%、1% 的水平上显著。估计系数下面的小括号内为 t 值。
资料来源：笔者整理。

OLS 模型和固定效应模型在回归结果上存在差异性,此处同样以固定效应模型回归结果为基础进行分析。经济资本对文化消费支出的影响均显著为正,人均可支配收入每提升 1%,东部地区提升 0.309 个百分点,中、西部地区提升 0.901 个百分点。经济资本对文化消费支出的提升效应在中、西部地区大于东部地区,由于东部地区居民人均可支配收入水平高于中、西部地区,根据消费理论可知,随着收入水平的增加,边际消费倾向趋于递减,高收入水平具有相对较低的边际消费倾向,低收入群体的边际消费倾向相对较高,因此,中、西部地区的

---

① 一方面,考虑到样本数量太小会使回归结果产生偏误;另一方面,东部地区的文化消费水平与中、西部地区差距很大,因而将传统划分中的中部地区和西部地区合并到一起,称为中、西部地区。

居民文化消费支出水平随收入提高而提高的幅度要大于东部地区。

文化资本对文化消费的影响在东部地区和中、西部地区均为正，但回归系数不显著。就系数大小看，东部地区居民文化资本对文化消费支出的提升效应大于中、西部地区，更高水平的文化资本代表更高水平的文化欣赏能力，文化欣赏能力水平越高，对文化消费的意愿会越强，因此，对文化消费的提升作用会更大。就系数显著性来看，文化资本对文化消费的影响不明显，可能是由于大众文化的发展，使得文化资本较低、文化欣赏能力较弱的居民也能增加文化消费，进而弱化了文化资本对文化消费的正向影响。

以电话使用率作为代理变量的社会资本对于东部和中、西部地区的文化消费支出均存在显著正向影响，不过东部地区的影响系数要显著大于中、西部地区。社会资本的提高有助于加速文化产品和服务的创新、传播和流行，移动智能终端的广泛运用、互联网技术的普及和深化发展，推进了信息交换的速度和深度，从而带动性地增加了文化消费支出。东部地区在文化产品的迭代更新程度、文化消费观念的开放程度、文化消费潮流的传播速度以及文化的融合程度上可能要整体强于中、西部地区，从而使得社会资本对文化消费的促进作用要大于中、西部地区。

（二）城乡差异

上文回归结果是基于我国30个省（区、市）的整体样本，而在我国的二元经济结构下，城镇和乡村的发展差距还较大，文化消费水平也存在较大的差异，因此，上文基于我国样本得到的估计系数对于政策的指导意义可能存在一定的局限。基于此，把各省（区、市）的城乡分开估计，以此考察消费者经济资本、文化资本和社会资本对文化消费的影响，模型设计如式（8-1）。

表8-4给出了城乡异质性影响检验结果。实证结果显示，不论是城镇还是农村，经济资本的增加都会显著地提高居民的文化消费支出，这既符合理论分析，又有来自现实数据的支撑。农村地区经济资本对文化消费支出的影响要大于城镇，可能的解释是，农村地区居民收入普遍低于城镇，低收入群体的边际消费倾向高于高收入群体，随着收入的增加，处于相对低收入的农村群体会增加更多的文化消费支出，这一点也得到了近年来的文化消费支出数据的支持，农村居民文化消费支出增速明显高于城镇居民。另外，文化消费不同于一般的商品消费，文化消费既受到收入的约束，又受到时间的约束，城镇居民的工作时间挤压了闲暇时间，可能会影响其文化消费活动的参与和文化消费支出，而农村居民的工作时间相对比较灵活，因而需求收入弹性会更大一些。

表 8-4　　　　　　　　　　城乡异质性检验结果

变量	城镇	农村
经济资本	0.180*** (4.310)	0.425* (1.86)
文化资本	0.260** (2.090)	1.202* (1.77)
社会资本	0.249*** (8.430)	1.154*** (12.01)
价格水平	-0.523** (-2.290)	-0.253 (-0.23)
政府支持	0.040** (2.120)	0.363*** (4.23)
常数项	-2.139*** (-4.860)	-2.946 (-1.15)
观测值	300	300
R^2	0.8509	0.6715

注：*、**、***分别表示在10%、5%、1%的水平上显著；括号内为 t 统计值。
资料来源：笔者整理。

以平均受教育年限度量的文化资本提高对城镇和农村文化消费支出的影响系数均显著为正，说明无论是城镇还是农村，教育程度的提高、文化资本的深化带来的居民文化欣赏能力的提升会显著地促进文化消费的发展。且从系数来看，农村居民文化资本的提高对文化消费支出的促进作用要略大于城镇地区，这可能与文化消费水平的高低有关系，农村地区整体文化资本水平相对较低，文化消费水平也较低，因而，文化资本对文化消费需求的弹性较大，这也就意味着，农村地区文化资本每增加一个单位会带来更大的文化消费支出的增加。

以电话使用率作为代理变量的社会资本上升，城镇和农村的文化消费支出也显著地增加。回归结果显示，电话使用率每提升1%，城镇人均文化消费支出增加0.249%，农村人均文化消费支出增加1.154%，对比发现，通讯技术和网络的发展对于农村地区居民文化消费的提升率大于城镇地区，这可能是因为，城镇地区通信网络发展水平相对高于农村地区，水平越高，释放的消费需求越有限，而农村地区依托于移动智能终端和互联网络的发展，能释放出更多的潜在文化消费需求。

此外，价格水平对文化消费支出存在负向影响，但在城镇地区比较显著而农村地区则表现不明显，这可能是因为，城镇地区的文化产品或服务更加丰富，消费者有更大的选择空间，因而城镇居民表现出对文化消费商品或服务的价格更加敏感，而农村地区的文化商品或服务供给相对不足，选择性不丰富，对价格不太敏感，结果不太显著。不管是城镇还是农村地区，政府的支持都对文化消费支出存在显著正向影响，但是对农村地区的影响力度更大一些，这仍然可以从发展阶段的角度予以解释。城镇地区发展相对较快，文化场馆建设和文化服务的供给相对比较成熟和完善，政府的支持对文化消费支出带来的效应不明显。相对而言，随着新农村建设、乡村振兴战略的实施，农村地区的文化基础设施建设进程加速，消费选择扩容和文化消费环境的培育等公共文化政策效果对文化消费支出的刺激作用正在显现出来，因而作用相对更大一些。

第四节 进一步分析

一、门槛检验

（一）模型设定及基本原理

从前面的实证研究可以发现，我国文化消费呈现区域非均衡发展的特征，这可能是因为资本对文化消费支出产生的是非线性影响。为探索资本因素对文化消费存在的非线性影响，这里借鉴布鲁斯·汉森（Bruce Hansen, 1999）[1]的思想设定门槛模型进行分析。以经济资本作为门槛变量设定门槛模型如下：

$$\ln cc_{it} = \alpha_0 + \alpha_1 \ln eco \times I(q \leqslant c_1) + \alpha_2 \ln eco \times I(c_1 < q \leqslant c_2) \\ + \alpha_3 \ln eco \times I(c_2 < q) + \beta Z + \varepsilon_{it} \quad (8-2)$$

式（8-2）中，q 为门槛变量，c 为待估计的门槛值，$I(\cdot)$ 为示性函数，若满足括号内要求取值为 1，反之，则取值为 0，Z 为控制变量。

根据 B. E. 汉森（1999），模型估计的基本思路是：给定 γ 的取值，对方程进行一致性估计得到估计系数 $\hat{\beta}(\gamma)$ 以及残差平方和 $SSR(\gamma)$，利用网格搜索法，选择 $\hat{\gamma}$ 使得 $SSR(\hat{\gamma})$ 最小，从而确定最优的估计系数 $\hat{\beta}(\hat{\gamma})$。

关于门槛效应的显著性检验包括两步：第一步，门槛效应的存在性。单一门

---

[1] Bruce. E. Hansen. Threshold Effects in Non-dynamic Panels: Estimation, Testing and Inference [J]. Journal of Econometrics, 1999 (93): 345–368.

槛模型的原假设是：$H_0: \beta_1 = \beta_2$，若原假设成立，则不存在门槛效应；若拒绝原假设，则存在门槛效应。检验统计量为：

$$LR = \frac{[SSR^0 - SSR(\hat{\gamma})]}{\delta^2}$$

其中，SSR^0 为原假设 "$H_0: \beta_1 = \beta_2$" 下得到的残差平方和，$SSR(\hat{\gamma})$ 为存在门槛效应时的 OLS 残差平方和，而 $\delta^2 = \frac{SSR(\hat{\gamma})}{n(T-1)}$。

显然 $SSR^0 \geq SSR(\hat{\gamma})$，且 SSR^0 与 $SSR(\hat{\gamma})$ 的差额越大，越倾向于拒绝原假设，则越可能存在门槛效应。B. E. 汉森（1999）建议用 Bootstrap 方法来模拟似然比检验的渐进分布及临界值，如果拒绝原假设，则进行双门槛、多门槛检验。

第二步，门槛效应的真实性。假设 γ 为真实门槛值，$\hat{\gamma}$ 为 γ 的一致估计量，原假设为 $H_0: \hat{\gamma} = \gamma$，似然比估计量为：

$$LR = \frac{[SSR(\gamma) - SSR(\hat{\gamma})]}{\delta^2}$$

其中，$\delta^2 = \frac{SSR(\hat{\gamma})}{n(T-1)}$。当 $LR(\gamma) \leq c(a) = -2\ln(1 - \sqrt{1-a})$ 时（其中，a 表示显著性水平），不能拒绝门槛值真实的原假设；否则，则在显著性水平 a 上拒绝原假设。

（二）门槛效应检验

需要通过门槛效应检验来确定是否存在门槛效应以及门槛的个数。如果检验结果显示不存在显著门槛效应，则面板门槛模型就转化为普通的面板回归模型。以经济资本作为门槛变量，依次在不存在门槛、单一门槛和双重门槛的假设下对模型进行估计，得出原假设下的 F 统计量和采用自抽样法得出的 P 值如表 8 – 5 所示。①

表 8 – 5　　　　　　　　　　经济资本门槛自抽样检验结果

变量	模型	F 统计量	P 值	临界值		
				1%	5%	10%
经济资本	单门槛	122.960***	0.000	24.987	30.148	48.425
	双门槛	26.690**	0.037	21.444	25.100	36.797
	三门槛	19.950	0.263	28.058	35.519	53.845

---

① 本书考虑了收入水平和教育水平两个门槛变量，但在门槛回归中每次添加的门槛变量超过一个，会产生多重共线性问题，因而下面的实证过程会分别进行门槛回归。

续表

变量	模型	F 统计量	P 值	临界值		
				1%	5%	10%
文化资本	单门槛	94.270***	0.000	36.529	43.875	56.566
	双门槛	35.090*	0.053	28.342	35.102	55.072
	三门槛	17.360	0.737	40.394	45.250	55.393
社会资本	单门槛	36.780**	0.013	23.384	27.460	37.630
	双门槛	8.010	0.617	22.969	26.678	34.297
	三门槛	9.630	0.940	42.672	50.636	61.541

注：*、**、*** 分别表示在 10%、5%、1% 的水平上显著；P 值和临界值均为 Bootstrap 法反复自抽样 300 次得到的结果。
资料来源：笔者整理。

表 8-5 分别给出了以经济资本、文化资本和社会资本作为核心解释变量时的门槛效应。核心解释变量为经济资本时，经济资本的双重门槛检验的 LR 统计量在 5% 的显著性水平上通过检验，拒绝原假设，确定为双重门槛模型。门槛参数的估计值是似然比检验统计量 LR 为零时的取值，经济资本的两个门槛值分别为 27833.622 和 42192.595，且处于 95% 的置信区间内，说明门槛值真实、有效（见表 8-6）。

类似地，核心解释变量为文化资本时，在 5% 的显著性水平上，仅单一门槛通过了显著性水平检验，而双重门槛和三重门槛效应没有通过显著性水平检验，因而接受原假设，在考察文化资本对文化消费影响的经济资本门槛效应时，应采用单门槛模型，此时，门槛值为 15756.370。核心解释变量为社会资本时，在 5% 的显著性水平上，仅单一门槛通过了检验，双门槛和三门槛未通过检验；因此，社会资本对文化消费影响的经济资本门槛模型应采用单门槛模型，门槛值为 27833.622（见表 8-6）。

表 8-6　　　　　　　　经济资本门槛估计值及置信区间

变量	模型	门槛值	95% 置信区间
经济资本	双门槛	27833.622	{26930.103, 27861.470}
		42192.595	{40255.423, 44489.123}
文化资本	单门槛	15756.370	{15552.863, 15819.522}
社会资本	单门槛	27833.622	{26635.495, 27861.470}

资料来源：笔者整理。

第八章 资本影响文化消费决策：宏观视角

同时，当尝试以文化资本作为门槛变量时，发现只有以社会资本作为核心解释变量时才能在1%的显著性水平上通过检验，拒绝原假设，存在单一门槛，且门槛值为8.962，位于95%的置信区间{8.917，8.980}之内。以其他变量作为核心解释变量时，在5%的显著性水平上均不能通过检验。

（三）门槛模型估计与分析

以经济资本为门槛变量时，模型回归结果见表8-7。表8-7的模型一中，当经济资本小于门槛值27833.622时，经济资本对文化消费支出的弹性系数为0.975，且通过1%的显著性水平检验，此时，经济资本对文化消费起到正向促进的作用；当经济资本位于27833.622~42192.595时，经济资本回归的弹性系数为0.961，并且通过1%的显著性水平检验；当经济资本大于门槛值42192.595时，经济资本的回归系数为0.937。由此可知，经济资本在不同门槛之下均对文化消费起到显著的促进作用，但由每阶段的回归系数大小可知，随着经济资本的提升，经济资本对文化消费的正向影响呈缓慢减弱的趋势。这意味着，随着经济的发展和收入水平的提高，收入水平对文化消费支出的影响越来越弱，可能其他因素在对文化消费支出影响中的作用越来越强。

表8-7　经济资本门槛模型回归结果

变量	模型一 经济资本	模型二 文化资本	模型三 社会资本
文化资本	0.399 (1.420)	—	1.677*** (4.980)
社会资本	0.288*** (2.950)	0.622** (5.980)	—
经济资本—1	0.975*** (13.080)	0.519* (1.770)	0.847*** (7.850)
经济资本—2	0.961*** (13.050)	0.601** (2.050)	1.254*** (8.720)
经济资本—3	0.937*** (12.810)	—	—
价格水平	1.099** (3.630)	0.938*** (2.870)	1.403*** (3.780)

续表

变量	模型一 经济资本	模型二 文化资本	模型三 社会资本
政府支持	0.068 (1.430)	0.208** (4.810)	0.356*** (7.250)
常数项	-7.980*** (-11.560)	0.188 (0.320)	-2.517*** (-3.790)
R^2	0.8866	0.8775	0.8023
观测值	300	300	300

注：*、**、***分别表示在10%、5%、1%的水平上显著；括号内为t统计值。
资料来源：笔者整理。

表8-7的模型二中，当经济资本小于门槛值15756.370时，文化资本对文化消费影响的弹性系数为0.519，通过10%的显著性水平检验；当经济资本大于门槛值15756.370时，模型二中文化资本的影响系数提高为0.601，通过5%的显著性水平检验。一方面，文化资本始终对文化消费支出存在积极的促进作用；另一方面，随着经济资本跨越门槛值，文化资本对文化消费的作用会进一步地增强。这意味着，随着收入水平的提高，文化资本对文化消费支出的影响会逐渐地增强，教育水平越高的人越倾向于增加文化消费支出。

表8-7的模型三中，当经济资本小于门槛值27833.622时，社会资本对文化消费影响的弹性系数为0.847；当经济资本跨越门槛值后，社会资本的回归系数变为1.254，在门槛值前后，均通过1%的显著性水平检验，表明社会资本可显著地提升居民文化消费水平，进一步地，经济资本的提升会增强社会资本对文化消费正向影响的强度。

以文化资本为门槛变量时，模型回归结果见表8-8。当文化资本小于门槛值8.962时，社会资本对文化消费的影响弹性系数为0.764，且通过1%的显著性水平检验；当文化资本跨越门槛值时，社会资本对文化消费影响的弹性系数变为0.292，且通过5%的显著性水平检验。上述结果表明，社会资本对文化消费产生了显著正向影响，文化资本的提升会弱化社会资本对文化消费的影响力度。当文化资本处于低水平时，居民对文化产品的鉴赏能力不强，尚未形成明确的文化消费偏好，在不断地加强社会联系时，易产生冲动消费、跟风消费等，由此可能表现出对文化消费较强的相关性；当文化资本水平较高时，对文化产品的鉴赏能力会随之提升，因此，居民可分辨出何种文化产品有利于增强自身的效用，此时，居民的文化消费偏好明确且稳定，在加强社会联系时不易受外界影响，因此，表现出对文化消费的弱相关性。

表 8-8　　　　　　　　　　文化资本门槛模型回归结果

变量	社会资本
经济资本	0.815*** (10.490)
文化资本—1	0.764*** (7.660)
文化资本—2	0.292** (2.020)
价格水平	0.962*** (2.820)
政府支持	0.030 (0.584)
常数项	-5.362*** (-8.750)
R^2	0.780
观测值	300

注：**、***分别表示在5%、1%的水平上显著；括号内为 t 统计值。
资料来源：笔者整理。

二、内生性检验

相对收入假说提出消费具有"棘轮效应"，消费存在"由俭入奢易，由奢入俭难"的特征，即随消费者收入水平的提高，提升消费水平很容易；当消费者收入水平降低，要想降低消费水平则很难，这其中主要是消费习惯的影响。消费者一旦养成消费习惯，短期内将难以改变。文化消费作为消费的一种方式，也具有此特征，且表现得更为明显。[①] 文化消费过程表现为对文化产品或服务的"解码"过程，在这一过程中，消费者既可享受到文化产品给自身带来的效用，同时

---

① 张梁梁，林章悦. 我国居民文化消费影响因素研究——兼论文化消费的时空滞后性 [J]. 经济问题探索，2016（8）：56-64.

"解码"的过程也是不断学习的过程,即消费者享受文化产品效用的同时,对于文化产品的鉴赏能力也随之增强。文化产品鉴赏能力的增强进一步提高了消费者的文化消费需求,实现文化消费的"理性上瘾"。① 从长期来看,则会形成一种稳定的消费习惯,短期内不会发生明显的变化,由此延伸出一种消费路径依赖。这也是文化消费与一般商品的区别,即文化消费存在边际效用递增的现象。

一方面,过去的文化消费习惯会影响到当前的文化消费支出,文化消费存在惯性特征;另一方面,经济资本、文化资本和社会资本等资本变量对文化消费存在影响;反过来,文化消费的增加也有可能会带来经济资本、文化资本和社会资本的增进,也就是说,文化消费与经济资本、文化资本和社会资本等存在相互促进、相互影响的关系。② 上述两个方面的原因会导致模型存在内生性问题,如果采用普通面板数据回归方法,得到的结果可能会有偏,因而,采用动态面板模型以有效地解决内生性问题和捕捉文化消费的惯性特征。

动态面板数据模型中,因为因变量的滞后项充当了解释变量,从而有可能导致解释变量与随机扰动项相关,而且模型具有横截面相依性。在不满足随机误差项服从正态分布假设的条件下,如果采用传统的估计方法进行估计容易产生偏差,随机效应估计也会有偏差,使用固定效应模型进行估计将产生向下的偏差,导致参数估计值是有偏的、非一致的,从而推断的经济学含义也是不可靠的。

学者提出的广义矩估计很好地解决了上述问题。笔者采用差分 GMM 分析资本因素对文化消费支出的影响。③ 有部分文献采用的是系统 GMM 模型分析,系统 GMM 模型是在差分 GMM 模型的基础上构建的,考虑到了差分的信息和水平方程,有更多的工具变量可以选择,能同时解决弱工具变量的问题。但是系统 GMM 模型不需要对因变量和自变量进行数据变换,使得更高阶的差分也可以做工具变量,而高阶差分会使得模型原来的意义发生根本的变化(王常红,2018)。④ 考虑到数据的有效性,采用差分 GMM 模型,模型构建如下:

$$\ln cc_{it} = \beta_0 + \alpha_0 \ln cc_{it-1} + \alpha_1 \ln eco_{it} + \alpha_2 \ln cul_{it} + \alpha_3 \ln sco_{it} + \beta X_{it} + \lambda_i + \eta_i + \varepsilon_{it}$$

$$(8-3)$$

---

① 吴利华,张宗扬,顾金亮. 中国文化产业的特性及产业链研究——基于投入产出模型视角 [J]. 软科学,2011 (12):29 – 32.

② 洪涛,毛中根. 文化消费的结构性与层次性:一个提升路径 [J]. 改革,2016 (1):105 – 112.

③ Arellano M, S Bond. Some Tests of Specification for Panel Data: Monte Carlo Evidence and an Application to Employment Equations [J]. Review of Economic Studies,1991,58 (2):277 – 297.

④ 王常红. 性别比例、居民受教育程度与居民储蓄率的关系 [D]. 南京:南京大学,2018.

式 (8-3) 中，cc_{it-1} 是居民人均文化消费支出的滞后项，针对上述动态面板模型，采用两步差分 GMM 模型。回归结果显示，模型均通过了误差项序列自相关检验，即存在一阶序列自相关而不存在二阶序列自相关，Sargan 检验 P 值大于 0.1，表明模型不存在工具变量的过度识别问题，差分 GMM 估计结果有效。从表 8-9 的回归结果可知，人均文化消费支出滞后一期结果高度显著，说明我国居民文化消费受上期文化消费支出的影响较大，也较好地捕捉了文化消费的惯性特征。经济资本、文化资本和社会资本的估计系数均显著为正，表明经济资本、文化资本和社会资本对居民文化消费均有显著的促进作用，这进一步地验证了本章的理论假设 8-1、假设 8-2、假设 8-3，也表明模型结果具有稳健性。

表 8-9　　　　　　　　　内生性检验：差分 GMM 回归结果

变量	模型一	模型二
消费习惯	0.869 *** (68.65)	0.891 *** (56.66)
经济资本	0.0971 *** (3.18)	0.116 ** (2.57)
文化资本	0.432 *** (5.78)	0.335 *** (3.85)
社会资本	0.285 *** (9.70)	0.193 *** (5.26)
价格水平	—	-0.532 * (-1.68)
政府支持	—	0.0792 *** (4.57)
常数项	0.0207 (0.19)	0.278 (1.26)
观测值	240	240
AR (1)	[0.000]	[0.000]
AR (2)	[0.420]	[0.453]
Sargan	[0.989]	[0.999]

注：*、**、*** 分别表示在 10%、5%、1% 的水平上显著；小括号内为 t 值，大括号内为 P 值。
资料来源：笔者整理。

第九章 文化消费的空间溢出效应

第一节 问题的提出

在有关区域问题的研究中，不容忽视的是区域之间的空间相关性。地理学第一定律指出，距离越近的区域，相互之间的联系越紧密。有些学者指出"几乎所有的空间数据都具有空间相关性特征"，文化消费也不例外。2018 年的数据显示，东部地区人均文化消费支出为 2872.4 元，中、西部地区人均文化消费支出为 1938.2 元。上海、江苏、浙江三省（市）的人均文化消费支出分别为 5049.4、2582.6 和 3031.3 元，而同期新疆、西藏、青海的人均文化消费支出只有 1762.5、609.3 和 1655.6 元。[①] 可见，东部地区文化消费水平总体高于中、西部地区，文化消费在东部沿海地区和中、西部内陆地区间表现出明显的非均衡状态，而且东部地区和中、西部地区之间形成文化消费高水平与低水平的集聚，具有明显的空间相关性。为何会出现这样的现象？除了经济发展水平的差异，地区间的互动行为可能也是导致文化消费非均衡状态的重要原因之一。但是现有关于文化消费的文献，大多都将区域看作独立的系统，并未涉及区域间的空间关联性，因而，使得估计结果存在一定的偏误。故笔者尝试在分析居民文化消费时，采用空间经济模型，考虑区域间存在的空间相关性，解决以往研究中存在的估计偏误问题。

通过梳理相关的文献发现，学界对文化消费的区域非均衡性已经展开了相对比较深入的研究。我国经济发展存在明显的地域性和城乡差异，文化消费也表现出明显的非均衡特征。[②③] 然而，文化消费并非单纯的局部活动，文化消

---

① 由国家统计局数据整理得来。http://data.stats.gov.cn/easyquery.htm?cn=E0103.
② 陈雷，张莹. 城镇文化消费的现状及影响因素分析 [J]. 西安财经学院学报，2013（1）：5-10.
③ 于进. 扩大和升级城乡居民文化消费的路径研究 [J]. 宏观经济管理，2019（6）：72-76.

费具有明显的空间溢出效应。① 关于空间溢出效应的研究最初更多地集中在区域经济发展、② 环境污染问题③等领域，关于文化消费溢出效应的研究相对较少，但是也做出了很多有益的尝试，例如，张梁梁等（2016）通过构建动态空间模型发现，我国居民文化消费存在明显的空间集聚性和时空滞后性，居民收入水平、受教育程度、社会保障力度和地区因素对文化消费具有正向的促进作用，而人口老龄化结构不利于文化消费的发展。④ 匡瑞鹏等（2016）通过空间探索性分析发现我国省域城镇居民文化消费存在空间相关性和空间异质性，失业率对城镇居民文化消费水平具有一定的负向影响，收入水平、受教育程度和公共文化投资对文化消费均具有显著的正向作用，其中收入水平的驱动力最大。⑤ 李伟（2016）运用空间滞后模型分析发现，我国农村居民文化消费也存在明显的空间溢出效应，一个地区农村居民文化消费的提升将通过"示范效应"对邻近地区农村居民文化消费产生正向溢出，居民可支配收入、城镇化水平、消费倾向和基础设施建设也对农村文化消费存在正向影响。⑥ 朱媛媛等（2020）运用 GIS 进行空间分析发现，中国的文化消费水平在空间上整体表现为东西差异，且存在一条类似人口、经济分布规律的"胡焕庸线"，在"胡焕庸线"的两侧文化消费水平差异较大；中国省域文化消费水平梯度差异明显，以板块内差距为主，板块间差距为辅；文化产品供给、经济发展水平、政府调控能力以及教育发展程度共同影响着中国文化消费的地域分异特征。⑦ 采用不同方法对文化消费空间溢出效应进行的分析既拓展了现有的文化消费研究的深度和广度，也为相关政策的制定提供了借鉴。

但上述关于文化消费空间溢出性的研究还存在一定的局限性，例如，张梁梁等（2016）和李伟（2016）分别构建空间计量模型，实证分析了我国居民文化消费的时空滞后性，⑧⑨但两位学者在考虑空间权重时，均使用的是地理距离空间权重矩阵，这种矩阵单纯地考虑的是地理邻近的影响，并不能真实地反映区域间文化消费的互动行为。地区经济发展水平、居民文化素养、社会环境稳定性等都

---

① ④ ⑧ 张梁梁，林章悦. 我国居民文化消费影响因素研究——兼论文化消费的时空滞后性［J］. 经济问题探索，2016（8）：56 – 64.

② 潘文卿. 中国的区域关联与经济增长的空间溢出效应［J］. 经济研究，2012（1）：54 – 65.

③ 邵帅，李欣，曹建华，杨莉莉. 中国雾霾污染治理的经济政策选择——基于空间溢出效应的视角［J］. 经济研究，2016（9）：73 – 88.

⑤ 匡瑞鹏，马玉琪，赵彦云. 中国城镇居民文化消费的空间分析——基于混合地理加权回归模型［J］. 消费经济，2016（6）：45 – 50.

⑥ ⑨ 李伟. 农村居民文化消费的空间溢出效应分析［J］. 商业经济研究，2016（17）：163 – 165.

⑦ 朱媛媛，甘依霖，李星明，余瑞林. 中国文化消费水平的地域分异及影响因素［J］. 经济地理，2020（3）：110 – 118.

会对周边地区文化消费产生影响。拥有相似的经济发展水平和文化背景的地区可以更方便地进行文化交流和文化传播，因此，能够更充分地利用文化资源，从而促进文化消费水平的提高。上述结论得到了部分学者的支持，例如，王亚楠（2018）认为，文化消费作为精神类消费的特征就决定了消费者的文化背景必然会对文化消费的溢出产生一定的影响，文化背景相似的地区互动行为更加紧密。① 因而，在空间权重矩阵设定上，应充分地考虑不同形式的空间特征。笔者试图通过地理距离权重矩阵、经济资本距离权重矩阵、文化资本权重矩阵和社会资本权重矩阵的设定来考察文化消费的溢出效应，以便更加真实地反映文化消费在社会经济空间中的溢出效应，并分别对我国东部地区和中、西部地区文化消费的空间效应进行检验，以期在资本对文化消费的空间溢出效应效果问题上做出更为准确的判断。

第二节　溢出效应的理论机制

一、文化消费的溢出效应

文化消费除了受到收入、受教育水平、文化产品供给等需求端和供给端因素的影响外，还受到消费溢出效应的影响。这种溢出效应主要是通过"学习效应"和"示范效应"实现的。

（一）学习效应

文化消费存在较强的学习效应。按信息来源渠道的差异分为观察性学习和社会性学习。② 观察性学习是通过观察社会网络中其他个体的消费行为，间接地对消费品质量进行判断；社会性学习是社会网络中个体之间对消费品的质量信息进行直接的交流与学习。社会性学习是影响产品消费的重要驱动机制，消费者之间及时、顺畅的信息沟通与交流能够显著地刺激消费的增长。③ 事实上，消费者模仿周围人的行为，往往是因为缺乏足够的信息而独立做出决策。当一项新产品面世时，消费者由于无法获得关于这种产品的充分信息，只能通过观察周围参照群

---

① 王亚楠. 基于社会网络视角的文化消费空间网络结构研究——以中国省际数据为例 [J]. 文化产业研究，2018（2）：53 – 66.
② Durlauf S N, Fafchamps M. Social Capital [J]. Steven Durlauf, 2004（7）：1180 – 1198.
③ 方娴，金刚. 社会学习与消费升级——来自中国电影市场的经验证据 [J]. 中国工业经济，2020（1）：43 – 61.

体的消费行为或模式，从中获得一些信息作为自身决策的基础，因而，消费模仿行为其实是消费者在不完全信息约束条件下的理性选择。

当消费者的购买决策不完全由市场价格机制决定，而是受到社会上其他主体消费行为的影响时，即存在消费的溢出效应。例如，消费者对某种电子产品、音乐或电影的选择，并不完全取决于价格、自身偏好等因素，也可能是基于身边朋友的介绍、领域内权威人士的推荐、意见领袖的带动或者社交媒体上对该文化产品的评价。一般情况下，溢出效应的产生可能是因为缺乏足够的信息来独立决策，而模仿周围人的消费行为、消费信号或者进行社会性学习的结果。

从区域的角度看，经济发展水平较高的地区，往往文化产业发展水平也较高，创新性的文化产品或服务供给比较丰富，相应地文化消费水平也较高。经济发达地区在文化消费的数量、质量和方式上往往更具有优势，能够走在前沿并引领消费潮流，相关文化消费的资讯会通过互联网、自媒体和人口流动等途径进行传播，成为其他地区学习、模仿的对象，推动其他地区文化消费支出的增加，从而实现文化消费在空间上的溢出。现代互联网技术的发展和交通网络体系的完善促进了地区间的互动交流，冲击了原本地区间相对独立的文化消费结构，使居民文化消费行为的学习效应更加显著。

(二) 示范效应

索尔斯坦·凡勃伦 (Thorstein Veblen) 在《有闲阶级论》(*The Theory of the Leisure Class*) 中提出了"炫耀性消费"的理论。[①] 他认为，富裕的上层阶级通过对物品超出实用和生存所必需的浪费性、奢侈性消费，向他人炫耀和展示自己的财力和社会地位。有闲阶级基于炫耀的目的将文化商业化，艺术品消费、奢侈品消费、高雅文化消费等均可归属为炫耀性消费之列。P. 福塞尔 (P. Fussell) 提出了"象征消费"的概念。[②] 他认为，消费者在消费商品时不仅消费商品本身，同时，也消费商品所象征的社会文化意义。消费者通过消费商品向外界传达身份地位、个性品位和情趣等，因而，消费其实是彰显个性和品位的过程；消费过程不仅满足了人的基本需要，也是社会表现和社会交流的过程。[③] "象征消费" 尤其体现在品牌消费和文化消费中。"面子"观念一直以来是中国传统文化的重要组成部分，从古至今，中国社会也存在普遍的"面子消费"现象。

[①] Thorstein Veblen. The Theory of the Leisure Class [M]. New York: Dover Publications Inc, 1899.
[②] [美] P. 福塞尔. 格调：社会等级与生活品味 [M]. 梁丽真, 乐涛, 等译. 北京：中国社会科学出版社, 1998: 217-234.
[③] 姜涛. 从面子文化看国人的消费行为 [J]. 环渤海经济瞭望, 2011 (11): 49-51.

在现代生活中，如何保持自身的自主性和个体性依然是个人面临的重要选择，因此，精英人士在不断地创造新的文化趋势，大众在不断地模仿以紧跟社会潮流。可以说，文化消费不仅是生存的需要，也是一种维持社会关系的纽带。居民可能会为了维持社会地位或者获得心理上的满足感增加文化消费支出，将消费作为一种展示自己的社会地位、名誉及声望的工具和手段，并从中获取满足感，进行"炫耀性消费"；① 居民也可能会基于提升社会地位的需要增加文化消费支出，进行攀比性消费，这些都成为文化消费现象中的重要组成部分，也体现了消费支出的"攀比效应"。② 文化消费的攀比行为虽然难以保证文化消费的质量，但无疑促进了文化消费的支出。

在中国城乡二元经济结构以及区域经济存在差异化发展的背景下，文化消费也呈现出结构化特征，往往发达地区的文化消费支出更高，更能代表潮流和趋势。消费行为具有模仿性和示范性，特别是相对较低收入的地区会趋向于模仿周边较高收入地区的文化消费行为、模式等，农村地区的消费者会模仿城市消费者的文化消费行为，经济发达地区的文化消费行为也会对周边地区的文化消费行为产生"示范效应"，即文化消费支出对周边地区的文化消费存在溢出效应。

基于以上两点分析，提出假设9-1：本区域文化消费对邻近区域文化消费具有正向溢出作用。

二、资本对文化消费的溢出效应

（一）经济资本

经济资本作为最基础的资本，③ 可直接转化为金钱，④ 对区域内外的文化消费支出产生重要的作用。一方面，收入是消费的基础性条件，收入增加会带来文化消费支出增加；无论是绝对收入假说、相对收入假说还是生命周期假说，都将收入置于影响消费支出的核心位置。收入水平的高低、经济资本的丰裕程度是影响文化消费支出的重要因素。另一方面，当收入增加到一定程度，收入增加会带

---

① 朱梅，汤庆熹，裴爱红. 农村居民不良消费行为的文化动因及对策研究 [J]. 湖南农业大学学报（社会科学版），2007（9）：40-43.

② 杭斌，闫新华. 经济快速增长时期的居民消费行为——基于习惯形成的实证分析 [J]. 经济学（季刊），2013（4）：1191-1208.

③ 刘玲. 学术会议：一个文化消费的读本——基于布迪厄资本理论视角 [J]. 新疆社科论坛，2013（1）：65-67.

④ 朱迪. 经济资本还是文化资本更重要？——家庭背景对大学生消费文化的影响 [J]. 黑龙江社会科学，2015（1）：111-119.

来文化消费的大幅增加。卡尔·马克思认为，在资本主义发展初期，工人收入水平过低，工人主要将消费集中于生存消费，文化消费需求近乎为零，随着生产力的发展，消费者收入水平的不断提高，个人精神文化消费需求才会相应地扩大。亚伯拉罕·马斯洛的需求层次理论与其如出一辙，亚伯拉罕·马斯洛认为，当低层次的需求得到满足时，则更高层次的需求会次第地产生。文化消费需求是高于物质消费的更高层次的精神层面的需求，当收入水平提高，消费升级，则文化消费需求会增加。而且一般而言，文化商品或服务消费具有比一般物质消费更高的需求弹性，收入增加会带来文化消费需求的更大幅度的增加。

就经济资本的空间溢出效应而言，一方面，经济发展水平相对较高的地区产业结构相对更加优化，文化创意产业发展的水平也比较高，丰富的文化产品和服务供给不仅满足了本地区的文化消费，同时，也会增加周边地区消费者的选择空间，增加周边地区的文化消费支出。本地区的文化产业的创新发展还会吸引周边地区居民来本地进行文化消费活动，对周边地区居民产生"虹吸效应"，促进周边地区文化消费水平的提升。另一方面，文化消费还存在"学习效应"和"示范效应"，当本区域的居民文化消费支出增加，文化消费活动精彩纷呈，也会刺激、鼓励周边地区的居民紧跟文化消费潮流，相应地做出文化消费决策，从而增加邻近地区的居民文化消费支出。

基于此，提出假设9-2：本地经济资本对区域内和周边地区文化消费均有正向影响。

（二）文化资本

在皮埃尔·布迪厄的理论中，文化资本包含客观化的文化资本、身体化的文化资本和制度化的文化资本三种形态；其中，身体化的文化资本是个人通过家庭熏陶和学校学习将知识和技能内化形成的文化能力，这种长期积累形成的文化资本成为文化消费的前提。文化资本水平越高，文化消费能力越强，对文化产品的"解码"能力越强，进而增加文化消费意愿和文化消费支出。[1]

文化资本对文化消费也存在空间溢出效应。一方面，某地区文化资本水平越丰富，对文化产品和服务的"解码"和"编码"能力越强，这意味着能消费更多的文化产品和服务，也能创造和生产更多的文化产品和服务。文化产品和服务供给数量的增加和种类的丰富，推动了文化创意产业的蓬勃发展。若邻近地区对本区域文化产业的发展未做出反馈，则本区域文化产业创新发展会通过提供优质

---

[1] 资树荣. 消费者的文化资本研究 [J]. 湘潭大学学报（哲学社会科学版），2014（4）：38-41，63.

文化产品和良好的文化消费氛围吸引邻近地区消费者，增加邻近地区消费者的文化消费支出。若邻近地区感受到竞争压力，进而做出提升地区文化产业发展的相关举措，则文化产业的发展也会促进邻近地区消费者增加文化消费支出。因而，无论邻近地区是否对本区域文化产业的发展做出反应，都会增加邻近地区居民的文化消费支出。另一方面，本区域居民由于拥有丰富的文化资本和较强的文化欣赏能力，会增加对文化产品和服务的消费需求，邻近地区消费者或者因为获得更丰富的文化潮流信息，或者基于示范效应、攀比心理等因素，都可能会增加文化消费支出，从而本地区文化资本的丰裕程度也会对邻近地区居民的文化消费产生正向溢出作用。

因此，提出假设9-3：如果区域内文化资本水平高，将有利于增加本地区文化消费支出，也会提高邻近地区的文化消费水平。

（三）社会资本

社会资本包含社会网络、信任和社会规范等不同维度，其中社会网络是社会资本赖以存在的基础和发挥作用的媒介。如前所述，居民会因为社交网络的扩大直接地增加文化消费支出，也会通过"示范效应""攀比效应""炫耀性消费"的影响间接地增加文化消费支出，还可能因为信息的获得、学习效应的产生或者收入的上升而增加文化消费支出。总体上而言，社会资本对文化消费支出增加的影响途径是多样化的，影响力也是不容小觑的。

从空间溢出的角度，社会资本的丰富也会增加文化消费支出。首先，互联网技术的发展和交通通达度的提高使地域之间的感知距离缩短，无疑也显著地扩大了社会网络。社会网络的扩大、信息获得量几何级数的增长使消费过程中的学习效应更加显著。某地区的创新性文化消费活动可以吸引周边地区的消费者跨地区消费，也可以迅速成为周边地区学习模仿的对象，从而增加周边地区的文化产品供给和文化消费支出。其次，社会资本对文化消费的影响会通过信息媒介产生溢出效应。随着互联网技术和数字经济的发展，文化产品不再简单地是供给者生产、需求者消费的单向创新过程，而可能是由创意产品生产者和消费者共同发起，且创新路径包含着生产者与消费者相互推动的循环升级过程。在上述过程中，"创客"基于自身的影响力和庞大的社会网络吸引了来自其他地区的众多消费者参与创意文化产品的生产和消费过程，至此，也就完成了通过互联网络实现社会资本对文化消费空间溢出的过程。社会资本水平越高，社会网络越大，吸引到的流量越多，对文化消费的空间溢出效应也就越大。

基于以上分析，提出假设9-4：如果社会资本水平与本地区文化消费正相关,同时,也会对邻近地区文化消费产生正向溢出效应。

第三节 模型设定与变量选择

一、空间相关性检验

为解释区域文化消费与其所处空间的互动关系,需要先了解文化消费的空间相关性程度。一般使用莫兰指数(Moran's I)来检验文化消费是否存在空间相关性。莫兰指数的计算公式为:

$$I = \frac{\sum_{i=1}^{n}\sum_{j=1}^{n}w_{ij}(x_i-\bar{x})(x_j-\bar{x})}{S^2\sum_{i=1}^{n}\sum_{j=1}^{n}w_{ij}} \qquad (9-1)$$

式(9-1)中,i、j分别代表区域i和区域j,n代表区域总数即30个省(区、市),w_{ij}为区域i和区域j之间的距离,x_i与x_j分别为省(区、市)i、j的人均文化消费支出,$\bar{x}$为人均文化消费支出均值。莫兰指数取值一般介于-1~1之间。莫兰指数大于0时,表示存在正向空间自相关关系,即高水平与高水平集聚,低水平与低水平集聚;莫兰指数小于0时,意味着存在负向空间自相关关系,即高水平与低水平集聚;莫兰指数接近于0时,则表明空间分布是随机的,不存在空间自相关。莫兰指数中的i可视为观测值与其空间滞后的相关系数。如果将观测值与其空间滞后画成散点图,则为莫兰散点图,莫兰指数就是莫兰散点图回归线的斜率。莫兰指数揭示了文化消费活动的全局空间相关性,而莫兰散点图一般用来描述局部空间相关性,说明文化消费高观测值或者低观测值的空间集聚。莫兰散点图的4个象限分别对应空间单元与其邻近单元的空间联系形式,其中,第一象限表示高-高型集聚,第二象限表示低-高型集聚,第三象限表示低-低型集聚,第四象限表示高-低型集聚。

二、空间面板计量模型的构建及选择

通过莫兰指数检验确定文化消费活动存在空间自相关性后,进一步地可考虑建立空间计量模型以分析文化消费活动的空间溢出效应。建立基本的空间计量模型如下:

$$Y_{it} = \alpha + \rho W Y_{jt} + \beta X_{it} + \theta W X_{jt} + \mu_{it} + \nu_{it} + \varepsilon_{it}, \quad \varepsilon_{it} = \lambda W \varepsilon_{jt} + \mu_{it} \qquad (9-2)$$

其中，Y_{it}指区域i在t时期的人均文化消费支出；X为区域i在t时期各解释变量的观测值；W为衡量各省域空间关系的空间权重矩阵，本书分别构建了地理距离矩阵、经济资本矩阵、文化资本矩阵、社会资本矩阵；ρ为文化消费水平的空间滞后系数；WX_{it}表示各地文化消费水平影响因素的空间滞后项，α为常数项，θ、λ表示解释变量及误差项空间滞后系数，ε_{it}为残差项，μ_{it}、ν_{it}分别为地区效应和时间效应。

空间依赖关系的产生通常源于以下三类不同的空间交互效应：不同区域被解释变量间的内生交互效应、某一区域独立的解释变量与另一区域被解释变量间的外生交互效应以及不同区域误差项间的交互效应。其中，内生交互效应和外生交互效应是空间溢出的主要来源，而误差项的交互项并不包含溢出效应信息。式（9-2）为包含所有空间效应的一般空间模型，一般来说，若$\rho \neq 0$、$\theta = 0$、$\lambda = 0$，则式（9-2）为空间滞后模型（SAR），该模型测度了内生交互项产生的空间溢出效应。若$\rho = 0$、$\theta = 0$、$\lambda \neq 0$，则式（9-2）为空间误差模型（SEM），该模型考察了随机干扰过程的空间依赖性。若$\rho \neq 0$、$\theta \neq 0$、$\lambda = 0$，则式（9-2）为空间杜宾模型（SDM），该模型同时包含了内生和外生的空间交互效应。

那么，如何来选择设定模型呢？可以通过经典 LM 检验和稳健 LM 检验相结合的方法来验证模型选择的一致性。若空间滞后模型（SAR）的 LM 检测值和空间误差模型（SEM）的 LM 检测值均不显著，则选择普通面板模型；若空间滞后模型（SAR）的 LM 检测值显著，而空间误差模型（SEM）的 LM 检测值不显著，则选择空间滞后模型（SAR）；反之，选择空间误差模型（SEM）。若两者都显著，则选择空间杜宾模型（SDM）。

三、变量与数据

（一）变量选取

1. 被解释变量

被解释变量为居民文化消费支出（cc），选取居民人均文教娱乐消费支出作为代理变量。由于 2013 年后，我国居民收支统计口径发生明显变化，因此，为保证数据的可比性和准确性，参照高莉莉等（2019）的方法，[①] 采用以下公式计算居民文化消费支出：居民文化消费支出 = 城镇人均文教娱乐消费支出 × 城镇人口比例 + 农村人均文教娱乐消费支出 × 农村人口比例。

---

① 高莉莉，许俊鹏. 公共文化消费挤出居民文化消费支出了吗——基于面板门槛模型的实证检验[J]. 文化产业研究，2019（1）：64-78.

2. 核心解释变量

(1) 经济资本。以人均可支配收入（$pcdi$）代表经济资本水平，并通过 CPI 指数对人均可支配收入作平减处理。

(2) 文化资本。文化资本是影响文化消费支出的重要因素，而教育是个人积累文化资本的一般路径，因而选取地区平均受教育年限（ave）来衡量区域内文化资本水平。地区平均受教育年限的计算公式为：$H_i = \sum T_n R_{in}$。其中，R_{in} 表示第 i 省第 n 种学历的人数在总人数中的比重，不同的 n 值代表不同的学历水平（$n=1$ 代表小学，$n=2$ 为初中，$n=3$ 为高中，$n=4$ 为大专及以上），T_n 为第 n 种学历人口的受教育年限（其中 $T_1=6$，$T_2=9$，$T_3=12$，$T_4=16$），H_i 为 i 地区的平均受教育年限。

(3) 社会资本。社会网络是个人积累社会资本的重要方式，具有鲜明的资本属性。[①] 随着通讯技术的发展，手机和互联网成为个人社交和获得信息的主要渠道。[②] 在借鉴的基础上进行适当地改进，选择以总的电话数与总人口数的比值即电话拥有比（int）衡量社会资本水平。

3. 控制变量

控制变量主要涵盖政府支持、基础设施、投资水平和知识产权保护四个方面。

(1) 政府支持（gov）。政府在文化领域财政支出的增加，能够完善公共文化服务场馆等基础设施，优化公共文化服务供给，通过营造文化氛围、对商家和消费者进行补贴、优化平台建设等方式促进居民文化消费。此处选取文化和体育传媒财政支出费用作为政府支持的代理变量。

(2) 基础设施（td）。基础设施的完善能够为消费者提供很多的便利，尤其是交通的便利程度，能减少运输成本也能节约时间，对于促进文化消费具有积极的作用。选取交通密度作为基础设施的代理变量，交通密度用地区等级公路和铁路总里程除以地区面积进行测算。

(3) 产业投资（$ifci$）。文化产业的发展是文化消费繁荣和深化的基础。文化产业发达的区域，文化产品和服务的种类和数量往往更加丰富，消费者面临的选择更加广泛，对文化消费具有重要的影响。文化产业固定资产投资对于文化产业

[①] 吴建伟. 社会网络资本与空间经济性研究——基于中国283座城市数据的实证分析 [J]. 财经科学, 2014 (9): 69-77.

[②] 严成樑. 社会资本、创新与长期经济增长 [J]. 经济研究, 2012 (11): 48-60.

发展具有显著的正向影响，① 文化产业固定资产投资水平越高，文化产业发展越快。此处选取文化产业固定资产投资衡量文化产业的投资水平。

（4）知识产权保护（ipp）。加强知识产权保护可有效地打击文化产业领域的盗版侵权行为，对于保护文化企业的合法权益和生产积极性、促进文化市场健康、有序地发展具有重要的作用，当然，也能更好地保障居民的文化消费体验感。借鉴许春明的做法，我国区域知识产权保护水平可用区域知识产权保护立法强度与执法强度的乘积来表示，具体公式为：

$$ipp_t = L_t \times E_t \qquad (9-3)$$

式（9-3）中，ipp_t 表示该省在 t 时刻的知识产权保护水平，L_t 表示该省 t 时刻的知识产权保护立法强度，E_t 表示该省 t 时刻知识产权执法强度。我国各省（区、市）立法强度采用 GP 方法测定，由于国家统一制定知识产权保护法律条文，因此，各省（区、市）的知识产权保护立法强度一样。知识产权保护强度的差异主要取决于各省（区、市）的知识产权执法强度。执法强度借鉴许春明的构建方法，选取司法保护水平、行政保护及管理水平、经济发展水平、社会公众意识和国际监督五个方面的指标对知识产权保护执法强度进行测算。具体指标体系见表 9-1。

表 9-1　　　　　　　　知识产权执法强度度量指标体系

目标层	准则层	指标层	指标说明
知识产权保护执法强度	司法保护水平	律师数占总人口比例	若律师比例 >5‰，赋值为 1；若律师比例 <5‰，赋值为实际比例/5‰
	行政保护及管理水平	立法时间	若立法时间 >100 年，赋值为 1；若立法时间 <100 年，赋值为实际立法时间/100
	经济发展水平	人均 GDP	若人均 GDP >2000 美元，赋值为 1；若人均 GDP <2000 美元，赋值为实际 GDP（美元）/2000 美元
	社会公众意识	成人识字率	若成人识字率 >95%，赋值为 1；若成人识字率 <95%，赋值为实际比例/95%
	国家监督	WTO 成员方	若为 WTO 成员，赋值为 1；否则赋值为 0

资料来源：笔者整理。

---

① 车树林，顾江，李苏南. 固定资产投资、居民文化消费与文化产业发展——基于省际动态面板系统 GMM 估计的实证检验 [J]. 经济问题探索，2017（8）：151-157.

(二) 空间权重矩阵

空间权重矩阵的构建和选择对空间分析具有非常重要的影响，是空间计量模型研究中最重要的一环，[①] 是空间相关性度量和检验的基础。空间权重矩阵的构建通常与研究者对问题的分析视角和空间效应的认识有关。[②] 传统的邻近权重矩阵由于灵活性和政策参考性较差，越来越多的学者开始从社会经济的不同角度构建空间权重矩阵，通过社会经济差异所导致的空间依赖性可以更真实地反映社会经济关系。为研究需要，本书从地理特征距离和社会文化经济距离的角度分别构建空间权重矩阵。

1. 地理距离矩阵

地理学第一定律表明，区域间空间依赖性与其距离呈正相关关系，距离较近的地区比距离较远的地区联系更为紧密。基于此，构建以省会为中心距离标准的地理距离矩阵 W_1。以每个省（区、市）的省会为中心，矩阵元素为 w_{ij}，若 $i=j$，$w_{ij}=1/d^2$；若 $i\neq j$，$w_{ij}=0$，d 为省会之间的距离。

2. 社会经济距离权重矩阵

地理距离权重矩阵的空间依赖性仅取决于地理距离的远近，刻画空间依赖性的强度相对有限。文化消费活动必然会与一系列的社会经济活动因素紧密相连，因而，有必要思考如何构建空间权重矩阵才能更符合现实。上文中可以发现，经济资本、文化资本、社会资本等因素会影响文化消费的溢出效应，因而，在此分别构建社会经济资本权重矩阵、文化资本权重矩阵和社会资本权重矩阵。

经济资本权重矩阵。传统经济距离权重矩阵为各省（区、市）人均 GDP 均值之差的绝对值，即 $D_{ij}=|X_i-X_j|$，然而，这种设定有一个缺点就是加强了假设，无论该省（区、市）的收入水平高低，只要与其邻近省（区、市）收入水平差值的绝对值相同，该省（区、市）对邻近省（区、市）的空间影响系数就是相同的，这显然是不合理的，如上海与江苏之间互相影响的程度因经济发展水平不同而具有差异性。因此，参考李婧等（2010）的方法构建经济资本空间权重矩阵，具体为：$W_2=W_1 diag(\overline{Y}_1/\overline{Y},\overline{Y}_2/\overline{Y},\cdots,\overline{Y}_N/\overline{Y})$，其中，$W_1$ 为地理距离的空间权重矩阵，$\overline{Y}_i=1/(t_1-t_0+1)\sum_{t_0}^{t_1}Y_{it}$，表示在样本期内第 i 省经济资本平

[①] 朱平芳，张征宇，姜国麟. FDI 与环境规制：基于地方分权视角的实证研究 [J]. 经济研究，2011 (6)：133 – 145.

[②] Kostov, P. Model Boosting for Spatial Weighting Matrix Selection in Spatial Lag Models [J]. Environment and Planning B: Planning and Design, 2010 (3), 533 – 549.

均值，$\bar{Y} = 1/n(t_1 - t_0 + 1) \sum_{i=1}^{n} \sum_{t_0}^{t_1} Y_{it}$ 表示样本期内总的经济资本均值，t 为不同时期。李婧等（2010）用物质资本存量表示地区经济资本水平，[①] 但需要指出的是，物质资本存量更多是代表生产性活动所需的资本，而笔者考虑将消费活动作为最终环节，文化消费水平高低更加依赖于消费者手中持有货币资本的多少，因而，可以用人均可支配收入来代表文化消费的经济资本。各区域经济资本占总资本总量越大，对周边的影响也越大。

文化资本权重矩阵。文化资本水平对文化消费支出也存在重要的影响，因而，构建文化资本权重矩阵为：$W_3 = W_1 diag(\bar{H}_1/\bar{H}, \bar{H}_2/\bar{H}, \cdots, \bar{H}_N/\bar{H})$。其中，$W_1$ 表示地理距离权重矩阵，$\bar{H}_i = 1/(t_1 - t_0 + 1)\sum_{t_0}^{t_1} H_{it}$ 表示样本期内区域 i 的文化资本存量平均值，$\bar{H} = 1/n(t_1 - t_0 + 1)\sum_{i=1}^{n}\sum_{t_0}^{t_1} H_{it}$ 表示样本期内总文化资本存量均值。H_i 为区域 i 的平均受教育年限，所有地区平均受教育年限加总取均值，即可得到样本期内我国平均受教育年限，根据公式最终建立文化资本权重矩阵。

社会资本权重矩阵。参照上述经济资本权重矩阵的构建方式，构建社会资本权重矩阵为：$W_4 = W_1 diag(\bar{L}_1/\bar{L}, \bar{L}_2/\bar{L}, \cdots, \bar{L}_3/\bar{L})$。其中，$W_1$ 表示地理距离权重矩阵，$\bar{L}_1, \bar{L}_2, \cdots, \bar{L}_n$ 表示各地区互联网使用频率均值，$\bar{L}$ 表示我国互联网使用频率平均水平。

（三）资料来源

选取 2008～2017 年我国 30 个省级行政区（西藏自治区的数据缺失较多，没有考虑在内）数据构成面板数据。资料来源于各年度的《中国文化文物统计年鉴》《中国文化及相关产业统计年鉴》《中国统计年鉴》、EPS 数据平台以及各省（区、市）的统计年鉴。表 9-2 为变量的描述性统计。

表 9-2 2008～2017 年我国 30 个省（区、市）主要变量的描述性统计

变量名	变量符号	均值	标准差	最小值	最大值	变量含义
文化消费	pcce	1.432	0.776	0.355	4.612	人均文化消费支出
经济资本	pcdi	1.751	0.874	0.685	5.899	人均可支配收入
文化资本	ave	8.975	0.996	6.764	13.227	平均受教育年限

[①] 李婧，谭清美，白俊红. 中国区域创新生产的空间计量分析——基于静态与动态空间面板模型的实证研究 [J]. 管理世界，2010（7）：43-55，65.

续表

变量名	变量符号	均值	标准差	最小值	最大值	变量含义
社会资本	int	1.023	0.308	0.467	2.281	电话使用频率
政府支持	gov	69.218	45.552	6.818	285.871	文体传媒财政支出
基础设施	td	0.920	0.494	0.081	2.186	交通网密度
产业投资	ifci	638.571	667.481	12.111	3330	文化产业固定资产投资
知识产权保护	ipp	3.344	0.194	2.732	3.897	知识产权保护水平

资料来源：笔者整理。

第四节 实证结果分析

一、区域文化消费空间相关性检验

表 9-3 显示了 2008~2017 年我国省域文化消费莫兰指数的变动情况。由表 9-3 可以看出，在 $W1$、$W2$、$W3$、$W4$ 四种不同权重矩阵的设定下，我国文化消费活动均存在正向空间自相关。这表明 2008~2017 年我国区域文化消费活动并非完全独立的状态，而是受到与之有相近空间特征地区文化消费活动的影响，并在地理上表现出正向集聚的特点。

表 9-3　　　　　　　　2008~2017 年我国文化消费莫兰指数

年份	$W1$	$W2$	$W3$	$W4$
2008	0.364 ***	0.251 ***	0.368 ***	0.379 ***
2009	0.351 ***	0.234 ***	0.356 ***	0.368 ***
2010	0.362 ***	0.247 ***	0.367 ***	0.379 ***
2011	0.358 ***	0.241 ***	0.362 ***	0.374 ***
2012	0.347 ***	0.234 ***	0.350 ***	0.361 ***
2013	0.297 ***	0.191 ***	0.302 ***	0.315 ***
2014	0.204 ***	0.135 **	0.209 ***	0.223 ***

续表

年份	W1	W2	W3	W4
2015	0.232***	0.151**	0.238***	0.252***
2016	0.239***	0.159**	0.245***	0.261***
2017	0.227***	0.149**	0.233***	0.247***

注：**、***分别表示在5%、1%的水平上显著。
资料来源：笔者整理。

将表9-3的数据转化成直观显示的图形。由图9-1可以看出，2008~2017年，在不同的权重矩阵设定下，我国文化消费的莫兰指数均呈现波动下降趋势，但始终大于0。其中，社会资本权重矩阵表现出的空间相关性最高，文化资本权重矩阵、地理距离权重矩阵、经济资本权重矩阵的空间相关性依次递减。

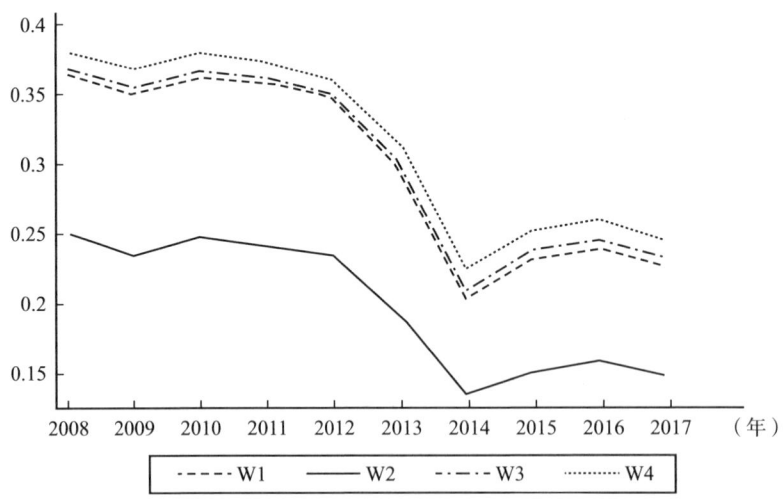

图9-1 2008~2017年我国文化消费活动莫兰指数

资料来源：笔者整理。

文化消费全局莫兰指数表明文化消费活动存在全局空间相关性，但可能无法展现局部的非典型性特征，因而用莫兰散点图来描绘我国文化消费的局部分布特征。图9-2、图9-3和图9-4分别为我国2008年、2012年和2017年的文化消费莫兰散点图。从中可以看出，文化消费分布规律非常明显，高-高水平集聚主要集中在北京、上海、天津、江苏、浙江、福建、辽宁等沿海省（市），安徽、山东两省部分年份文化消费也属于高-高型集聚，而中、西部地区文化消费则大多处于高-低、低-高、低-低集聚。

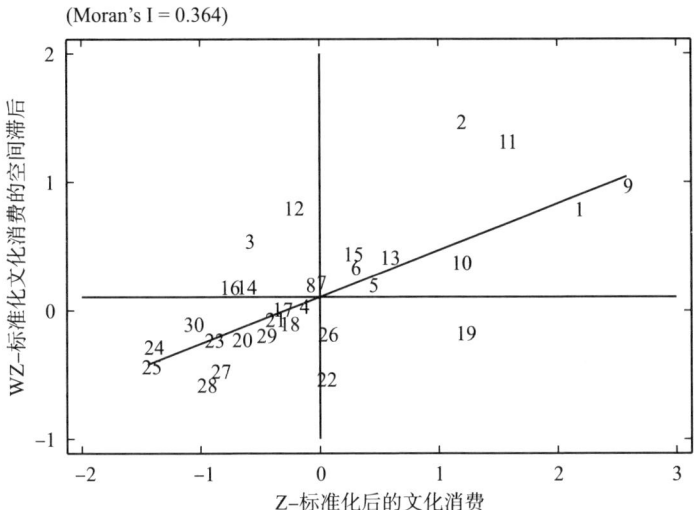

图9-2 2008年我国文化消费莫兰散点图

资料来源：笔者整理。

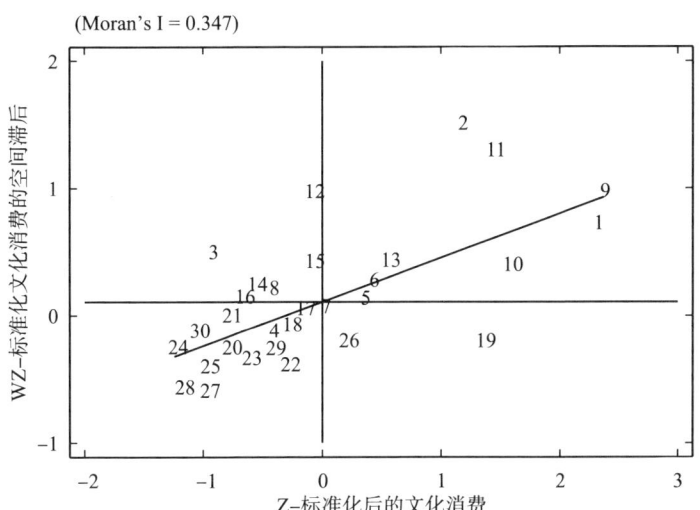

图9-3 2012年我国文化消费莫兰散点图

资料来源：笔者整理。

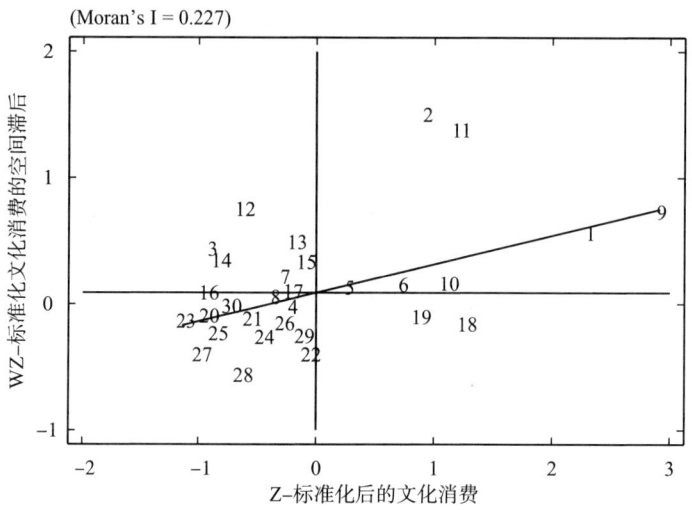

图 9-4　2017 年我国文化消费莫兰散点图

资料来源：笔者整理。

表 9-4 为地理权重矩阵下文化消费高水平集聚地区，从动态演变过程来看，2008~2017 年，北京、上海、天津、浙江一直处于文化消费高水平集聚地区；2008 年，中国文化消费高水平集聚地区包括北京、天津、浙江、江苏、福建、山东、辽宁；2009~2012 年，辽宁退出文化消费高水平集聚区，安徽加入文化消费高水平集聚区；2013~2017 年，江苏先退出后又进入文化消费高水平"俱乐部"，辽宁再次重返文化消费高水平集聚区，吉林取代安徽加入高文化消费水平集聚区，内蒙古也加入了文化消费高水平集聚区。总体来看，我国文化消费高水平主要集中在东部沿海省份，这些省份组成了一条文化消费高水平"俱乐部"带。

表 9-4　2008~2017 年我国部分地理权重矩阵下文化消费高水平集聚地区

年份	各省（区、市）
2008	北京、上海、浙江、江苏、天津、福建、山东、辽宁
2009	北京、上海、浙江、江苏、天津、福建、山东
2010	北京、上海、浙江、江苏、天津、福建、山东、辽宁、安徽
2011	北京、上海、浙江、江苏、天津、福建、山东、安徽
2012	北京、上海、浙江、江苏、天津、福建、安徽
2013	北京、上海、浙江、天津、福建

续表

年份	各省（区、市）
2014	北京、上海、浙江、天津、福建、辽宁、吉林
2015	北京、上海、浙江、天津、福建、辽宁、吉林
2016	北京、上海、浙江、天津、福建、辽宁
2017	北京、上海、浙江、天津、江苏、辽宁、内蒙古

资料来源：笔者整理。

二、文化消费空间面板计量模型估计结果

（一）基本回归结果

在对模型进行参数估计前，需要先通过 LM 检验来判断模型的形式。一般而言，LM 统计量更显著的模型更合适，如果两种模型的 LM 统计量具有相同的显著性水平，则需要通过稳健的 LM 统计量的显著性来确定模型的设定形式（勒沙杰等，2014）。[①] 表9-5给出了 LM 检验的结果显示，在各权重矩阵下，经典 LM 检验均在1%的显著性水平上通过检验。进一步地，空间滞后模型（SAR）的稳健 LM 检验值未通过显著性水平检验，而空间误差模型（SEM）在1%显著性水平上通过检验，表明更适合空间误差模型（SEM）分析。

表9-5　　　　　　　　　　LM 检验结果

变量	$W1$	$W2$	$W3$	$W4$
lag	28.185***	17.474***	26.289***	24.342***
$Robust\ lag$	1.132	0.264	1.019	0.852
$error$	136.196***	113.871***	130.624***	127.744***
$Robust\ error$	109.142***	96.662***	105.354***	104.253***

注：*** 表示在1%的水平上显著。
资料来源：笔者整理。

表9-6给出了总样本下经济资本、文化资本和社会资本对文化消费影响的空间误差模型回归结果。干扰项的空间自回归系数（$lambda$）在各权重矩阵下均

[①] [美] 詹姆斯·勒沙杰，R. 凯利·佩斯. 空间计量经济学导论[M]. 肖光恩，杨勇，魏伟，译. 北京：北京大学出版社，2014.

显著为正,说明一个地区居民文化消费支出的扰动问题将刺激邻近地区做出相应的反应。例如,某地区文化市场主体通过某种举措刺激了该地区文化产品和服务的需求量,增加了居民的文化消费支出,则邻近区域也会纷纷地效仿以增加本地的消费需求和提高文化消费支出水平,这也就意味着,我国文化消费存在明显的空间溢出效应,假设 9-1 得证。

在表 9-6 的模型一至模型四对应的各权重矩阵下,经济资本估计系数基本通过显著性检验,人均可支配收入每提升 1%,人均文化消费支出分别提升 0.193、0.118、0.203、0.233 个百分点,表明人均可支配收入的提高能有效地提升居民文化消费支出。居民收入水平的提高,一方面,能够直接增加各类消费支出,包括对于文化产品或服务的需求;另一方面,也可能带动家庭消费进入更高的消费层级,家庭在满足基本生活消费的需求后,会增加能满足精神文化需要的文化产品或服务需求。

表 9-6　　　　　　　　空间误差模型（*SEM*）回归结果

变量	模型一	模型二	模型三	模型四
	*W*1	*W*2	*W*3	*W*4
经济资本	0.193 ** (2.39)	0.118 (1.40)	0.203 ** (2.50)	0.233 *** (2.85)
文化资本	0.194 (0.66)	0.250 (0.81)	0.188 (0.63)	0.172 (0.57)
社会资本	0.692 *** (7.25)	0.732 *** (7.41)	0.689 *** (7.19)	0.675 *** (6.90)
政府支持	0.144 *** (3.24)	0.144 *** (3.13)	0.142 *** (3.15)	0.142 *** (3.06)
基础设施	0.455 *** (3.05)	0.581 *** (3.88)	0.471 *** (3.13)	0.500 *** (3.24)
产业投资	0.079 *** (3.94)	0.095 *** (4.69)	0.083 *** (4.13)	0.090 *** (4.39)
知识产权保护	1.230 ** (2.47)	0.825 (1.57)	1.280 ** (2.56)	1.339 ** (2.64)
lambda	0.692 *** (11.03)	0.700 *** (10.18)	0.676 *** (10.74)	0.635 *** (10.08)

续表

变量	模型一	模型二	模型三	模型四
	$W1$	$W2$	$W3$	$W4$
$sigma2$	0.0096*** (11.74)	0.0101*** (11.86)	0.0098*** (11.79)	0.0102*** (11.88)
观测值	300	300	300	300
R^2	0.706	0.630	0.700	0.691

注：**、***分别表示在5%、1%的水平上显著，小括号内为t值。
资料来源：笔者整理。

在各权重矩阵下，文化资本的回归系数均为正，但是对文化消费的正向影响并不显著。这可能是因为大众文化的发展使文化消费的门槛降低，因而，文化资本对文化消费支出的影响不显著。

社会资本在各权重矩阵下的回归结果均通过1%的显著性水平检验。这意味着电话使用频率每提升1%，居民人均文化消费支出分别提升0.692%、0.732%、0.689%、0.675%。通信工具的运用尤其是互联网的普及使得通信即时化、便捷化、沟通形式多样化，突破了人际交往和沟通交流在时间和空间上的限制，也降低了沟通交流的现金成本和机会成本，因而电话的使用能够扩大社交网络，增加信息获得的便捷性、深度和广度，这对于文化消费支出的增加无疑是有利的。

控制变量中，政府的支持对居民文化消费支出具有显著正向影响，这可能是因为政府在文化领域财政支出的增加，完善了公共文化服务体系的建设，优化了公共文化服务供给，给居民带来了更好的公共文化体验；对企业的补贴降低了企业的成本，助推企业为市场提供更多、更优质的文化产品和服务；对消费者的补贴降低了文化产品和服务的价格，增加了消费者对文化产品和服务的黏性，养成了持续的文化消费习惯，可见，政府财政支出能显著地增加文化消费支出。在不同的空间权重矩阵下，交通基础设施建设的回归系数均显著为正，这意味着，交通基础设施越完善，交通通达程度越高，居民的文化消费支出水平就越高。这可能是因为交通通达度更高而有利于企业增加文化产品和服务的有效供给，居民获得文化产品和服务能更加便利，完善的基础设施、交通通达性强是居民增加文化消费支出的基础条件。各空间权重矩阵下的产业投资回归系数均能通过显著性检验，说明增加文化产业固定资产投资对文化消费支出起到了显著的促进作用。文化产业固定资产投资的增加促进了文化产业的发展，能为消费者提供更加丰富、多样化、差异化的文化产品和服务，扩大消费者的选择范围，满足消费者的差异化、多样化的需求，从而增加文化消费支出。知识产权保护的回归系数显著为正，表明知识产权保护对文化消费支出也起到了积极的促进作用。知识产权保护水平的提高保护了文化产业经营者的合法权益，保证了创新的经济利益，鼓励了文化产业创新的积极性，文化产业创新能力的提高有利于提供丰富的文化产品满足居民的求新、求异的需求，增强消费者的体验感和满足感。

比较表9-6的模型一至模型四的回归结果发现，模型二中经济资本空间权重矩阵下的误差项空间自回归系数（lambda）大于模型一中地理距离矩阵下的回归系数，这意味着，存在影响文化消费支出的干扰问题时，经济发展水平相近的地区更能对相关干扰问题做出更强的反馈。

（二）区域异质性分析

由于我国文化消费存在明显的区域差异性，因而将进一步地考察存在空间效应时东部地区和中、西部地区经济资本、文化资本和社会资本等资本因素对文化消费的影响。回归结果见表9-7。

表9-7　　　　　　　　　　区域异质性检验结果

变量	东部地区				中、西部地区			
	W1	W2	W3	W4	W1	W2	W3	W4
经济资本	0.293** (2.28)	0.285** (2.22)	0.296** (2.31)	0.310** (2.44)	0.532*** (4.99)	0.510*** (4.58)	0.532*** (4.96)	0.534*** (4.99)
文化资本	0.062 (0.27)	-0.055 (-0.22)	0.073 (0.33)	0.091 (0.41)	0.092 (0.28)	0.122 (0.36)	0.092 (0.28)	0.084 (0.26)
社会资本	1.255*** (8.19)	1.251*** (8.07)	1.262*** (8.25)	1.274*** (8.38)	0.410*** (3.05)	0.387*** (2.65)	0.409*** (3.00)	0.417*** (3.04)
$lambda$	-0.399*** (-2.61)	-0.425** (-2.19)	-0.405*** (-2.77)	-0.410*** (-3.06)	0.572*** (6.87)	0.531*** (5.17)	0.564*** (6.63)	0.565*** (6.73)
控制变量	控制	控制	控制	控制	控制	控制	控制	控制
$sigma2$	0.015*** (7.15)	0.015*** (7.18)	0.015*** (7.15)	0.015*** (7.17)	0.008*** (9.37)	0.009*** (9.41)	0.008*** (9.37)	0.008*** (9.38)
观测值	110	110	110	110	190	190	190	190
R^2	0.916	0.916	0.916	0.916	0.691	0.746	0.700	0.699

注：**、***分别表示在5%、1%的水平上显著，小括号内为t值。
资料来源：笔者整理。

在各权重矩阵下,东部和中、西部地区样本的经济资本回归系数均显著为正,表明可支配收入的增加可以显著地提升我国居民的文化消费支出。具体来看,在不同的空间权重矩阵下,人均可支配收入每提高1%,东部地区居民人均文化消费支出就分别提升0.293、0.285、0.296和0.310个百分点,而中、西部地区居民人均文化消费支出则分别提升0.532、0.510、0.532和0.534个百分点。可见,中、西部地区居民的经济资本对文化消费支出的弹性系数远高于东部地区,可能是因为中、西部地区的居民收入水平整体上低于东部地区,使中、西部地区的文化消费支出对经济资本有更高的依赖性,从而中、西部地区具有相对较高的边际消费倾向,在收入增加时带来更高的文化消费支出。国家近年来致力于建立促进文化消费的长效机制,支持政策逐渐发挥了作用,从而显著地提升了文化消费水平,且中、西部地区居民文化消费水平的提升幅度大于东部地区。

在不同的空间权重矩阵下,文化资本对文化消费支出的影响在东部和中、西部地区均不明显。这可能是因为,随着大众文化的发展,文化消费所表现出来的对教育水平的依赖程度减弱,从而使得文化资本对文化消费的正向影响趋于弱化。

在各权重矩阵下,东部地区和中、西部地区的社会资本对文化消费支出的影响均显著为正,说明社会资本水平的提高会增加居民文化消费支出,但是东部地区社会资本的影响整体大于中、西部地区。伴随智能手机的广泛运用以及互联网技术的显著进步,互联网与经济、社会以及人们的生活紧密融合,使得人们的生活更加便捷,社交网络显著地扩大,相互沟通突破了时空的限制,信息获得的来源更加广泛,因此,文化消费需求更加多元。尤其是东部地区基础设施更加完善,互联网普及率更高,同时,相对更加丰富的文化产品和服务供给以及更加开放的文化消费观念,促进了文化消费需求的增加。

误差项的空间自回归系数($lambda$)对东部地区的样本显著为负,对中、西部地区的样本显著为正,这意味着,针对某区域影响居民文化消费支出的干扰问题,东部邻近地区未做出明显的反应,从而使文化消费的误差项存在负向空间溢出,而中、西部邻近地区则有相应的反馈,文化消费的误差项呈现正向空间溢出。例如,若东部地区某区域存在政府进行价格补贴的文化消费支出干扰因素,相邻地区没有做出类似的举措,则该地区的行为不仅会增加本地文化消费支出,还会吸引更多邻近地区的消费者来参与该区域的文化消费支出,从而出现负向空间溢出的效应。

三、进一步分析

前文采用空间误差模型(*SEM*)分析了在误差项存在空间溢出的情况下,经济资本、文化资本和社会资本对文化消费的影响,那么,自变量和因变量之间是否也存在空间效应?下文采用空间滞后模型(SAR)和空间杜宾模型(SDM)以完善空间计量分析。回归结果见表9-8。

表9-8　　　　　　　　　　SAR模型和SDM模型估计结果

变量	SAR模型				SDM模型			
	W1	W2	W3	W4	W1	W2	W3	W4
经济资本	0.317*** (3.86)	0.308*** (3.78)	0.322*** (3.93)	0.334*** (4.09)	0.543*** (5.73)	0.506*** (5.40)	0.537*** (5.64)	0.518*** (5.23)
文化资本	0.428** (2.53)	0.477*** (2.89)	0.435*** (2.59)	0.455*** (2.76)	0.885*** (4.89)	0.911*** (4.74)	0.887*** (4.86)	0.832*** (4.51)
社会资本	0.663*** (9.50)	0.680*** (9.81)	0.661*** (9.50)	0.657*** (9.61)	0.579*** (8.20)	0.608*** (8.45)	0.580*** (8.14)	0.577*** (7.89)
W×经济资本	—	—	—	—	0.577*** (3.33)	0.810*** (3.71)	0.567*** (3.29)	0.573*** (3.37)
W×文化资本	—	—	—	—	1.448*** (4.26)	1.850*** (4.18)	1.472*** (4.29)	1.320*** (4.21)
W×社会资本	—	—	—	—	0.663*** (3.72)	1.023*** (4.17)	0.682*** (3.79)	0.734*** (3.90)
rho	0.188*** (3.31)	0.239*** (3.54)	0.172*** (3.13)	0.125** (2.38)	0.382*** (4.35)	0.329*** (3.00)	0.364*** (4.13)	0.326*** (3.68)
$sigma2$	0.0233*** (12.13)	0.0227*** (12.42)	0.0232*** (12.35)	0.0224*** (12.87)	0.0201*** (11.75)	0.0213*** (11.66)	0.0205*** (11.79)	0.0218*** (11.72)
控制变量	控制	控制	控制	控制	控制	控制	控制	控制
n	300	300	300	300	300	300	300	300
R^2	0.897	0.900	0.896	0.896	0.868	0.789	0.866	0.859
Wald-s-lag	—	—	—	—	48.28 [0.000]	37.73 [0.000]	49.34 [0.000]	46.61 [0.000]
Wald-s-error	—	—	—	—	33.34 [0.000]	32.13 [0.000]	33.68 [0.000]	33.42 [0.000]

续表

变量	SAR 模型				SDM 模型			
	W1	W2	W3	W4	W1	W2	W3	W4
$LR-s-lag$	—	—	—	—	44.24 [0.000]	35.36 [0.000]	42.07 [0.000]	30.66 [0.000]
$LR-s-error$	—	—	—	—	17.97 [0.000]	28.87 [0.000]	23.97 [0.000]	11.84 [0.008]

注：**、***分别表示在5%、1%的水平上显著，小括号内为 t 值，大括号内为 P 值。
资料来源：笔者整理。

首先，空间滞后模型（SAR）和空间杜宾模型（SDM）在四种不同的空间权重矩阵设定下，因变量的空间滞后项 ρ 均在1%的显著性水平上通过检验，且回归系数为正，这意味着，我国省域居民文化消费支出存在明显的空间正相关性。某地区的居民文化消费支出与邻近地区的居民文化消费支出紧密相关，由于"示范效应"的存在，该区域文化消费与邻近地区文化消费表现出"一荣俱荣，一损俱损"的特点，某地区文化消费支出增加，地理或者社会经济邻近地区也会增加居民文化消费支出。

虽然，前文的 LM 检验模型为空间误差模型（SEM），但 Wald 和 LR 检验表明空间杜宾模型（SDM）的设置在统计检验中也是合理的，并且文化消费本身存在的空间溢出效应以及假设中经济资本、文化资本和社会资本的空间外溢性，使笔者不得不考虑其空间效应，这样做既可避免使用单一空间模型带来的无偏但缺乏效率性，① 也可以检验假设的正确性。以 SAR 模型为例，在不同的空间权重矩阵下，某地区文化消费支出每增加1%，邻近地区的居民文化消费将分别提升0.188%、0.239%、0.172%、0.125%，这表明该地区居民文化消费支出的增加将显著地促进邻近地区居民文化消费的提升。

其次，在空间滞后模型（SAR）和空间杜宾模型（SDM）中，经济资本的估计系数均显著为正，表明收入水平对地区文化消费具有正向的促进作用。与 SEM 不同的是，考虑到因变量和自变量存在的空间效应，文化资本的估计系数均为正且在5%的显著性水平上通过检验，表明随着平均受教育年限的增加，消费者对文化产品的欣赏能力得以提高，刺激了文化消费需求。社会资本也对文化消费支出存在显著正向影响，可能是互联网的普及和应用拉近了人际距离，扩大了社会

---

① 姜磊. 空间回归模型选择的反思 [J]. 统计与信息论坛, 2016 (10): 10-16.

网络，刺激了文化消费需求。各控制变量除了产业投资水平未通过检验外，其余均通过显著性检验，结论与前文基本一致。

最后，在空间杜宾模型（SDM）中，经济资本、文化资本和社会资本的空间滞后项系数均显著为正，表明存在空间溢出效应时，经济资本、文化资本和社会资本不仅对本区域的文化消费支出产生了影响，也对邻近地区居民文化消费支出产生了溢出，前述假设9-4得证。

当文化消费存在空间溢出时，经济资本、文化资本和社会资本不仅会对本地区的文化消费支出产生影响，还对邻近地区的文化消费支出产生影响，并通过循环反馈引起一系列的变化，基于此，将核心解释变量的估计结果分解为直接效应与间接效应。直接效应度量了经济资本、文化资本和社会资本的变化对本区域文化消费的总体影响，其中包含了空间上的反馈效应，即核心解释变量的变动对邻近地区的居民文化消费支出产生的影响，邻近地区的文化消费反过来影响本地区居民文化消费的循环过程。间接效应度量本区域的经济资本、文化资本和社会资本变化对邻近区域居民文化消费支出的影响，即溢出效应。

表9-9给出了基于SAR模型计算的效应分解结果。总体来看，四种空间权重矩阵下，经济资本、文化资本和社会资本对居民文化消费支出的影响方向完全一致。以$W1$为例，经济资本对本地区和邻近地区居民文化消费支出的影响均显著为正，人均可支配收入每提高1%，本地区和邻近地区的居民人均文化消费支出提升约0.322%和0.069%。与假设9-2的描述一致，本区域居民收入水平的提高在提升本地区文化消费需求的同时，也促进了本地区文化产业的发展，文化产业的"虹吸效应"能提升邻近地区的文化消费水平，邻近地区居民会对本地区居民不断增长的文化消费需求产生的攀比心理，也会激发其文化消费的欲望。

消费者文化资本水平的提升对区域和周边地区文化消费均存在正向的促进作用，假设9-3得证。从直接效应来看，本地区居民平均受教育年限每提高1%，本区域居民人均文化消费支出随之提升0.423%，文化资本的间接效应会导致邻近地区居民人均文化消费支出增加0.093%。一方面，本地区居民受教育年限的提高，提升了本地区人力资本水平，对文化产业发展起到了积极的作用，进而提升了邻近地区居民文化消费需求；另一方面，文化消费存在"学习效应"和"示范效应"，本地区居民文化欣赏能力随受教育年限的增加而提高，会增加文化消费需求，邻近地区消费者出于模仿或者攀比心理也会增加文化消费支出，从而本地区消费者文化资本水平的上升对邻近地区居民文化消费支出产生了正向溢出作用。

表 9-9　　　　　　　　　　　　SAR 模型效应分解

变量	效应分解	W1	W2	W3	W4
经济资本	直接效应	0.322*** (3.82)	0.313*** (3.74)	0.327*** (3.88)	0.338*** (4.03)
	间接效应	0.069*** (2.76)	0.092*** (2.78)	0.063*** (2.69)	0.044** (2.23)
文化资本	直接效应	0.423*** (2.58)	0.473*** (2.94)	0.431*** (2.64)	0.450*** (2.82)
	间接效应	0.093** (1.98)	0.144** (2.05)	0.085** (1.96)	0.061* (1.74)
社会资本	直接效应	0.673*** (9.81)	0.691*** (10.09)	0.670*** (9.83)	0.665*** (9.96)
	间接效应	0.151*** (2.71)	0.213*** (2.70)	0.135*** (2.63)	0.092** (2.12)

注：*、**、***分别表示在10%、5%、1%的水平上显著，小括号内为 t 值。
资料来源：笔者整理。

消费者社会资本水平的提高对区域内外的文化消费水平均有显著的提升作用，本地区居民电话使用率每提升1%，本地区居民人均文化消费支出随之提升约0.673%，邻近地区居民人均文化消费支出会提升约0.151%。一方面，本地区消费者因为互联网络和移动智能终端的普及运用，拓展了社交网络，也得以获得了更多的有效信息，增加了文化消费支出。经济的发展、基础设施的完善以及区域一体化进程的加快，使区域之间的界限越来越模糊，区域之间的经济社会往来越来越密切，某地区的行为也会引起周边地区的效仿，从而促进周边地区文化消费支出的增加。另一方面，数字文化创意产业的发展推动越来越多的消费者成为互联网内容的生产者，文化主体的身份越来越模糊，空间限制也越来越少，对周边地区文化消费支出的溢出效应也越来越明显。

第十章　全面提升文化消费水平的对策建议

第一节　主要结论

本书在对国内外文化消费发展特征和发展经验进行总结的基础之上，利用微观和宏观两个层面的数据，对我国文化消费的发展现状进行了分析和解读。在分析资本因素对文化消费作用的理论机理之后，分别从微观和宏观的层面，采用不同的方法，层层深入地进行实证检验。综合上述研究得出的主要结论如下。

一、文化消费经验借鉴

由英国、美国、日本和韩国的文化消费发展经验显示，收入水平和受教育程度的提升是家庭文化消费支出增加的重要原因，收入越高、受教育程度越高的家庭，在文化消费领域的支出越高，文化消费支出在家庭整体消费支出中的比例也越高。产业结构的优化、文化产业的繁荣发展、丰富的文化产品和服务供给带来了消费选择空间的扩容，这些都是促进文化消费的重要基础。政府通过完善公共文化设施、举办节庆活动、税收支持和基金引领企业发展、对企业和消费者进行价格补贴、发布消费促进信息等各种政策，从文化产品供给、文化产品需求以及连接供需的角度多点着力，这也是促进文化消费发展的重要原因。

在文化消费试点政策的推动下，我国各试点城市也都推行了卓有成效的改革措施以提振文化消费，主要包括以下四个方面：第一，通过公共文化服务平台、线下活动平台和线上大数据平台来推进供需匹配和连接，提高文化消费活动发生的概率；第二，通过品牌评选、评价反馈等方式，激励优化文化产品和服务的供给；第三，通过补贴或积分的方式，降低产品价格，吸引消费者参与文化活动；通过积分兑换现金、消费券等形式，鼓励居民重复消费，增加文化消费的黏性，养成文化消费习惯；第四，根据不同地区的经济发展情况、消费群体的具体特征以及文化行业的特点，在不同地区、不同行业采用不同的文化消费促进政策。

二、文化消费微观调研

笔者对我国代表性城市的文化消费情况进行了调研，对调研数据进行分析后，发现存在以下七项特征。

第一，对文化消费的认知。文化消费的重要性得到了广泛的共识，52.4%的样本认为文化消费"比较重要"，20.3%的样本认为"非常重要"，这是建立在被调查者对文化消费的内涵具有相当程度了解的基础上，40.7%的样本表示"比较了解"或"非常了解"，33.6%的人选择"一般"。58.1%的被调查者表示对自己所在城市的代表性文化"比较清楚"和"非常清楚"。

第二，文化消费目的、影响因素和信息渠道。"娱乐消遣""增长见识""精神享受"是三种最主要的文化消费目的，分别占比为28.5%、28.5%、27.3%，基于"人际交往"进行文化消费的占比仅为15.4%，可见文化消费的自我满足性较强。"兴趣爱好"是影响文化消费的最重要因素，"收入水平""产品（或服务）价格""文化产品质量""有无休闲时间"等也是重要的影响因素。在网络化、信息化的时代，"网络搜索"是最重要的文化消费信息获取渠道，其次是"亲朋推荐""网络推送""电视广播"等。可见，当消费者目标明确时，会主动搜索信息进行文化消费，当然各种渠道的推介作用也不可小觑。

第三，文化市场评价。总体上讲，被调查者对于当地文化产品丰富程度的认同度、对所在城市文化场所和设施的认可度都很高，城市文化产品或服务的总体需求满足程度较高，对城市的文化氛围评价也较高，但是当用"阅读人数的多少"来间接度量文化氛围时，评价比直接度量要弱一些。在对文化供给进行满意评价的基础上，在条件允许的情况下，消费者增加文化消费支出和文化消费时间的意愿很强，倾向性的回答分别占93.6%和92.7%。

第四，公共文化服务的使用情况。大多数被调查者使用公共文化服务都比较频繁，选择"非常频繁""比较频繁""一般"的比例分别是2.7%、31.7%、45.4%。在具体方式的选择上，60.6%的样本使用过线上的公共文化服务平台，其中以"数字图书馆"的使用居多。而且，58.4%的被调查者也表示更加偏爱线上文化资源。如果政府有补贴，87.3%的人会选择增加文化消费支出，可见政府补贴对于文化消费的拉动作用是显著的。消费电子券是最受欢迎的补贴方式，之后依次是打折卡、储值卡和积分补贴。公共文化服务的总体满意度较高，明确表示"非常满意"和"比较满意"的分别占4.4%和42.9%。

第五,文化消费支出。从家庭的文化消费支出看,被调查者年人均支出为8086元,但是方差较大。其中,年人均文化消费支出在4000元以下的样本占43.2%,8000元以下的占69.9%,12000元以下的占83.5%,家庭人均文化消费支出在16000元以上的占9.6%,样本数量不多而且非常分散,可见文化消费支出的个体不均衡现象比较严重。

第六,文化消费支出的区域差异。文化消费支出在家庭总支出的比重相对较低。文化消费支出占家庭总支出的比重为"6%~10%"的最多,占34.5%;文化消费支出占家庭总支出的比重为10%以下的占72.5%。文化消费支出存在一定的空间差异性,其中,东部地区的文化消费比重的最大比例集中在"6%~10%",而中、西部地区集中在"5%及以下";农村地区样本的文化消费比重集中在"5%及以下",而城镇地区样本集中在"6%~10%";城市级别越高,文化消费支出比重越高;非省会城市的最大比例样本选择的是"5%及以下",而省会城市的样本是"6%~10%"。

第七,文化消费支出与各因素的相关性。研究变量之间的关系显示,学历层次较低,该样本群体内选择的文化消费比重相对较低。收入越高的家庭越倾向文化消费在家庭支出中占更高的比重;对自身的家庭经济地位认知越差的个体,往往文化消费比重也比较低。社会交往越频繁,文化消费的比重也呈现越高的趋势。

三、我国文化消费的宏观特征

我国文化消费的总体水平与经济发展情况保持一致,存在比较明显的区域特征,东部地区的文化消费水平总体较高,中部地区的文化消费水平也大致处于中部区段,而西部地区中绝大多数省(区、市)则处于中后段。通过变异系数和泰尔指数测度之后发现,我国居民文化消费水平的总体差异在缩小,虽然总量上东部沿海地区仍然处于绝对领先地位,但是中、西部地区和农村地区的文化消费增速都在不断地提高,这得益于我国经济的总体发展以及国家的区域平衡发展政策的实施。从差异贡献率来讲,区域间差异的贡献率逐渐缩小,区域内差异贡献率在上升。

四、资本影响文化消费的路径

一般而言,以家庭收入度量的经济资本对文化消费支出存在正向影响。这主要是因为，家庭收入水平的提高使家庭消费支出增加，同时，还会带来消费升级和家庭消费结构的优化。丰富的文化资本会增加文化消费的需求数量，也能提高文化内容的"解码"质量。社会网络是人与人之间形成的正式和非正式的社会联系，社会网络的扩大和人际交往活动的增加能直接地带来更多的文化消费支出；社会网络也会通过影响消费观念和消费行为、获得更多的消费信息以及影响居民收入水平等方式间接地影响文化消费支出。

五、资本影响文化消费的实证研究

（一）微观层面

在单独考虑经济资本、文化资本和社会资本的影响时，发现以下三点。（1）家庭收入是影响文化消费支出的重要变量，未来信心、文化产品和服务的丰富程度也会正向影响个体的文化消费支出。（2）文艺培训经历、自身学历和父母学历以及控制变量未来信心都对文化消费支出存在显著正向影响。（3）示范效应、社交密度对文化消费支出的影响显著为正，但社会网络的影响不显著。城乡状况、未来信心、文化供给对文化消费支出也存在显著影响。但是，经济资本、文化资本和社会资本对文化消费的影响绝不是只起到单独作用，而是会综合影响文化消费，各种资本因素之间可能还会相互转化。将经济资本、文化资本和社会资本同时纳入模型中发现，经济资本、文化资本和社会资本对居民的文化消费支出都存在显著影响，文艺培训经历、示范效应、社交密度、自身学历、家庭收入和家庭文化资本依次对文化消费支出产生由大到小的作用。各资本因素对文化消费支出的影响存在显著的区域差异。第一，经济资本对文化消费支出的影响在东部地区显著，而在中、西部地区不显著。第二，文化资本的三个代理变量：文艺培训、自身学历和家庭文化资本对东部地区的样本都存在显著影响，而且影响力大小依次递减；但是在中、西部地区，只有文艺培训这个变量对文化消费支出存在显著影响，其他两个变量的影响不显著。第三，在社会资本的变量中，东部地区社交密度对文化消费支出的影响力最大，而在中、西部地区影响最大的是示范效应，社交密度对文化消费支出的影响不显著。

资本对文化消费决策的影响，有可能是借由某些中介效应实现的。文化消费习惯、文化氛围在文化资本对文化消费支出和文化消费意愿的影响中，基本都存在中介效应，而且，这种中介效应对文化消费支出的影响相对较小，对主观性较强的文化消费意愿影响更大一些。调查显示，样本的总体幸福指数和对生活的满意度都较高，对未来生活充满信心的群体占77%。现有文献都认为文化消费是居民获得幸福感的有效路径，但是，因为现在生活产生的幸福感和对未来生活的信心，也可能会在资本因素影响文化消费的决策中起到中介作用。实证研究结果显示，幸福感、未来信心在经济资本、文化资本和社会资本对文化消费支出的影响中都存在显著的中介效应，但是中介效应比较小，主要是通过直接效应来完成的。总体上来讲，幸福感和未来信心在经济资本、文化资本和社会资本等因素对文化消费意愿影响中的间接效应更加显著。因而，提高居民幸福感、增强居民对未来生活的信心，对于文化消费决策具有重要的意义。

（二）宏观层面

利用面板数据实证研究发现，与预期一致，经济资本、文化资本和社会资本等资本因素对文化消费支出均存在显著正向影响。（1）区域异质性检验显示，东部地区和中、西部地区的经济资本和社会资本均对文化消费支出存在显著正向影响，文化资本的影响均不显著；东部地区经济资本对文化消费的提升效应小于中、西部地区，文化资本和社会资本对文化消费的提升效应大于中、西部地区。（2）不管是城镇还是农村，经济资本、文化资本和社会资本对文化消费支出的影响均显著为正，但是城镇资本因素对文化消费支出的影响力度均小于农村地区。（3）以经济资本作为门槛变量，分别以经济资本、文化资本和社会资本作为核心解释变量时，门槛效应显著。研究结果发现，随着经济资本进入更高的门槛值，经济资本对文化消费的影响越来越小，而文化资本和社会资本对文化消费的影响强度越来越大。当进入更高的文化资本门槛时，社会资本对文化消费支出的影响是削弱的，这可能是文化资本越丰富，文化消费的独立性也越强的缘故。（4）利用动态面板模型回归发现，我国居民文化消费支出受前期文化消费支出水平的显著正向影响，这意味着，文化消费习惯对当前文化消费支出具有显著的作用，这也显示了涵养文化消费习惯的重要性。经济资本、文化资本和社会资本依旧对文化消费支出存在显著正向影响，模型结果具有稳健性。

考虑到空间相关性之后，因为学习效应、示范效应的存在，文化消费支出存在消费溢出性。经济资本、文化资本和社会资本不仅影响本地区的文化消费支出，也会对周边地区的文化消费支出存在溢出效应。实证研究显示了以下五点结论：（1）我国文化消费自身存在明显的空间溢出，本区域文化消费活动的增加对邻近区域产生"示范效应"，邻近地区文化消费支出也会因此增加。（2）经济资本和社会资本均能显著地促进本地区文化消费水平，文化资本对文化消费的正向影响随大众文化的发展趋于减弱；经济资本、文化资本和社会资本对本地区和周边地区的居民文化消费支出均存在显著正向影响。（3）就效应分解看，经济资本、文化资本和社会资本对文化消费支出的直接效应均大于间接效应，符合实际。（4）区域异质性检验结果显示，东部地区文化消费呈现负向空间溢出，中、西部地区呈现正向空间溢出。无论是东部地区还是中、西部地区，经济资本对文化消费支出均存在显著正向影响，而且中、西部地区的影响系数显著大于东部地区；文化资本为正，但影响不明显；社会资本均能有效地促进居民文化消费支出，但是东部地区社会资本的影响普遍大于中、西部地区。（5）控制变量上，政府支持、基础设施建设、产业投资和知识产权保护都能显著地促进文化消费。

第二节 对策建议

一、转变消费观念，提升消费能力

（一）转变消费观念

第一，树立科学的消费观。目前主要存在以下三种消费观：一是过度节俭的消费观。过去物质的匮乏形成了节俭的消费观，这对于经历过物质匮乏年代的老年人影响尤为深远，储蓄成为最重要的生活习惯。尽管现在的物质生活富足，有余力去追求更好的物质生活条件和更丰富的精神文化需求，但是这种节俭的消费理念却已经成为丰富消费需求和消费形式的最大桎梏。二是透支性消费。互联网金融背景下催生的网贷业务以及"先消费，后还款"或者免息期、分期付款等服务，无疑刺激了民众尤其是年轻消费群体进行超过还款能力的透支性消费、超前性消费。三是攀比性消费乱象。网红经济时代的炫富现象冲击了传统的消费观，刺激了远超收入的跟风、攀比以及冲动性消费等不良消费现象，为满足此类不合理的消费而出现的网贷社会事件层出不穷。居民尤其是年轻人应该建立科学、理性的消费观，提高自己的认知水平，从自身实际出发合理规划、适度消费，面对网络经济的诱惑，做到不攀比、不炫耀、不盲从、不过度以及不浪费，形成理性健康的消费理念。[①]

第二，优化消费结构。消费可被划分为生存型消费（食品、衣着、居住、交通和通信支出）、享受型消费（家庭设备用品及服务、医疗保健、文化娱乐服务

---

① 王辉. 如何在网红经济下树立理性消费观 [J]. 人民论坛, 2019 (35)：92 - 93.

支出）和发展型消费（教育培训支出）三大类，① 调查研究显示，生存型消费的占比最高，其次是享受型消费，发展型消费占比最低，文化消费支出在整体消费支出中所占的比重也比较低。而从文化消费的内部结构看，目前，我国文化消费支出的快速增长主要来自教育支出的显著增加。在文化消费支出中，教育支出所占比重较大，文化娱乐服务所占比重相对较低。而发展型、享受型和提高型的消费，能促进精神世界的满足和实现自我价值的提高，也可以因此获得更多地来自物质和精神领域的回报。因而，消费者要转变消费观念，优化消费结构，提升消费层级，增加提高型、发展型的文化消费支出，提高文化娱乐服务消费比重，丰富自己的精神生活。

（二）增强文化消费能力

前面章节的实证研究显示，文化资本的提高是促进文化消费支出增加的长效机制，增强文化消费能力是提高文化消费质量的关键因素。而且，从文化资本的获得途径看，增强文化消费能力的路径主要有以下三个方面。

第一，加强正规学校教育。在皮埃尔·布迪厄的研究框架里，学历是文化资本的制度化形式，接受教育是获取文化资本的重要途径。教育的途径有很多，这里主要指传统正规学校教育，例如，九年制义务教育以及大学、研究生等学位教育。一般情况下，学校是青少年知识获取、价值观形成、兴趣爱好养成乃至专业技能掌握的最主要场所，学校教育是绝大多数个体文化能力形成的基础。通过学校的基础性教育，学生学会认字读书，逐渐开始接触、了解世界，掌握了一定的方法，具备了探索世界的能力，对未知的世界有探索的欲望和向往，这成为未来文化消费的基础。因而，一方面，在保证义务教育覆盖率的基础上，鼓励进一步地延长教育年限，提高教育深化的水平；另一方面，在学历教育中增加文化教育内容，拓展教育宽度。通过组织开展活动，鼓励学生走出校园去接触更多的文化产品和服务；也鼓励开展多样化的文化活动，将非物质文化遗产、戏剧、音乐等优秀的文化作品和服务引进校园，丰富学生的文化生活，提升学生的文化品位，养成文化消费习惯，这对后续的文化消费支出具有显著的促进作用。

第二，重视艺术培训和教育。前面章节的研究显示，是否有艺术培训或教育经历是影响文化消费支出的重要因素，家人有从事过文艺工作或者参加文艺培训的经历对文化消费的影响也得到了普遍的共识，而且更多的调查者认为家人从事文化艺术工作比家人有文化艺术培训经历对文化消费的影响会更大一些。但是调

---

① 纪园园，宁磊. 相对收入假说下的收入差距对消费影响的研究［J］. 数量经济技术经济研究，2018（4）：97–114.

查研究显示,只有14.5%的被调查者从事过文化艺术相关的工作,31.3%的样本接受过文化艺术方面的教育或培训,而且大多数人的时间相对较短;16.5%的样本表示家人从事过文化艺术相关工作,被调查者家人参加过文艺培训的比例仅占27.9%。从整体上看,我国目前接受过文化艺术培训的消费者比例还比较低。艺术培训和教育对文化消费支出的作用是显而易见的。其一,艺术培训或教育本身会产生费用,而且艺术培训中的很多形式都需要购买相应的器材,例如,画笔、乐器等,与其他类型的培训支出相比,可能更加昂贵,需要更多的支出。其二,艺术培训或教育会带来后续的文化消费支出。不管是接受艺术培训将其作为业余的兴趣爱好,还是接受艺术教育作为终身的职业,为了满足兴趣爱好或者实现职业技能的提升都会产生相应的文化消费支出。其三,艺术培训或教育的过程还会实现文化能力的提升和文化资本的积累,从而产生其他形式的关联性的文化消费需求。调查研究也显示,"兴趣爱好"是影响文化消费的最重要因素,因而家庭要重视孩子的素质教育,重视艺术培训或教育,注重培养孩子的兴趣爱好;成年人也可以在业余时间参加公共文化场馆提供的免费艺术培训或市场主体提供的付费艺术培训或教育,通过参与类似的培训或教育,养成某一方面的兴趣爱好和特长,充实闲暇时间,丰富精神生活,也可以积累文化资本,提升文化能力,为更好、更高质量地进行文化消费活动奠定基础。

第三,重视家庭氛围的熏陶。按照皮埃尔·布迪厄的观点,家庭的文化氛围和来自家庭的文化熏陶是文化资本的重要来源之一。一般而言,家庭是个体接受教育的基本场所,在家庭中完成个体早期的知识启蒙以及性格的初步养成,这成为个体接受学校教育实现知识内化的基础。孩子会继承父母的文化基因,并在家庭氛围的熏陶下不断地积累、内化成为影响一生的文化资本。因而,考虑到家庭氛围和家庭教育对子女所产生的重要影响,首先应该提升家长的教育水平,家长可以通过线下培训、网络课堂或者自学等方式进行再学习再提高。其次要充分开展家庭早教活动,家长要通过阅读、唱歌、画画、书法等活动培养孩子的兴趣,注重文化素养和文化品位的有意识的早期培养,引导孩子从小养成文化消费习惯。再次,可以鼓励孩子参与兴趣班,养成一种持续一生的兴趣爱好,也可以带领孩子去博物馆、艺术馆、图书馆等地参观学习,增长见识,拓宽视野,奠定文化消费的兴趣基础。持续的文化消费活动能够帮助养成文化消费习惯,通过文化消费活动,可以陶冶情操,提升文化产品的欣赏能力,能够刺激持续的文化消费支出。

二、优化产品供给,拓展消费模式

生产是消费的前提和基础。文化企业通过提供文化产品和服务满足或引导文化消费需求，企业文化产品和服务的生产、流通和传播也会影响文化消费的数量和质量。因而，企业要优化内容生产、传播和营销模式等，以提升文化消费。

（一）优化文化产品供给

第一，始终坚持"内容为王"。在大众文化流行的当下，很多生产者急于抓住消费热点，在短时间内，迅速地生产出潮流性的文化产品，这些速成文化产品的质量参差不齐，文化内涵缺少深入地挖掘，文化产品粗制滥造，文化精品数量相对不足，这是文化产品"快餐化"背景下必然出现的对文化产品质量的妥协。但是消费者之所以要购买文化产品，归根结底是为文化产品物质载体上所承载的文化内容。消费升级背景下，消费者对文化产品和服务有了更高的要求和更多的筛选，只有切实地提高文化产品的质量，深化文化产品的内容挖掘，生产出消费者真正感兴趣的文化产品和服务，才能真正地满足消费者的真实需求，增强消费者对文化产品和服务的偏好程度，进而降低对文化产品和服务的价格敏感度。因而，企业在开发文化产品和服务时要始终坚持"内容为王"，深入地挖掘文化内涵，鼓励文化内容与创意的深度结合，丰富文化产品和服务的呈现形式，扩大文化产品和服务的选择空间。面对日益多样化和个性化的文化消费需求，通过文化产品和服务的品质升级，提供更多的高品质、适销对路的文化供给来释放文化消费的潜力，这是促进文化消费持续增长的关键。

第二，推动文化产品生产的跨界融合。文化产品和服务的来源渠道通常有以下两个：一是以文化内容为基础，叠加各种呈现形式而成；二是以现有的产品为基础附加文化内涵而形成，文化产品天然具有复合型特征。新一代信息技术的发展，为优化文化产品和服务的供给奠定了基础。首先要充分利用信息技术优化文化内容生产。要充分发挥大数据、云计算技术在文化市场需求预测方面的作用，挖掘数据承载的信息，将其前瞻性地运用到文化内容的生产和传播中去，集中优势资源生产适销对路的产品，降低资源错配的可能性，生产出消费者喜闻乐见的文化产品，提供广受欢迎的文化服务，提高文化消费市场的效率。值得注意的是，一方面，文化生产只有与市场需求相结合才能焕发出生命力，对于需求大数据的挖掘为文化产品供给提供了方向和思路；另一方面，生产者的创作行为如果受到大数据的过度干扰，会失去生产者的自主性，影响产品的创新性、独特性和多样性。因此，在文化生产过程中，要尽量保持文化生产的独立性，防止大数据思维过度"挤压"内容生产者的创作空间，使文化生产成为大数据主导下的技术密集型产业；坚持"内容为王"和精品导向，创新文化产品的生产方式和商业模式,合理引导消费需求和注意力,用高质量的文化产品提升文化消费层次和水平;① 其次要利用现代科技优化文化内容的呈现形式。在可视化、虚拟现实(VR)、现实增强(AR)、人工智能等技术的支持和驱动下,文化产业进入场景模拟时代,体验式、沉浸式、社交式的文化消费形式显著增加。因而,要充分发挥"文化+科技""文化+创意"的力量,实现文化产业的跨界融合,丰富文化产品和服务的供给,拓展新型文化业态,创新商业模式和消费模式。

第三,发挥消费者的生产性。在"互联网+"时代,消费者不再被动地等待文化产品所传输的文化价值,而是拥有更多的主动权去消费和创造文化产品,消费者同时在扮演着生产者的角色。消费者可以积极地传递有关文化偏好的信号,减少信息的不对称,保证文化消费需求和供给不会出现结构性错位。生产者也要充分地利用消费者传递的信息,发挥消费者的生产性作用,实现消费与生产的跨领域融合。基于此,企业可以增加参与式产品和服务项目设计,增加消费者的体验感,也可以获得消费者的信息反馈以便进一步地改善、优化产品设计,进而增强消费者的黏性,增加后续消费;或者通过开展培训体验等关联业务,培养消费者的兴趣,触发消费者的内在消费动力,增加对相关文化产品和服务的支出。

(二)创新产业形态和文化消费模式

第一,线上、线下融合。信息化时代,"网络搜索"是最重要的文化消费信息获取渠道,消费者目标明确,会主动地搜索信息进行文化消费,当然,其他各种渠道的推介作用也不可小觑,例如"网络推送"也是重要的信息渠道。基于此,企业应将文化产品和服务信息网络化,将线上信息推广和营销作为常规渠道,为消费者提供便利快捷、突破时空限制的文化产品和服务。但是,相对于物质产品消费而言,场景化、体验性、沉浸式和社交性等特征在文化产品和服务的消费上体现得更加明显,而文化产品或服务的这些消费特征在线下能得到更好地满足。因而,企业要实现线上、线下联动,企业可以根据产品特性选择以线上为主,还是以线下为主。企业开发线上资源,满足部分受限制的消费者的需求,同时提供信息推广渠道,让更多的消费者了解相关的信息,增强与线下消费的互补性,促进线下消费;同时,也要开发线下文化消费渠道,增强消费者的体验性,以获得更好的文化消费体验,带动更多的关联性文化产品的消费。

第二,拓展社交营销模式。调查研究显示,"亲朋推荐"和"电视广播"也是重要的文化消费信息获取渠道;前面的实证研究也显示,示范效应对文化消费

---

① 高莉莉,宋啸天. 大数据驱动文化消费:作用、背离与策略选择 [J]. 淮北师范大学学报(哲学社会科学版),2020 (2):30-34.

支出存在显著的正向影响，这意味着，文化消费行为并不完全取决于个人的理性决策，而是具有很强的社会网络特征，会受到周边群体的影响，"粉丝效应"在文化领域体现得尤为明显。[①] 因而，企业要充分地利用这一特性，拓展营销推广模式。一是充分地发挥意见领袖（KOL）的影响力，加深消费者对于产品的认知、信任以及偏好，增强消费者的购买欲望。意见领袖往往是比较活跃的各领域的专业人士，可能来自生活工作圈，也可能来自网络，他们有较强的综合能力和较高的社会地位，专业领域的权威地位能被大众普遍认同，从而他们的意见具有可信度，能起到一定的广告效应，引导消费者的需求走向。二是发挥社会网络对于文化消费的带动作用。来自社交群体的亲朋好友的推荐也是促进文化消费行为发生的重要原因，甚至社交营销已经成为一种重要的营销手段，包括京喜、微信等在内的众多互联网平台都采用了社交营销的方式，企业要通过相应的措施鼓励评价反馈、分享传播等方式实现产品信息的扩散和裂变，充分地发挥文化消费的示范效应。三是社交网络销售。文化消费主体很容易受到公众人物和社会潮流趋势的影响，互联网络能将这种影响转化为即时消费。因此，越来越多的互联网络平台电商化，各种短视频平台植入购买链接，开启直播销售模式。各领域的明星、网络红人等纷纷进驻抖音、淘宝等平台直播间，利用自己的名人明星效应，吸引粉丝进入直播间直接购买产品，实现流量变现。文化企业也可以充分地发挥互联网络即时、便捷消费的特性，创新文化产品和服务的营销模式，拓宽文化产品和服务的销售渠道，扩大文化产品和服务的影响力。

第三，拓展消费空间和消费时间。一是拓展消费空间，提高消费的便捷性。充分利用集群的溢出效应，发挥关联产品和服务间的互补性，围绕特定主题建设文化消费集聚区和文化消费综合体，囊括各种文化设施，提供多样化的文化产品和服务，满足消费者的多样化文化需求。二是减少时间约束，拓宽消费时间。文化消费与一般商品消费的区别在于除了预算约束和消费能力约束，还存在时间约束。调查研究显示，"有无休闲时间"构成影响文化消费的重要因素。快速的社会节奏、巨大的生活压力和繁忙的工作模式挤压了文化消费的时间，居民可能在工作间隙或者下班之后产生放松性文化消费的需求，因而，要拓宽消费时间段，提高消费的便捷性，降低繁忙工作时间对于文化消费时间的挤压。一是可以开发短时网络文化产品，不受空间转移的约束，满足消费者碎片化时间的文化消费需求；二是发展晚间经济，丰富晚间文化产品或服务供给，延长文化产品和服务的

---

① 吴静寅. 文化消费的影响因素及其促进机制 [J]. 山东社会科学，2019（6）：94–99.

供给时间，推动晚间文化消费规模的扩大。

三、完善消费政策，促进均衡发展

（一）推进文化产业发展，优化文化产品供给

1. 深化文化市场体制改革

进一步地深化文化体制、机制改革创新，加快构建统一开放、竞争有序的现代文化市场体系。国有资本占比太大，市场准入门槛太高，容易导致文化市场创新能力和市场竞争活力不足，因而，要进一步地推进国有经营性文化产业单位企业化改制，深化混合所有制改革，吸引社会资本进入文化产业领域，实现市场主体和投融资渠道多元化，释放文化市场发展活力；① 放宽文化服务领域的市场准入，优化竞争格局；发挥市场在文化资源配置中的决定性作用，促进资源优化整合，提升企业市场价值；② 激发文化企业的创新活力，为市场提供丰富、优质的文化产品和服务。

2. 促进文化产业高质量发展

第一，推进文化产业创新式发展。通过项目补贴、专项基金、银政合作、税收优惠等政策为文化企业发展提供支持，引导社会资本和各类要素资源向文化产业的新兴领域集中，推动文化产业的创新式、升级式发展。发挥"龙头"企业的带动作用，鼓励中小微企业的竞争式发展，增强文化市场的活力。鼓励文化产业领域关键技术的突破和创新能力的培养，推动传统产业转型升级，创新文化产业业态，提高文化产品质量，优化文化产品供给。第二，推进文化产业集聚式发展。通过文化产业园区、基地、示范区等集聚区的建设，引导企业和资源在空间上集聚，发挥文化企业发展的分工效应、溢出效应和协同效应，进一步地整合要素资源，延长文化产业链。通过同类型企业的竞争和不同类型企业之间的合作不断地碰撞出新的创意，创新文化产品，催生新的商业模式和文化新业态。第三，推进文化产业融合式发展。推动文化产业与其他产业领域的融合发展，通过"+文化"推进传统产业升级，通过"文化+"放大跨界融合的叠加效应。尤其是要通过政策引导文化与科技、旅游、金融等的深度融合，推动数字经济为文化产业赋能，着力发展数字创意产业，创新文化产品和服务以及文化产品的传播、展

---

① 郭新茹，陈天宇. 长三角文化市场区域合作与一体化路径研究 [J]. 江苏社会科学，2020（2）：80-88.

② 刘瑞明，毛宇，亢延锟. 制度松绑、市场活力激发与旅游经济发展——来自中国文化体制改革的证据 [J]. 经济研究，2020（1）：115-131.

示、消费方式，拓展文化产业发展的无限可能。

（二）完善公共文化服务，涵养文化消费习惯

1. 完善公共文化服务体系

根据《关于加快构建现代公共文化服务体系的意见》，加大资金投入，构建标准化、均等化的公共文化服务体系，满足群众的基本文化需求。第一，夯实文化基础设施。建成公共图书馆、艺术馆、博物馆、美术馆、科技馆、青少年活动中心等公共文化设施，省（区、市）、县（市）乡村等各级公共文化服务网络实现全覆盖，努力打通公共文化服务的"最后一公里"。第二，广泛地开展文化活动。推进"文化惠民"工程，开展主题性文化活动，保持电影、戏剧、展览等文化下基层活动常态化。以公共文化场馆为阵地开展演出、展览、讲座、培训等特色公共文化活动，吸引群众广泛参与其中；推进公共文化活动常规化、品牌化，营造良好的文化氛围，引导居民养成良好的文化消费习惯。第三，实现文化资源数字化。在互联网技术深刻地影响着人们生活方式的背景下，58.4%的被调查者表示更加偏爱线上文化资源，消费者也主要是通过网络渠道获得文化信息，因而，要进一步地推进各级文化资源数字化，建立数字文化资源共享平台，实现公共文化服务的即时化、碎片化和便捷化消费。

2. 搭建供求连接平台

一是要积极搭建线下文化消费活动平台。以"文化消费季"、大型节庆活动、特色文化活动为载体，促使文化供给主体和文化消费主体在同一时空"面对面"。大型文化活动往往具有传播范围广、参与主体多、影响力比较大的特征，因而，既可以促进文化消费的直接发生，涵养文化消费氛围，培养潜在的文化消费主体，又能够提升城市形象和影响力。二是搭建线上文化消费信息平台，促进供给侧和需求侧匹配。试点城市借助现代信息技术平台，集政府、公共文化机构、文化企业、消费者、研究机构于一体，实现信息发布获取的网络化、数字化、即时化、共享化，达到文化需求和文化供给的有效对接。[①] 企业通过大数据平台对数据的动态监测和分析，能够精准地把握消费者的文化需求，以更好地提供文化产品或服务；同时，利用移动互联网平台打造"一口多端"的传播体系，提升文化消费信息传播的有效性和针对性。

3. 提升公共文化服务效能

各级政府建立文化事业发展专项基金，以支持公共文化服务项目的开展。鼓

---

① 李国东，傅才武. 信息技术平台推动文化政策创新的机理与实践 [J]. 学习与实践，2020（8）：126 – 134.

励、引导和支持社会力量参与公共文化服务，完善现代公共文化服务体系协同参与机制。[①] 引导文化企业、文化事业机构和文化类社会组织参与提供公共文化产品和服务，丰富公共文化服务供给的内容和形式，提升居民对于公共文化服务的满意度；引导居民积极地参与公共文化活动并搜集相关的反馈信息，以进一步地提供针对性的公共文化服务。各级政府要创新、优化文化消费补贴和支持政策，有倾向、有重点地对居民、企业、消费项目或者场所进行补贴和支持，提高文化事业费用的利用效率。基于上述举措，提高公共文化服务供给质量，提升公共文化服务效能，满足居民的基本文化权益，涵养文化消费习惯，实现对居民文化消费的拉动作用，推进文化产业和文化事业的联动，实现公共文化服务体系的良性发展。

（三）差异化消费促进政策，推进区域协调发展

1. 发挥区域之间的溢出效应

首先，我国文化消费存在明显的空间溢出效应，同时，经济资本、文化资本和社会资本对文化消费存在正向空间溢出效应，应该提升本地的经济资本、文化资本和社会资本水平；在提升本区域文化消费水平的同时，促进邻近地区文化消费水平的提升。其次，东部地区文化消费呈现负向空间溢出，中、西部地区呈现正向空间溢出，这意味着，东部地区文化消费具有虹吸效应，而中、西部地区体现为示范效应。这可能与东部地区人口密集、交通便利、区域一体化程度更高的经济社会发展条件有关，当某区域出现新兴的文化消费形态或者新的文化消费产品，人们可能会选择跨区域集聚性消费，减少本地的文化消费支出。而中、西部地区相对而言地域辽阔，人口较为分散，因而区域经济一体化程度较低，文化消费领域更多地表现为示范效应，某地区文化消费支出的增加也会增加另一区域文化消费支出。因而，区域间应建立扩大文化消费的长效机制，形成扩大文化消费的区域合力。从根本上讲，区域间扩大文化消费长效机制的形成关键在于，区域内地方政府间对区域经济发展利益能否达成共识，以便运用组织和制度资源破除行政区划"壁垒"，通过共同规划和实施促进文化消费政策，在总体的资源约束下，实现文化消费的经济利益和社会利益最大化，最终形成文化消费的健康、可持续发展。

2. 差异化文化消费促进政策

对我国文化消费的现实考察发现，我国的文化消费确实存在区域差异，但是

---

① 张孝飞，李子. 现代公共文化服务体系协同参与机制研究 [J]. 图书馆研究与工作，2020 (10)：5-10.

区域间的差异逐渐缩小,区域内的差异不断扩大。一方面,这意味在东、中、西部地区三大区域内部出现了文化消费"龙头"省(区、市)(例如,一线城市、二线省会城市等),区域内部各省(区、市)的文化消费差异在扩大;另一方面,也是因为城乡文化消费差距在进一步地扩大,主要表现为农村地区的文化消费水平相对较低。文化消费的区域化差异需要有差异化的文化消费政策,例如,一线城市房价高企,过度的房贷压力、繁忙的工作可能会是挤出居民文化消费支出的重要原因;[①] 小镇青年文化消费水平的提升可能是受到文化资本的约束,农村地区可能还受到文化产品和服务供给的限制等,因而,各地要根据地区特点、不同收入人群等因地制宜地提出差异化、针对性的文化消费促进政策。

3. 提升农村文化消费水平

调查研究显示,农村地区的文化消费水平相对较低,但是伴随收入的提高,农村地区的文化消费支出增长很快,这可能是因为农村地区的边际文化消费倾向比较高,以及互联网文化创意产业的蓬勃发展消弭了文化供给短板的缘故。一直以来,农村地区文化基础设施都是相对比较落后、短缺的,农村人口比较分散,提供公共文化服务具有一定的难度,农村的公共文化服务水平有待进一步地增强;我国目前的文化消费促进政策也主要是针对城镇居民而设计,农村地区的文化消费促进政策还稍显不足。因而,一方面要强化农村地区的文化产品和服务供给,包括公共文化服务和市场文化产品,补足农村地区的文化基础设施和文化产品短板,营造良好的文化氛围,带动更多的文化消费支出;另一方面,要强化落实乡村振兴战略,实现城乡一体化发展,提高农村地区居民的收入水平和教育水平,增加文化消费的内生性需求。

(四) 其他配套措施

1. 提高收入水平,夯实消费的经济基础

调查研究显示,东部地区的城镇、省会城市等具有较高收入指征的子样本的文化消费支出,在总支出中往往占据更高的比重;这意味着,收入水平是导致文化消费增加的重要因素,后面的实证研究也证实了这一点,因而,提高居民收入是提升文化消费的基础。首先,以新一代信息技术高速发展为契机,优先发展数字创意产业、新一代信息技术产业、生物医药、高端制造等战略性新兴产业,推进产业结构优化升级,促进中国经济高质量发展。稳定就业环境,促进就业,保

---

① 陈鑫,任文龙,张苏缘. 中等收入家庭房贷压力对居民文化消费的影响研究——基于2016年CFPS的实证检验 [J]. 福建论坛(人文社会科学版),2019 (12): 71-81.

证居民可支配收入水平的提高。其次，促进区域经济协调发展。数据显示，伴随着收入的增长，农村居民的文化消费支出增长得越快；低收入地区的需求收入弹性就越高，因而，要重点增加低收入地区和农村地区的收入水平，这就意味着，要进一步地贯彻区域协调的发展政策，落实中部崛起、西部大开发以及东北老工业基地的振兴，推进乡村振兴和城乡一体化的发展战略，提高落后地区的收入水平。再次，缩小收入分配差距。进一步地探索收入分配的政策改革，"促进收入分配更合理、更有序"，缩小收入差距，提高低收入者的收入水平，扩大文化消费支出。最后，完善社会保障制度。研究显示，城镇居民医疗保险制度改革在高收入的健康家庭中存在明显的文化消费效应。[1] 因而，完善社会保障体系，解除居民的后顾之忧，从而激发文化消费动机，增加文化消费支出。

2. 深化教育改革，提高文化资本

第一，深化教育改革。完善教育体系，落实九年制义务教育，普及高中阶段教育，完善职业教育、继续教育等教育体系。深化素质教育改革，将音乐、戏剧、舞蹈、美术等文化艺术教育融入普通教育和继续教育的体系中，使其成为各类人才培养的必修课，普及文化教育，在传统教育中培养文化消费主体的艺术基础。第二，强化公共文化艺术培训。《关于加快构建现代公共文化服务体系的意见》提出要积极开展全民艺术普及，提供纯公益、零门槛、广参与的群众艺术服务，让所有公民都接受艺术熏陶，丰富群众的精神文化生活，推进文化艺术事业的发展繁荣；《中华人民共和国公共文化服务保障法》将全民艺术普及上升为法律规定。公益艺术培训是推进全民艺术普及的有效方法，[2] 各地的公共文化服务工作中心要将当地的文化特色与主流意识相结合，持续开展文化体验计划，在群众可接受的范围内，进行乐器、舞蹈、歌曲、书法、剪纸、摄影等艺术培训；对基层文化骨干进行艺术培训和创作辅导，并发挥文化骨干的带动作用；对不同年龄层次和不同特征的受众采取针对性的文化艺术培训措施；等等。加强宣传教育，形成观念先进、方向正确的文化消费理念，并通过艺术培训培育文化艺术氛围，持续地提升居民的文化品位和艺术鉴赏能力。第三，鼓励文化艺术培训市场的发展。将艺术培训行业纳入文化产业规划，发展成为新的经济增长点；对优秀的艺术培训机构给予相关的政策和资金、项目上的支持；健全艺术培训市场体系，多元化艺术培训主

---

[1] 靳卫东，王鹏帆. 城镇居民医疗保险制度改革的文化消费效应研究 [J]. 南开经济研究，2017 (2)：23-40.

[2] 秦晨，赵国朋，杨云涛. 文化馆公益艺术培训模式创新的探索与研究 [C]. 中国文化馆协会、烟台市人民政府. 新时代文化馆：改革融合创新——2019中国文化馆年会征文获奖作品集. 中国文化馆协会、烟台市人民政府：中国文化馆协会，2019：189-192.

体，优化课程教学内容设计，鼓励艺术培训机构的竞争和合作，提高文化艺术的培训质量。

3. 其他配套措施

第一，完善基础设施建设。首先，完善文化消费基础设施。一方面，优化文化消费弱势地区，尤其是农村地区的公共文化服务的硬件设施和服务内容建设；另一方面，完善交通基础设施建设。在文化旅游发展的现阶段，城市周边乡村旅游、自驾游等成为重要的旅游形态，但是交通通达度和路况影响着旅游体验，因此，各地政府应持续加大交通基础设施建设的投入，破除乡村文化旅游的"瓶颈"。其次，鼓励各级政府建立和完善文化产业服务的公共信息平台，汇聚文化产业发展政策、技术、投融资、项目等各方面的信息，帮助文化企业尤其是中小微文化企业获取相关的信息，促进交流合作。再次，构建统一的文化消费监测平台。推进建设区域间、部门间、行业间的文化消费大数据资源共享平台，综合分析宏观数据和微观样本，动态监测文化消费规模和结构的变化情况，为决策的研究制订提供可靠的依据，让文化消费政策更趋科学化。

第二，完善休假制度设计。经济理论显示，劳动获得的工资收入是闲暇的机会成本，当收入达到一定水平之后，"替代效应"大于"收入效应"，人们会倾向于缩短工作时间，减少劳动供给，增加闲暇时间。因而，当人们的收入达到一定程度，也会有更多的文化消费时间和更多样化的选择。尚未达到收入阈值时，可以通过制度设计调整居民的文化消费时间。美国和日本的发展经验显示，增加居民的闲暇时间，能够为居民文化消费活动提供机会，刺激居民的文化消费。因此，要进一步地完善休假制度设计，落实职工带薪休假制度，适当地延长周末休息时间，适当地延长春节等法定节假日天数，增设传统节假日以分散"十一"黄金周集中出行所带来的供给端压力以及对消费者出行体验的影响，[①] 优化小长假放假的时间设计，整块化居民的休假时间，尽量降低文化消费的时间约束，增加家庭文化消费的时间，为集中文化消费创造条件。

第三，加强文化市场监管，规范文化市场秩序。坚持以社会主义核心价值观引领文化建设，加强文化市场尤其是互联网文化市场的监管，对于文化市场过度娱乐化、低俗化的现象坚决予以治理；加强内容的审核和监管，整肃文化发展的乱象，对未成年人的价值形成进行引导。建立、健全文化市场综合行政执法运行机制，规范权属关系和工作流程，厘清职责范围，规范审批和执法信息的共享机

---

① 王琪延，高旺. 居民休假制度满意度和期望休假安排研究——以北京市为例 [J]. 中国物价，2020 (9)：109 – 112.

制,加强议事协商制度,① 建立、健全文化市场信用监管机制,支撑起安全、可信的消费环境。② 进一步地规范市场秩序,为促进文化产业良性、健康、有序地发展保驾护航。

第四,完善知识产权保护。完善《中华人民共和国著作权法》《中华人民共和国专利法》《中华人民共和国商标法》等知识产权保护法律体系,细化各种法规制度;加强新兴领域的知识产权保护,制定实施大数据、云计算等领域的知识产权保护机制;建立知识产权执法与互联网平台的联动,加强知识产权的执法力度,严厉打击对文化产品的盗版侵权行为,健全知识产权保护考核评价机制。

---

① 祁述裕,贾世奇. 加强文化制度建设促进文化市场繁荣——对当前我国文化治理及2019年发展焦点的观察 [J]. 福建论坛(人文社会科学版),2020(3):5-18.

② 吴静寅. 文化消费的影响因素及其促进机制 [J]. 山东社会科学,2019(6):94-99.

附录

居民文化消费基本情况调查问卷

尊敬的女士/先生：您好！这是一项关于居民文化消费的调查问卷，旨在了解我国居民的文化消费状况及影响因素，从而为制定更合理的政策提供参考。问卷采用匿名方式填写，答案没有正确与错误之分，请按照实际情况放心填写。问卷仅用于学术研究，您的支持对我们的研究有极大帮助，非常感谢您的参与！

第1部分　基本情况

1. 性别_____。

   A. 男　　　　　　　　B. 女

2. 民族_____。

   A. 汉族　　　　　　　B. 少数民族

3. 年龄_____。

   A. 18岁以下　　　　　B. 19~25岁　　　　　C. 26~35岁

   D. 36~45岁　　　　　 E. 46~60岁　　　　　F. 60岁以上

   G. 其他

4. 政治面貌_____。

   A. 团员　　　　　　　B. 中国共产党党员　　C. 民主党派

   D. 群众　　　　　　　E. 其他

5. 您有宗教信仰吗？_____

   A. 有　　　　　　　　B. 没有

6. 您是本地人吗？_____

   A. 是　　　　　　　　B. 否

7. 您的家庭来自_____。

   A. 城镇　　　　　　　B. 农村

8. 您与您的亲戚朋友往来频繁吗？_____

   A. 不频繁　　　　　　B. 比较不频繁　　　　C. 一般

D. 比较频繁　　　　　　　E. 非常频繁

9. 您最经常使用的语言是＿＿＿＿＿＿。

A. 普通话　　　　　　　B. 本地方言　　　　　　C. 其他

10. 您的婚恋状况是＿＿＿＿＿＿。

A. 没有对象　　　　　　B. 恋爱中　　　　　　　C. 已婚

D. 离异　　　　　　　　E. 丧偶　　　　　　　　F. 其他

11. 您家常住人口数是＿＿＿＿＿＿。

A. 1 人　　　　　　　　B. 2 人　　　　　　　　C. 3 人

D. 4 人　　　　　　　　E. 5 人　　　　　　　　F. 6 人

G. 7 人　　　　　　　　H. 其他

12. 您有几个小孩＿＿＿＿＿＿。

A. 无　　　　　　　　　B. 1 个　　　　　　　　C. 2 个

D. 3 个　　　　　　　　E. 4 个　　　　　　　　F. 5 个及以上

G. 其他

13. 您的最高学历是＿＿＿＿＿＿。

A. 不适用　　　　　　　B. 小学　　　　　　　　C. 初中

D. 高中/中专/技校/职高　E. 大专　　　　　　　　F. 本科

G. 硕士　　　　　　　　H. 博士及以上

14. 您的本科专业是＿＿＿＿＿＿。

A. 不适用

B. 理科类（数学、统计、物理、化学等）

C. 文科类（经济金融、管理、法学、广告传媒、语言等）

D. 工科类（机械工程及自动化、材料科学与工程、信息工程等）

E. 艺术类（音乐、美术、摄影、编导等）

F. 其他

15. 您父亲的学历是＿＿＿＿＿＿。

A. 不适用　　　　　　　B. 小学　　　　　　　　C. 初中

D. 高中/中专/技校/职高　E. 大专　　　　　　　　F. 本科

G. 硕士　　　　　　　　H. 博士及以上

16. 您母亲的学历是＿＿＿＿＿＿。

A. 不适用　　　　　　　B. 小学　　　　　　　　C. 初中

D. 高中/中专/技校/职高　E. 大专　　　　　　　　F. 本科

G. 硕士　　　　　　　　H. 博士及以上

17. 您目前的职业是_____。

A. 不适用

B. 国家机关、党群组织、企业、事业单位负责人

C. 专业技术人员

D. 办事人员和有关人员

E. 商业、服务业人员

F. 农、林、牧、渔业生产及辅助人员

G. 生产制造及有关人员

H. 军人

I. 不便分类的其他从业人员

18. 您工作所从属的领域是_____。

A. 不适用	B. 制造类	C. 艺术设计传媒类
D. 文化教育类	E. 旅游类	F. 电子信息类
G. 轻纺食品类	H. 公共事业类	I. 资源开发与测绘类
J. 交通运输类	K. 医药卫生类	L. 材料与能源类
M. 财经类	N. 土建类	O. 生化与药品类
P. 其他		

19. 您的工作时间灵活自主吗?_____

A. 不灵活　　　　　　　B. 不太灵活　　　　　　C. 一般

D. 比较灵活　　　　　　E. 非常灵活

20. 您家 2017 年的收入状况是_____。

A. 5 万元以下　　　　　B. 5 万 ~ 10 万元　　　　C. 10 万 ~ 15 万元

D. 15 万 ~ 20 万元　　　E. 20 万 ~ 30 万元　　　 F. 30 万元以上

21. 您家的经济状况在当地属于_____。

A. 最差　　　　　　　　B. 中等偏下　　　　　　C. 中等

D. 中等偏上　　　　　　E. 最好

22. 您家每月支出中比重最大的是_____。

A. 日常生活支出　　　　B. 住房　　　　　　　　C. 交通

D. 医疗　　　　　　　　E. 子女教育　　　　　　F. 旅游

G. 文化产品或服务　　　H. 其他

第 2 部分　文化消费情况

请估算 2017 年您的家庭文化消费支出（元），回答第 23～34 题。

23. 教育（各阶段学历教育）支出_____。

24. 图书报纸杂志支出_____。

25. 工艺美术品和收藏品支出_____。

26. 文化娱乐用品（例如，购买游戏器材、影像设备、文体用品、乐器等）支出_____。

27. 体育消费（例如，健身锻炼、体育赛事等）支出_____。

28. 文艺演出（例如，观看话剧、歌剧、音乐会等）支出_____。

29. 文化旅游（例如，交通门票、游乐设施、纪念品等）支出_____。

30. 网络文化服务（例如，内容付费、点播视频、音乐付费、游戏装备、网络直播打赏等）支出_____。

31. 文化娱乐活动（例如，电影、网吧、KTV、桌游、棋牌游戏等）支出____。

32. 学习培训（例如，提升式学习培训）支出_____。

33. 创意设计服务（例如，专业设计、创意设计服务等）支出_____。

34. 上述没有包括的其他支出_____。

请估算 2017 年您参加各项文化活动的频率，回答第 35～48 题。

35. 文艺演出_____。
  A. 无　　　　　　　B. 1～2 次/年　　　　　　C. 3～4 次/年
  D. 1～2 次/月　　　E. 1～2 次及以上/周

36. 如果您参加过上一题的活动，请问您是定期参加还是偶尔参加？_____
  A. 定期　　　　　　B. 偶尔

37. 文化旅游_____。
  A. 无　　　　　　　B. 1～2 次/年　　　　　　C. 3～4 次/年
  D. 1～2 次/月　　　E. 1～2 次及以上/周

38. 如果您参加过上一题的活动，请问您是定期参加还是偶尔参加？_____
  A. 定期　　　　　　B. 偶尔

39. 学习培训_____。
  A. 无　　　　　　　B. 1～2 次/年　　　　　　C. 3～4 次/年

D. 1~2 次/月　　　　　　E. 1~2 次及以上/周

40. 如果您参加过上一题的活动，请问您是定期参加还是偶尔参加？_____

　A. 定期　　　　　　　B. 偶尔

41. 读书、看报_____。

　A. 无　　　　　　　　B. 1 小时以内/天　　　　C. 1~2 小时/天

　D. 2~3 小时/天　　　E. 3 小时以上/天

42. 如果您参加过上一题的活动，请问您是定期参加还是偶尔参加？_____

　A. 定期　　　　　　　B. 偶尔

43. 网络文化娱乐活动_____。

　A. 无　　　　　　　　B. 1 小时以内/天　　　　C. 1~2 小时/天

　D. 2~3 小时/天　　　E. 3 小时以上/天

44. 如果您参加过上一题的活动，请问您是定期参加还是偶尔参加？_____

　A. 定期　　　　　　　B. 偶尔

45. 文化娱乐活动_____。

　A. 无　　　　　　　　B. 1 小时以内/天　　　　C. 1~2 小时/天

　D. 2~3 小时/天　　　E. 3 小时以上/天

46. 如果您参加过上一题的活动，请问您是定期参加还是偶尔参加？_____

　A. 定期　　　　　　　B. 偶尔

47. 体育活动_____。

　A. 无　　　　　　　　B. 1 小时以内/天　　　　C. 1~2 小时/天

　D. 2~3 小时/天　　　E. 3 小时以上/天

48. 如果您参加过上一题的活动，请问您是定期参加还是偶尔参加？_____

　A. 定期　　　　　　　B. 偶尔

49. 您每月支出中，文化消费支出的比重大概是_____。

　A. 几乎没有　　　　　B. 5% 及以下　　　　　　C. 6%~10%

　D. 11%~20%　　　　 E. 21%~30%　　　　　　 F. 31%~50%

　G. 50% 以上

50. 影响您进行文化消费选择的因素是（可多选）_____。
    A. 产品（或服务）价格   B. 收入水平
    C. 兴趣爱好   D. 时尚潮流
    E. 家人、朋友或达人推荐   F. 文化产品质量
    G. 文化设施或场所环境   H. 有无休闲时间
    I. 文化消费的交通便利程度   J. 其他

51. 您进行文化消费主要是为（可多选）_____。
    A. 娱乐消遣   B. 增长见识   C. 人际交往
    D. 精神享受   E. 其他

52. 您通常获得文化消费信息的渠道是（可多选）_____。
    A. 网络搜索   B. 网络推送   C. 电视广播
    D. 户外广告   E. 亲朋推荐
    F. 公共文化服务云平台   G. 其他

第 3 部分　文化资本情况

53. 您是否从事过文化艺术相关的工作？_____
    A. 是   B. 否

54. 如果从事过，多长时间？_____
    A. 2 年以内   B. 2~5 年   C. 5~10 年
    D. 10~20 年   E. 20 年以上   F. 其他

55. 您是否参加过文化艺术方面的教育或培训？_____
    A. 是   B. 否

56. 如果参加过，多长时间？_____
    A. 1 年以内   B. 1~3 年   C. 3~5 年
    D. 5~10 年   E. 10 年以上   F. 其他

57. 您的家人是否从事过文化艺术相关的工作？_____
    A. 是   B. 否

58. 如果从事过，多长时间？_____
    A. 2 年以内   B. 2~5 年   C. 5~10 年
    D. 10~20 年   E. 20 年以上   F. 其他

59. 如果您的家人从事文化艺术相关工作，您觉得对您的文化消费是否有影响？_____

A. 没有影响   B. 有一点影响   C. 一般

D. 有较大影响   E. 有很大影响

60. 您的家人是否参加过文化艺术方面的教育或培训？_____

A. 是   B. 否

61. 如果是，多长时间？_____

A. 1 年以内   B. 1~3 年   C. 3~5 年

D. 5~10 年   E. 10 年以上   F. 其他

62. 如果您的家人参加过文化艺术方面的教育或培训，您觉得对您个人的文化消费是否有影响？_____

A. 没有影响   B. 有一点影响   C. 一般

D. 有较大影响   E. 有很大影响

第 4 部分　文化消费观念

63. 您目前居住在_____省_____市_____县（区）

64. 您知道您所在城市有哪些代表性的文化吗？_____

A. 不清楚   B. 不太清楚   C. 一般

D. 比较清楚   E. 非常清楚

65. 在此之前，您对文化消费所包含的内容了解吗？_____

A. 不了解   B. 不太了解   C. 一般

D. 比较了解   E. 非常了解

66. 您认为文化消费重要吗？_____

A. 不重要   B. 不太重要   C. 一般

D. 比较重要   E. 非常重要

67. 您身边阅读的人多吗？_____

A. 非常少   B. 不太多   C. 一般

D. 比较多   E. 非常多

68. 您周边朋友或邻居的文化消费行为是否会对您产生影响？_____

A. 没有影响   B. 有一点影响   C. 一般

D. 有较大影响   E. 有很大影响

69. 您所在城市的文化产品种类是否丰富多样？_____

A. 不丰富   B. 不太丰富   C. 一般

D. 比较丰富   E. 非常丰富

70. 您所在城市的文化场所和设施是否健全？_____
    A. 非常欠缺   B. 不太健全   C. 一般
    D. 比较健全   E. 非常健全

71. 您所在城市的文化服务质量如何？_____
    A. 不好   B. 不太好   C. 一般
    D. 比较好   E. 非常好

72. 您所在城市的文化消费氛围如何？_____
    A. 很差   B. 比较差   C. 一般
    D. 比较浓厚   E. 非常浓厚

73. 您所在城市的文化产品或服务能满足您的需要吗？_____
    A. 不能   B. 不太能   C. 一般
    D. 比较能   E. 完全能

74. 如果条件允许，您会在未来增加文化消费支出吗？_____
    A. 不会   B. 可能不会   C. 可能会
    D. 很可能会   E. 一定会

75. 如果条件允许，您会在未来增加文化消费时间吗？_____
    A. 不会   B. 可能不会   C. 可能会
    D. 很可能会   E. 一定会

76. 您觉得幸福吗？_____
    A. 不幸福   B. 不太幸福   C. 一般
    D. 比较幸福   E. 非常幸福

77. 您对现在的生活满意吗？_____
    A. 不满意   B. 不太满意   C. 一般
    D. 比较满意   E. 非常满意

78. 您对自己的未来有信心吗？_____
    A. 没有信心   B. 不太有信心   C. 一般
    D. 比较有信心   E. 非常有信心

第 5 部分　公共文化消费

79. 您是否去过公共文化场馆？_____
    A. 是   B. 否

80. 如果去过，您去过最多的公共文化场馆是？_____

A. 图书馆 B. 博物馆 C. 文化馆
D. 美术馆 E. 其他

81. 您是否使用过线上的公共文化服务平台？
A. 是 B. 否

82. 如果使用过，您使用比较多的是？_____
A. 数字博物馆 B. 数字图书馆 C. 数字文化馆
D. 云平台 E. 其他

83. 您更加喜欢哪种方式？_____
A. 互联网文化资源 B. 线下文化资源

84. 您使用公共文化服务频繁吗？_____
A. 不频繁 B. 比较不频繁 C. 一般
D. 比较频繁 E. 非常频繁

85. 政府补贴会增加您的文化消费支出吗？_____
A. 不会 B. 可能不会 C. 可能会
D. 很可能会 E. 一定会

86. 您比较喜欢哪种文化消费补贴方式？_____
A. 消费电子券 B. 打折卡 C. 储值卡
D. 积分补贴 E. 其他

87. 您对政府提供的公共文化服务满意吗？_____
A. 不满意 B. 不太满意 C. 一般
D. 比较满意 E. 非常满意

感谢您的支持！祝您生活愉快！

参考文献

1. 安蓉. 基于知识转移理论的跨文化科学研究 [J]. 科技进步与对策, 2009 (10): 114-116.

2. [法] 布迪厄. 文化资本与社会炼金术 [M]. 包亚明, 编译. 上海: 上海人民出版社, 1997.

3. 曹俊文. 精神文化消费统计指标体系的探讨 [J]. 上海统计, 2002 (4): 42-43.

4. 曹直, 叶显, 吴非. 居民幸福感对家庭商业保险的影响——基于异质性视角的传导机制检验 [J]. 江西财经大学学报, 2020 (2): 62-75.

5. 车树林, 顾江, 李苏南. 固定资产投资、居民文化消费与文化产业发展——基于省际动态面板系统 GMM 估计的实证检验 [J]. 经济问题探索, 2017 (8): 151-157.

6. 车树林, 顾江. 收入和城市化对城镇居民文化消费的影响——来自首批 26 个国家文化消费试点城市的证据 [J]. 山东大学学报 (哲学社会科学版), 2018 (1): 84-91.

7. 陈斌开, 陈思宇. 流动的社会资本——传统宗族文化是否影响移民就业？[J]. 经济研究, 2018 (3): 35-49.

8. 陈庚, 宋春来. 新时代居民的艺术消费：表征、构因及优化——来自 127 个调研地的表演艺术消费调查分析 [J]. 福建论坛 (人文社会科学版), 2018 (10): 90-98.

9. 陈雷, 张莹. 城镇文化消费的现状及影响因素分析 [J]. 西安财经学院学报, 2013 (1): 5-10.

10. 谌丽, 党云晓, 张文忠, 马仁锋. 城市文化氛围满意度及影响因素 [J]. 地理科学进展, 2017 (9): 1119-1127.

11. 陈劲. 城市居民文化消费结构及其资本积累：重庆例证 [J]. 改革, 2015 (7): 110-119.

12. 陈小云. 社会资本视角下的网络口碑影响力研究 [J]. 湖北经济学院学报（人文社会科学版），2014（9）：45-46.

13. 陈晓东，张春香. 不平等如何影响居民幸福感——基于个体不平等指数的经验研究 [J]. 华中科技大学学报（社会科学版），2020（3）：78-86.

14. 陈鑫，任文龙，张苏缘. 中等收入家庭房贷压力对居民文化消费的影响研究——基于2016年CFPS的实证检验 [J]. 福建论坛（人文社会科学版），2019（12）：71-81.

15. 陈治国. 布迪厄文化资本理论研究 [D]. 北京：首都师范大学，2011.

16. 崔苗. 农村家庭收入、文化消费与居民幸福感——情绪的调节作用 [J]. 湖北经济学院学报（人文社会科学版），2018（11）：29-31.

17. 崔巍. 社会资本、人力资本与经济增长：我国的经验数据 [J]. 经济问题探索，2019（8）：9-15.

18. 崔巍. 居民幸福感的影响因素及时代演变 [J]. 经济问题，2019（10）：19-25.

19. 杜华章. 江苏省农村居民收入水平与文化消费实证分析 [J]. 农业经济与管理，2015（5）：70-78.

20. ［澳大利亚］戴维·思罗斯比. 经济学与文化 [M]. 王志标，等译. 北京：中国人民大学出版社，2011：91-92.

21. 范静波. 家庭因素、教育资源获得与性别公平 [J]. 教育科学，2016（4）：1-6.

22. 方娴，金刚. 社会学习与消费升级——来自中国电影市场的经验证据 [J]. 中国工业经济，2020（1）：43-61.

23. 冯义涛，邹晓东. 上海市民收入变化对文化消费发展的影响 [J]. 上海经济研究，2000（11）：22-27.

24. 傅才武，曹余阳. 中英政府有关促进文化消费政策的比较研究——以青年"青年苏格兰卡"与中国"武昌文化消费试点"为中心 [J]. 江汉论坛，2017（10）：34-43.

25. 傅利平，贾才毛加. 公共服务满意度、社会资本与居民主观幸福感关系研究——基于中国综合社会调查（CGSS）2013的实证分析 [J]. 天津大学学报（社会科学版），2017（4）：321-326.

26. ［美］P. 福塞尔. 格调：社会等级与生活品味 [M]. 梁丽真，乐涛，等译. 北京：中国社会科学出版社，1998：217-234.

27. 甘宇, 赵驹, 宋海雨. 农民工文化消费的影响因素: 来自1046个样本的证据 [J]. 消费经济, 2015 (1): 52-55.

28. 高莉莉, 顾江. 能力、习惯与城镇居民文化消费支出 [J]. 软科学, 2014 (12): 23-26.

29. 高莉莉, 宋啸天. 大数据驱动文化消费: 作用、背离与策略选择 [J]. 淮北师范大学学报 (哲学社会科学版), 2020 (2): 30-34.

30. 高莉莉, 许俊鹏. 公共文化消费挤出居民文化消费支出了吗——基于面板门槛模型的实证检验 [J]. 文化产业研究, 2019 (1): 64-78.

31. 高雁鹏, 崔立达. 谈空间消费文化下城市空间氛围的营造策略 [J]. 山西建筑, 2016 (31): 18-20.

32. 葛继红. 农民收入与文化消费牵扯: 江苏364个样本 [J]. 改革, 2012 (3): 84-89.

33. 顾江, 陈广, 贺达. 人口结构与社会网络对城市居民文化消费的影响——基于省际动态面板的GMM实证分析 [J]. 福建论坛 (人文社会科学版), 2016 (9): 158-164.

34. 郭新茹, 陈天宇. 长三角文化市场区域合作与一体化路径研究 [J]. 江苏社会科学, 2020 (2): 80-88.

35. 韩雷, 谷阳. 社会资本、信贷约束与居民消费升级——基于CFPS家户数据的经验分析 [J]. 消费经济, 2019 (4): 14-26.

36. 韩玉军, 王娟. 美国文化消费习惯与文化市场进入方式研究 [J]. 中国物价, 2015 (8): 80-82.

37. 杭斌. 人情支出与城镇居民家庭消费——基于地位寻求的实证分析 [J]. 统计研究, 2015 (4): 68-76.

38. 杭斌, 闫新华. 经济快速增长时期的居民消费行为——基于习惯形成的实证分析 [J]. 经济学 (季刊), 2013 (4): 1191-1208.

39. 贺明瑶, 高兰英. 文化资本对老年群体文化消费的影响机制探析——基于戴蒙德理论模型 [J]. 传播力研究, 2018 (25): 11-13.

40. 胡宏兵, 高娜娜. 教育程度与居民幸福感: 直接效应与中介效应 [J]. 教育研究, 2019 (11): 111-123.

41. 胡小莉, 张宜春. 我国城镇居民文化消费行为特征及区域差异研究 [J]. 消费经济, 2015 (5): 35-40.

42. 洪涛, 毛中根. 文化消费的结构性与层次性: 一个提升路径 [J]. 改革,

2016（1）：105 – 112.

43. 扈瑞鹏，马玉琪，赵彦云．中国城镇居民文化消费的空间分析——基于混合地理加权回归模型［J］．消费经济，2016（6）：45 – 50.

44. 黄倩．社会网络与家庭金融资产选择［D］．成都：西南财经大学，2014.

45. 黄茜．社会网络对居民消费支出的影响［D］．长沙：湖南师范大学，2017.

46. 纪园园，宁磊．相对收入假说下的收入差距对消费影响的研究［J］．数量经济技术经济研究，2018（4）：97 – 114.

47. 姜磊．空间回归模型选择的反思［J］．统计与信息论坛，2016（10）：10 – 16.

48. 姜涛．从面子文化看国人的消费行为［J］．环渤海经济瞭望，2011（11）：49 – 51.

49. 姜周，吕巍．基于城乡对比的文化消费影响因素研究——以CGSS2013为例［J］．上海管理科学，2016（6）：67 – 70.

50. 金晓彤，崔宏静．新生代农民工教育型文化消费探析：社会认同建构的路径选择［J］．吉林大学社会科学学报，2015（1）：101 – 108，174.

51. 金相郁，武鹏．文化资本与区域经济发展的关系研究［J］．统计研究，2009（2）：29.

52. 靳卫东，王鹏帆．城镇居民医疗保险制度改革的文化消费效应研究［J］．南开经济研究，2017（2）：23 – 40.

53. 粟悦．文化消费视角下的历史街区空间再生影响因子研究［D］．广州：广东工业大学，2019：122.

54. 李光明，段师锐．人际适应性、孤独感与新市民文化消费意愿［J］．消费经济，2016（5）：48 – 53.

55. 李国东，傅才武．信息技术平台推动文化政策创新的机理与实践［J］．学习与实践，2020（8）：126 – 134.

56. 李华香．社会资本理论与文化产业发展的关联性研究［J］．山东师范大学学报（人文社会科学版），2013（4）：149 – 154.

57. 李婧，谭清美，白俊红．中国区域创新生产的空间计量分析——基于静态与动态空间面板模型的实证研究［J］．管理世界，2010（7）：43 – 55，65.

58. 李龙飞．透视东北地区文化消费的影响因素——基于面板数据模型的实

证检验 [J]. 沈阳大学学报（社会科学版），2018（4）：391-396.

59. 李丝雨. 不同社会资本要素对生活满意度的影响——基于 CGSS2013 数据的分析 [J]. 经济研究导刊，2018（9）：170-171，177.

60. 李绅颖. 社会资本与代际收入流动的实证研究 [D]. 湘潭：湘潭大学，2017.

61. 李树，陈刚. 幸福的就业效应——对幸福感、就业和隐性再就业的经验研究 [J]. 经济研究，2015（3）：62-74.

62. 李树，于文超. 幸福的社会网络效应——基于中国居民消费的经验研究 [J]. 经济研究，2020（6）：172-188.

63. 李伟. 农村居民文化消费的空间溢出效应分析 [J]. 商业经济研究，2016（17）：163-165.

64. 李文龙，林海英，金桩. 社会资本可利用度及其影响因素研究——来自内蒙古农牧民的经验发现 [J]. 经济研究，2019（12）：134-149.

65. 李小文，陈冬雪. 有序概率回归模型下的城乡居民文化消费与幸福感关系研究——基于 2013 年 CGSS 调查数据 [J]. 广西社会科学，2016（9）：165-168.

66. 李新宽. 18 世纪英国文化消费的繁荣及其原因 [J]. 决策探索（下半月），2016（2）：83-84.

67. 李杏，章孺. 文化消费影响因素的实证研究——以江苏为例 [J]. 南京财经大学学报，2013（4）：28-35.

68. 李扬. 中国家庭微观消费结构及特征研究 [D]. 北京：对外经济贸易大学，2019.

69. 李志，李雪峰. 中国城镇居民文化消费的影响因素——以中国 4011 个城镇家庭为例 [J]. 城市问题，2016（7）：87-94.

70. 李志兰. 人口特征与互联网文化消费决策：基于两部分模型 [J]. 消费经济，2019（2）：43-50.

71. 梁文艳，周晔馨，于洪霞. 社会资本与大学教师学术创新能力研究 [J]. 经济研究，2019（11）：133-148.

72. 林江鹏，刘旺霞，黄永明. 我国城乡居民收入与消费支出关系的实证研究——兼论影响农民收入及其差距的因素 [J]. 经济问题探索，2007（4）：116-119.

73. 林克雷，李全生. 广义资本和社会分层——皮埃尔·布迪厄的资本理论解读［J］．烟台大学学报（哲学社会科学版），2007（4）：63-68．

74．刘成奎，任飞容，王宙翔．社会资本、公共服务满意度与居民幸福感［J］．首都经济贸易大学学报，2019（4）：3-11．

75．刘玲．学术会议：一个文化消费的读本——基于布迪厄资本理论视角［J］．新疆社科论坛，2013（1）：65-67．

76．刘瑞明，毛宇，亢延锟．制度松绑、市场活力激发与旅游经济发展——来自中国文化体制改革的证据［J］．经济研究，2020（1）：115-131．

77．刘晓红．经济学视阈下中国农村居民文化消费需求探析［J］．经济与管理，2012（2）：86-90．

78．刘晓红，江可申．我国农民居民文化消费影响因素的区域差异——基于省际动态面板数据的实证分析［J］．江苏农业科学，2017（9）：267-270．

79．刘鑫春．社会网络对家庭平均消费倾向的影响研究［J］．商业经济研究，2019（16）：62-66．

80．刘拥军，葛美玲．城镇居民收入对文化消费支出的影响——基于门限模型和分位数回归［J］．商业经济研究，2017（16）：40-42．

81．陆立新．农村居民文化消费影响因素的区域差异及动态效应分析［J］．统计与决策，2009（9）：81-83．

82．鲁元平，王军鹏．数字鸿沟还是信息福利——互联网使用对居民主观福利的影响［J］．经济学动态，2020（2）：59-73．

83．吕寒，姜照君．城镇居民分项收入对文化消费的影响——基于2002～2011年省级面板数据［J］．福建论坛（人文社会科学版），2013（6）：61-66．

84．马草原，王东阳，程茂勇．家庭背景与就业机会——父母的职位特征如何介入了子女在首要部门的就业竞争？［J］．南开经济研究，2018（9）：149-169．

85．马万超．社会资本影响居民幸福感内在机制的实证研究［J］．社会科学，2018（2）：62-72．

86．毛中根，孙豪．中国居民文化消费增长阶段性分析——兼论文化消费"国际经验"的不适用［J］．财经科学，2016（1）：111-120．

87．米银俊，王守忠，孙浩．浅析《资本论》中的文化消费［J］．地质技术经济管理，2002（3）：63-66．

88．缪学为．英国创意产业发展的经验与启示［J］．人文天下，2015（21）：28-34．

89. 倪娜. 旅游文化资本对旅游行为的影响研究 [D]. 福州：福建师范大学, 2015：88.

90. 聂正彦, 苗红川. 我国城镇居民文化消费影响因素及其区域差异研究 [J]. 西北师大学报（社会科学版）, 2014 (5)：139-144.

91. 潘文卿. 中国的区域关联与经济增长的空间溢出效应 [J]. 经济研究, 2012 (1)：54-65.

92. 潘向研, 曾国亮. 经济发达地区个人主观幸福感影响因素的实证分析——基于广东省佛山市的数据 [J]. 内蒙古财经大学学报, 2020 (3)：76-80.

93. 彭定萍, 丁峰, 祁慧博. 如何从个体化走向社会融合——社会参与对青年幸福感之研究 [J]. 中国青年研究, 2020 (1)：49-55.

94. 彭翊, 李丽. 海外经验：推动文化消费的三个路径 [N]. 中国文化报, 2015-3-9.

95. 齐骥, 亓冉. 蜂鸣理论视角下的城市文化创新 [J]. 理论月刊, 2020 (10)：89-98.

96. 秦昌才, 郭斯雨, 刘译聪. 家庭经济资本对子女教育获得的影响 [J]. 福建江夏学院学报, 2019 (10)：16-23.

97. 秦晨, 赵国朋, 杨云涛. 文化馆公益艺术培训模式创新的探索与研究 [C]. 中国文化馆协会、烟台市人民政府. 新时代文化馆：改革融合创新——2019中国文化馆年会征文获奖作品集. 中国文化馆协会、烟台市人民政府：中国文化馆协会, 2019：189-192.

98. 秦海林, 高軼玮. 社会资本、消费行为选择与消费升级——基于CFPS (2019) 的实证检验 [J]. 消费经济, 2019 (12)：70-82.

99. 祁述裕, 贾世奇. 加强文化制度建设促进文化市场繁荣——对当前我国文化治理及2019年发展焦点的观察 [J]. 福建论坛（人文社会科学版）, 2020 (3)：5-18.

100. 任文龙, 张苏缘, 陈鑫. 金融发展、收入水平与居民文化消费——基于城乡差异的视角 [J]. 农村经济, 2019 (11)：118-127.

101. 邵帅, 李欣, 曹建华, 杨莉莉. 中国雾霾污染治理的经济政策选择——基于空间溢出效应的视角 [J]. 经济研究, 2016 (9)：73-88.

102. 施涛. 文化消费的特点和规律探析 [J]. 广西社会科学, 1993 (3)：95.

103. 苏林森, 程思琪. 居民收入对文化消费的影响——基于中国综合社会调查数据的分析 [J]. 城市问题, 2018 (12)：66-71.

104. 苏云飞. 家庭禀赋对我国城乡居民炫耀性消费的影响研究 [D]. 西安: 西北大学, 2017.

105. 宋振文. 文化消费: 大学生核心价值观教育重要途径 [J]. 湖南科技学院学报, 2011 (3): 90-93.

106. 孙豪, 毛中根. 居民收入结构对文化消费增长的影响研究 [J]. 财贸研究, 2018 (5): 34-42.

107. 谭丹. 发展我国文化产业的国际经验借鉴及路径选择 [J]. 现代经济信息, 2008 (2): 98-100.

108. 田虹, 王汉瑛. 中国城乡居民文化消费区域差异性研究——基于面板门槛模型的实证检验 [J]. 东北师大学报(哲学社会科学版), 2016 (3): 25-34.

109. 田金方, 朱倩倩. 消费者信心影响中国家庭消费的实证诠释 [J]. 经济与管理评论, 2013 (2): 76-81.

110. 铁翠香, 谢俊丽. 资本与消费认同: 青少年文化消费影响因素的实证分析 [J]. 武汉理工大学学报(社会科学版), 2018 (4): 116-121.

111. 王常红. 性别比例、居民受教育程度与居民储蓄率的关系 [D]. 南京: 南京大学, 2018.

112. 王辉. 如何在网红经济下树立理性消费观 [J]. 人民论坛, 2019 (35): 92-93.

113. 王琪延, 高旺. 居民休假制度满意度和期望休假安排研究——以北京市为例 [J]. 中国物价, 2020 (9): 109-112.

114. 王宋涛. 收入分配对中国居民文化消费的影响研究 [J]. 广东财经大学学报, 2014 (2): 21-27.

115. 王希. 日本文化产业的发展战略及对我国的启示 [J]. 北方经贸, 2014 (12): 37-38.

116. 王亚楠. 基于社会网络视角的文化消费空间网络结构研究——以中国省际数据为例 [J]. 文化产业研究, 2018 (2): 53-66.

117. 王杨. 公共服务满意度、社会信任与居民幸福感——基于CGSS2015数据的实证分析 [J]. 苏州科技大学学报(社会科学版), 2019 (4): 31-36, 107.

118. 王颖. 我国城乡居民文化消费与收入的敏感性分析 [J]. 湖北经济学院学报, 2013 (4): 43-46.

119. 王玉玲, 范永立, 洪建设. 小镇青年消费文化特点研究——以文化产业领域为切入点 [J]. 中国青年研究, 2019 (6): 73-78.

120. 王志标，杨盼盼. 文化消费的结构与影响因素分析——基于郑汴两地的调查数据［J］. 消费经济，2018（2）：57-63.

121. 温雪. 社会资本、消费信贷与农户家庭消费［J］. 消费经济，2018（4）：33，60-65.

122. 温雪，吴定伟，潘明清. 互联网、社会资本与农村居民消费［J］. 消费经济，2019（4）：47-54.

123. 温忠麟，张雷，侯杰泰，刘红云. 中介效应检验程序及其应用［J］. 心理学报，2004（5）：614-620.

124. 吴翠红，吕学梁. 收入差距与居民幸福感的关系研究［J］. 青岛大学学报（自然科学版），2020（2）：116-125.

125. 吴利华，张宗扬，顾金亮. 中国文化产业的特性及产业链研究——基于投入产出模型视角［J］. 软科学，2011（12）：29-32.

126. 吴建伟. 社会网络资本与空间经济性研究——基于中国283座城市数据的实证研究［J］. 财经科学，2014（9）：69-77.

127. 吴静寅. 文化消费的影响因素及其促进机制［J］. 山东社会科学，2019（6）：94-99.

128. 吴军，特里·克拉克. 场景理论与城市公共政策——芝加哥学派城市研究最新动态［J］. 社会科学战线，2014（1）：205-212.

129. 吴愈晓，黄超，黄苏雯. 家庭、学校与文化的双重再生产：文化资本效应的异质性分析［J］. 社会发展研究，2017（3）：1-27.

130. 向运华，李雯铮. 教育影响农村老年人幸福感的总体效应与机制［J］. 兰州学刊，2020（7）：169-179.

131. 肖尚军，李永华. 高职院校大学生文化消费分析研究［J］. 商场现代化，2008（17）：187.

132. 谢沁怡. 人力资本与社会资本：谁更能缓解贫困？［J］. 上海经济研究，2017（5）：51-60.

133. 邢占军，张干群. 社会凝聚与居民幸福感［J］. 南京社会科学，2019（7）：52-60.

134. 徐淳厚. 关于文化消费的几个问题［J］. 北京商学院学报，1997（4）：46-49.

135. 徐和清，张桂香. 收入结构对城镇居民文化娱乐服务消费的影响分析［J］. 消费经济，2013（6）：51-54，62.

136. 徐萍. 陕西文化消费规模分析预测 [J]. 商业时代, 2007 (11): 99-100.

137. 徐珊珊. 基于门限回归的城乡居民收入对文化消费影响研究 [J]. 商业经济研究, 2016 (7): 37-39.

138. 徐望. 消费社会中的文化资本价值与文化消费趋势 [J]. 未来与发展, 2016 (2): 32, 40-42.

139. 徐望. 营造农村文化消费氛围 [J]. 中国国情国力, 2020 (4): 26-28.

140. 徐晓林, 赵铁, [美] 特里. 克拉克. 场景理论: 区域发展文化动力的探索及启示 [J]. 国外社会科学, 2012 (3): 101-106.

141. 徐雪高, 张振. 我国城乡居民文化消费的特征及趋势 [J]. 经济纵横, 2014 (10): 35-38.

142. 严成樑. 社会资本、创新与长期经济增长 [J]. 经济研究, 2012 (11): 48-60.

143. 严成樑, 雷小钧. 我国居民文化消费影响因素探析 [J]. 南华大学学报 (社会科学版), 2016 (1): 48-54.

144. 颜其松. 社会经济地位与主观阶层对青年幸福感的影响 [J]. 当代青年研究, 2019 (5): 55-61.

145. 杨晶, 黄云. 人力资本、社会资本对农户消费不平等的影响 [J]. 华南农业大学学报 (社会科学版), 2019 (4): 111-126.

146. 杨晶, 孙飞, 申云. 收入不平等会剥夺农民幸福感吗——基于社会资本调节效应的分析 [J]. 山西财经大学学报, 2019 (7): 1-13.

147. 杨均华, 刘璨. 精准扶贫背景下农户脱贫的决定因素与反贫困策略 [J]. 数量经济技术经济研究, 2019 (7): 3-21.

148. 杨茂. 中国消费者信心与消费需求拉动效应的实证分析 [J]. 经济经纬, 2006 (1): 21-23.

149. 杨毅, 王佳. 文化资本的集聚与表达: 大学生文化消费影响因素的Logistic模型研究 [J]. 湖南社会科学, 2016 (6): 114-119.

150. 易行健, 吴庆源, 杨碧云. 收入差距与消费行为的城乡示范效应——基于我国省际面板数据的实证研究 [J]. 上海财经大学学报, 2012 (6): 53-59.

151. 殷俊, 刘一伟. 互联网使用对农户贫困的影响及其机制分析 [J]. 中南财经政法大学学报, 2018 (2): 146-156.

152. 尹世杰. 提高精神消费力与繁荣精神文化消费 [J]. 湖南师范大学社会

科学学报,1994 (6):20-24.

153. 于进. 扩大和升级城乡居民文化消费的路径研究 [J]. 宏观经济管理, 2019 (6):72-76.

154. 于文超,陈刚. 主观幸福感与居民创业 [J]. 中央财经大学学报, 2018 (9):94-106.

155. [美] 詹姆斯·勒沙杰,R. 凯利·佩斯. 空间计量经济学导论 [M]. 肖光恩,杨勇,魏伟,译. 北京:北京大学出版社,2014.

156. 赵菡,程毅. 家庭经济、文化资本与大学生消费分层——基于上海四所高校的实证分析 [J]. 云南民族大学学报(哲学社会科学版),2016 (1):124-131.

157. 赵延东,洪岩璧. 社会资本与教育获得——网络资源与社会闭合的视角 [J]. 社会学研究,2012 (5):47-69,243-244.

158. 张广利,陈仕中. 社会资本理论发展的瓶颈:定义及测量问题探讨 [J]. 社会科学研究,2006 (2):102-106.

159. 张鸿雁. 城市形象与"城市文化资本"论——从经营城市、行销城市到"城市文化资本"运作 [J]. 南京社会科学,2002 (12):24-31.

160. 张梁梁,林章悦. 我国居民文化消费影响因素研究——兼论文化消费的时空滞后性 [J]. 经济问题探索,2016 (8):56-64.

161. 张彤进,万广华. 我国农村居民主观幸福感的影响因素及地区差异 [J]. 江苏社会科学,2020 (3):111-120.

162. 张孝飞,李子. 现代公共文化服务体系协同参与机制研究 [J]. 图书馆研究与工作,2020 (10):5-10.

163. 周广肃,孙浦阳. 互联网使用是否提高了居民的幸福感——基于家庭微观数据的验证 [J]. 南开经济研究,2017 (3):18-33.

164. 周红云. 社会资本:皮埃尔·布迪厄、科尔曼和帕特南的比较 [J]. 经济社会体制比较,2003 (4):46-53.

165. 朱迪. 经济资本还是文化资本更重要?——家庭背景对大学生消费文化的影响 [J]. 黑龙江社会科学,2015 (1):111-119.

166. 朱梅,汤庆熹,裴爱红. 农村居民不良消费行为的文化动因及对策研究 [J]. 湖南农业大学学报(社会科学版),2007 (9):40-43.

167. 朱平芳,张征宇,姜国麟. FDI 与环境规制:基于地方分权视角的实证研究 [J]. 经济研究,2011 (6):133-145.

168. 朱伟. 大学生文化消费现状及影响因素分析 [J]. 统计与决策, 2012 (17): 115-118.

169. 朱伟珏. "资本"的一种非经济学解读——皮埃尔·布迪厄"文化资本"概念 [J]. 社会科学, 2005 (9): 117-123.

170. 朱伟珏, 姚瑶. 阶级、阶层与文化消费——皮埃尔·布迪厄文化消费理论研究 [J]. 湖南社会科学, 2012 (4): 52-57.

171. 朱晓文, 韩红等. 青少年教育期望的阶层差异——基于家庭资本投入的微观机制研究 [J]. 西安交通大学学报 (社会科学版), 2019 (4): 102-113.

172. 朱媛媛, 甘依霖, 李星明, 余瑞林. 中国文化消费水平的地域分异及影响因素 [J]. 经济地理, 2020 (3): 110-118.

173. 资树荣. 消费者的文化资本研究 [J]. 湘潭大学学报 (哲学社会科学版), 2014 (4): 38-41, 63.

174. 资树荣. 教育对文化消费的影响研究: 以音乐消费为例 [J]. 消费经济, 2018 (6): 17-23.

175. Arellano M, S Bond. Some Tests of Specification for Panel Data: Monte Carlo Evidence and an Application to Employment Equations [J]. Review of Economic Studies, 1991, 58 (2): 277-297.

176. Arjo Klamer. Accounting for Social and Cultural Values [J]. De Economist, 2002 (4): 453-473.

177. Ateca-Amestoy V. Determining Heterogeneous Behavior for Theater Attendance [J]. Journal of Cultural Economics, 2008 (2): 127-151.

178. Baron, R M, D A Kenny. The Moderator-mediator Variable Distinction in Social Psychological Research: Conceptual, Strategic and Statistical Considerations [J]. Journal of Personality and Social Psychology, 1986, 51: 1173-1182.

179. Blaug M. Where Are We Now on Cultural Economics? [J] Journal of Economic Surveys, 2001 (2): 132-143.

180. Bourdieu, P. The Forms of Capital. New York: Handbook of Theory and Research for the Sociology of Education [R]. 1986: 241-258.

181. Chantarat S, C Barrett. Social Network Capital, Economic Mobility and Poverty Traps [J]. Journal of Economic Inequality, 2012 (3): 299-342.

182. Chou Y K. Three Simple Models of Social Capital and Economic Growth [J]. Journal of Socio-Economics, 2006 (5): 889-912.

183. Cohn M A, Fredrickson B L, Brown S L, Mikel J A, Conway A M. Happiness Unpacked: Positive Emotions Increase Life Satisfaction by Building Resilience [J]. Emotion, 2009 (3): 361 – 368.

184. Coleman, J. Foundations of Social Theory [M]. Cambridge, MA: Harvard University Press, 1990.

185. David Throsby. Cultural Capital [J]. Journal of Cultural Economics, 1999 (23): 3 – 12.

186. Diniz S C, Machado A F. Analysis of the Consumption of Artistic-cultural Goods and Services in Brazil [J]. Journal of Cultural Economics, 2011, 35 (1): 1 – 18.

187. Durlauf S. N, M. Fafchamps. Social Capital [J]. Steven Durlauf, 2004 (7): 1180 – 1198.

188. Ellisonn. B, C Steinfidd, C Lampe. The Benefits of Facebook "Friends": Social Capital and College Students' Use of Online Social Network Sites [J]. Journal of Computer Mediated Communication, 2007 (4): 1143 – 1168.

189. Favaro D, C Frateschi. A Discrete Choice Model of Consumption of Cultural Goods: the Case of Music [J]. Journal of Cultural Economics, 2007 (3): 205 – 234.

190. Granovetter M. The Strength of Weak Ties [J]. American Journal of Sociology, 1973 (6): 1360 – 1380.

191. JörgRössel. Cultural Capital and the Variety of Modes of Cultural Consumption in the Opera Audience [J]. The Sociological Quarterly, 2011 (1): 83 – 103.

192. Kato-nitta, N. The Influence of Cultural Capital on Consumption of Scientific Culture: A Survey of Visitors to an Open House Event at a Public Scientific Research Institution [J]. Public Understanding of Science, 2013 (3).

193. Kostov, P. Model Boosting for Spatial Weighting Matrix Selection in Spatial Lag Models [J]. Environment and Planning B: Planning and Design, 2010 (3), 533 – 549.

194. Levin L. Are Assets Fungible? Testing the Behavioral Theory of Life-cycle Savings [J]. Journal of Economic Behavior & Organization, 1998 (1): 59 – 83.

195. Mogues T, M R Carter. Social Capital and the Reproduction of Economic Inequality in Polarized Societies [J]. Journal of Economic Inequality, 2005 (3): 193 – 219.

196. Narayan, D, L Pritchett. Cents and Sociability: Household Income and Social Capital in Rural Tanzania [J]. Economic Development and Cultural Change, 1999 (4): 871 – 897.

197. Prieur A, Savage M. Updating Cultural Capital Theory: A Discussion Based on Studies in Denmark and in Britain [J]. Poetics, 2011, 39 (6): 566 – 580.

198. Putnam R, R Leonardi, R. Nanetti. Making Democracy Work: Civic Tradition in Modern Italy [M]. Princeton: Princeton University Press, 1993.

199. Ruth Towse, Alan Peacock and Cultural Economics [J]. The Economic Journal, 2005 (54): 262 – 276.

200. Shu W, Chuang Y H. The Perceived Benefits of Six-degree-separation Social Networks [J]. Internet Research, 2011 (1): 26 – 45.

201. Snowball J. D., M. Jamal, K. G. Willis. Cultural Consumption Patterns in South Africa: An Investigation of the Theory of Cultural Omnivores [J]. Social Indicators Research, 2010 (3): 467 – 483.

202. Thaler R. Mental Accounting and Consumer Choice [J]. Marketing Science, 2008.

203. Thorstein Veblen. The Theory of the Leisure Class [M]. New York: Dover Publications inc, 1899.

204. Throsby C D. On the Sustainability of Cultural Capital [R]. Sydney: Macquarie University, Department of Economics, 2005.

205. Throsby C D. The Production and Consumption of the Arts: A View of Cultural Economics [J]. Journal of Economic Literature, 1994, 32 (1): 1 – 29.